Operation&Management Manual for Toll Highway/Bridge

收费公路（桥梁）经营管理手册

主　编　黄　平

副主编　周志洪　郑淑华　李一川

人民交通出版社
China Communications Press

内 容 提 要

本《手册》内容包括总则、工作职责及管理规程、年度预算编制、安全生产应急预案、工作评价及考核、附件(含收费公路相关法律法规、各类表格、国家高速公路网布局方案)。

本《手册》依据国家最新颁布的相关政策和法规,在分析国内收费公路经营管理工作经验和教训的基础上,依托多年的收费公路经营管理工作实践,就收费公路公司的组织架构、职责分工、管理制度进行了系统和深入的研究,总结出较为全面和规范的经营管理工作内容和制度,可供从事收费公路经营管理工作的相关人员学习和参考。

图书在版编目(CIP)数据

收费公路(桥梁)经营管理手册/黄平等编. —北京:人民交通出版社,2010.11

ISBN 978-7-114-08728-8

I.①收… II.①黄… III.①公路费用-征收-中国-手册 IV.①F542.5-62

中国版本图书馆CIP数据核字(2010)第201981号

书　　名: 收费公路(桥梁)经营管理手册
著 作 者: 黄　平　周志洪　郑淑华　李一川
责任编辑: 袁　方　师　云
出版发行: 人民交通出版社
地　　址: (100011)北京市朝阳区安定门外外馆斜街3号
网　　址: http://www.ccpress.com.cn
销售电话: (010)59757973,59757969
总 经 销: 人民交通出版社发行部
经　　销: 各地新华书店
印　　刷: 北京市密东印刷有限公司
开　　本: 787×1092　1/16
印　　张: 16.25
字　　数: 378千
版　　次: 2010年11月 第1版
印　　次: 2010年11月 第1次印刷
书　　号: ISBN 978-7-114-08728-8
印　　数: 0001~3000册
定　　价: 35.00元

前言 QianYan

随着交通基础设施建设的迅猛发展，社会对收费公路的服务质量和通行环境提出了更高的要求。因此，收费公路公司在经营管理过程中，应坚持以服务为导向，为社会大众提供安全、快速、温馨的通行服务，不断提高客户满意度和公司知名度。

编写《收费公路（桥梁）经营管理手册》（以下简称《手册》），正是顺应收费公路的发展趋势，以期使经营管理人员熟练掌握相关法律法规、政策以及经营管理的业务知识，增强文明服务的意识，提高业务素质和管理水平；使收费公路公司在应用中达到整合资源、精简架构、规范流程、节约成本，获取更高经济效益和创造更好社会效益的目的。

本《手册》依据国家最新颁布的相关政策和法规，在分析国内收费公路经营管理工作经验和教训的基础上，依托多年的收费公路经营管理工作实践，就收费公路公司的组织架构、职责分工、管理制度进行了系统和深入的研究，参考了大量收费公路经营管理工作的相关资料，归纳总结出较为全面和规范的经营管理工作内容和制度，使《手册》具有较强的系统性、应用性和实用性。本《手册》可供从事收费公路经营管理工作的管理人员在工作中学习和参考。

本《手册》的编写，由广州市番禺交通建设投资有限公司黄平董事长、总经理统筹确定全书的框架结构和内容；并由前党委书记黎柏秋指导；由周志洪、郑淑华、李一川负责编审工作。《手册》共分六部分，编写分工：陈耀泉、郭敏忠、沙文军、黄翔、梁劲松、曹玮、柴仁民、张程业、蒋文莉、江业强、李伟、李庆江、黄毅雄编写第二章；曹玮编写第三章；梁劲松、李伟编写第四章；郭炳辉编写第一、第五章及附录部分。朱建斌在编写过程中也提出许多精辟的意见及建议，杨恒宇认真核对了书稿。在此一并致谢！

限于编者经历和水平，书中难免有错误和不当之处，恳请读者批评指正。

编写组

2010 年 11 月 12 日

目录 MuLu

第一章　总　则

第一节　收费公路概述

为解决公路建设资金不足、发展滞后的问题，1984 年国务院批准实施“贷款修路、收费还贷”政策，我国随即掀起了收费公路建设的热潮。

1988 年沪嘉高速公路通车并正式营运，结束了我国大陆没有高速公路的历史。1990 年，全长 375 公里的沈大高速公路通车，开创了我国建设长距离高速公路的先河。1993 年我国第一条利用世界银行贷款建设的高速公路——京津塘高速公路通车，项目业主制、招投标制和工程监理制等国际工程管理体制首次进入我国，由此我国公路建设管理体制逐步实现了与国际惯例接轨。2005 年，我国公布了《国家高速公路网规划》，根据规划，将用 30 年时间，建成国家高速公路网（简称为“7918 网”）。新路网由 7 条由首都北京向周边辐射的高速公路、9 条南北纵向高速公路、18 条东西横向高速公路组成。在“十一五”期间，重点建设“五射两纵七横”共 14 条路线，到 2010 年，基本建成西部 8 条省际公路通道。届时，东部地区基本形成高速公路网，长江三角洲、珠江三角洲和京津冀地区形成较完善的城际高速公路网络；中部地区基本建成比较完善的干线公路网线，承东启西、连南接北的高速公路通道基本贯通；西部地区公路建设取得突破性进展，实现内引外联、通江达海。到 2020 年，中国高速公路通车里程达到 10 万公里左右，基本建成国家高速公路网。

“贷款修路、收费还贷”政策，推动了国家投资、地方筹资、社会融资、利用外资的投融资体制的形成。收费公路因此成为一个大产业，促使我国公路建设的大幅提速。

为了促进收费公路的健康和持续发展，交通运输部和地方各级政府陆续出台了一系列法规和条例，规范了收费公路的建设管理和经营权转让行为。这些法规和条例，明确规定二级以上公路可以贷款修路和设站收费，并按照经营性质将收费公路分为政府还贷公路（又称为非经营性收费公路，由交通部门贷款建设的收费公路，还贷结束后停止收费）和经营性收费公路（即投资主体投资建设的公路，有规定的收费年限，收回投资成本并有合理回报）。2004 年 9 月，国务院又颁布《收费公路管理条例》，进一步完善了收费公路管理的有关政策。

根据《中华人民共和国公路法》（以下简称《公路法》）的规定，收费公路是指符合《公路法》相关规定条件，并且经批准依法收取车辆通行费的公路（含桥梁和隧道）。本《手册》所述的收费公路，除特别说明外，均是指经营性收费公路。

收费公路政策的出台，对加快路网建设，促进经济社会发展发挥了重要作用，主要体现在以下三方面：

（1）收费公路的建设，加速了路网的发展。“贷款修路、收费还贷”政策从20世纪80年代初开始广泛实施以来，收费公路建设飞速发展。据交通部统计，从1984～2005年，我国高速公路里程从零基点增加到4.1万公里，跃居世界第二位；一、二级公路里程由1.9万公里增加到28.47万公里。高速公路和一、二级公路通车里程占公路总里程的比重由2%增加至17%。其中，全国95%的高速公路、65%的一级公路和49%的二级公路是依靠实施“贷款修路、收费还贷”政策建设的。大量高等级收费公路的建成通车，使整体路网结构得到完善和优化，公路技术等级得到提高。

（2）收费公路的建设，推动了综合交通运输体系的形成。公路基础设施特别是高速公路的快速发展，促进了公路客、货运量的快速增长，也带动了港口、航空、水路运输业的发展。如湖北、广东、辽宁、河北、山东、江苏等省已初步形成以高速公路为骨架，以现代化机场、港口、场站为节点，以先进的通信体系为依托的现代化综合交通运输体系。

（3）收费公路的建设，促进了地方经济的发展，产生了良好的社会效益。大量高等级公路的建成，提高了公路运输效率，方便了人民群众出行，改善了投资环境，促进了沿线地区资源开发，推进了社会、经济的全面发展。浙江、河南、湖北、山西等省初步建成覆盖全省的公路网和高速公路主干道，实现了省城到地（市）2～5小时高速通达。江苏、广东、陕西、四川、黑龙江等省的高速公路走廊正逐步转变为“经济发展走廊”，明显缓解了公路交通对经济发展的制约。云南、吉林、重庆、安徽等省（市）由于公路条件改善，第三产业尤其是旅游业得到快速发展，且增加了劳动力就业。

第二节　经营管理总则

一、经营管理理念

收费公路经营管理公司（以下简称公司）的经营理念，是“效益、服务、安全”三者的有机统一。它的内涵是指在经营管理过程中，以效益为目标，有效控制经营成本，持续提升公司市场竞争力，创造良好的经济效益和社会效益；以服务为导向，为社会大众提供安全、快速的通行服务，不断提高客户满意度和公司知名度。

二、经营管理的基本任务

经营管理的基本任务如下：

（1）依法经营，严格遵守国家法律、法规、条例，遵守财经纪律。

（2）保证公司政令畅通，维护公司合法权益，全力以赴完成董事会下达的经营计划。

（3）专注运营管理，打造运营管理品牌，树立公司形象。

（4）加强公司文化建设和精神文明建设，积极开展岗位技能竞赛和培训活动，构建积极向上、和谐相处的公司文化。

（5）落实安全生产管理措施，创造安全效益。

(6)精益求精完善收费管理措施,防贪堵漏;加强预算管理,降低成本和费用。

(7)做好辖下公路的养护工作,保持路况良好,确保道路行车安全、畅通,以吸引车流,提高效益。

(8)按照部门职责分工协调,做好收费、监控、供电、通信等系统的维护工作,确保各系统安全、平稳运行,为收费运营提供有力的后勤保障。

(9)构建良好的公共关系,积极与公安、交警、交通、物价、税务等政府部门沟通;协调好收费公路沿线镇、村等各方关系,妥善处理各类纠纷和矛盾,保持良好的收费运营环境。

(10)维护路产,保护路权,充分利用路产资源开展广告、加油站等经营活动,创造边际收益。

第三节 公司管理架构

一、公司的类型、法人治理结构及收费模式

(一)公司的类型

按照投资结构分类,收费公路公司可分为公司、分公司、有限责任公司和股份有限公司等类型。公司可以管理一个收费公路路段项目,也可以管理若干个收费公路路段项目。有限责任公司、股份有限公司具备独立法人资格。分公司不具备独立法人资格,是集团公司下属的分支机构,实行独立核算,纳入集团公司统一管理。分公司在集团公司领导下接受其有关部门指导,负责组织实施集团公司下达的工作计划和日常管理。本《手册》所述公司是指具备独立法人资格的有限责任公司和股份制有限公司。

(二)公司的法人治理结构

公司的法人治理结构由四部分组成,分别为:股东、董事会、监事会、经理层。股东不直接干预公司的日常事务,由所委派的董事通过董事会行使职权;董事会,由公司股东大会选举产生,对公司的发展战略和重大经营活动等作出决策,维护出资人的权益,主要通过会议决议方式行使职权;监事会,是公司的监督机构,对公司的财务、董事和经营者的行为发挥监督作用;经理层,是董事会决策的具体执行者,负责组织实施董事会决议和日常管理工作。

(三)收费模式

按照收费模式划分,公路收费可分为封闭式收费和开放式收费两种模式。高速(城市快速)公路,一般采用封闭式收费;其他公路(主要包括普通国道和省道的公路、桥梁等),一般实行开放式收费。

开放式收费是指收费公路全程不封闭或部分封闭,有多个出入路口,仅在收费公路某个断面设置收费站,当车辆每次通过收费站时,收费员根据车辆类型及对应的标准收取车辆通行费。

封闭式收费是指收费公路设置若干个收费站和出入口车道,采取全程封闭方式,车辆只能在每个收费站的出入车道进出收费公路。当车辆由入口车道进入收费公路时,驾乘人员向发卡员领取入口卡,在驶出收费公路时,驾乘人员在出口车道将入口卡交给收费员,收费员根据

入口卡的车辆信息和行驶里程等信息，按照对应的收费标准收取车辆通行费。

二、开放式收费公路公司组织架构

开放式收费公路公司组织架构有两种类型：一是“一路（站）一公司”的组织架构；二是“多路（站）一公司”的组织架构。“一路（站）一公司”是指一家公司只负责管理一条收费公路；“多路（站）一公司”是指一家公司管理多条收费公路。

（一）“一路（站）一公司”的组织架构

图1-1所示，系“一路（站）一公司”的组织架构。

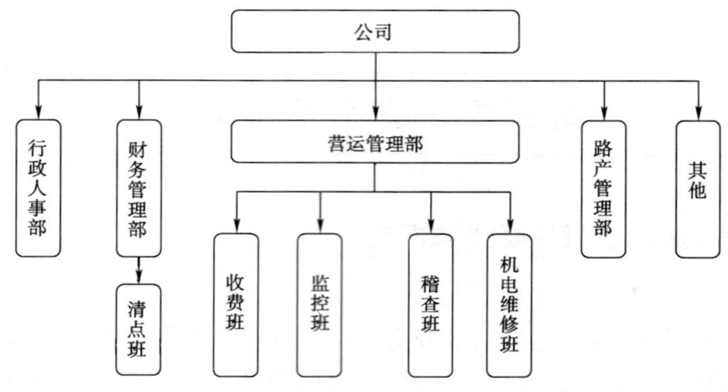

图1-1 “一路（站）一公司”的组织架构

（二）“多路（站）一公司”的组织架构

“多路（站）一公司”的组织架构，其部门设置与“一路（站）一公司”的组织架构基本相似（见图1-2）。其不同之处是前者在营运管理部下增设多个收费站，在各站内再设立收费班、监控班、清点班等班组，监控班、清点班分别隶属营运管理部和财务管理部。

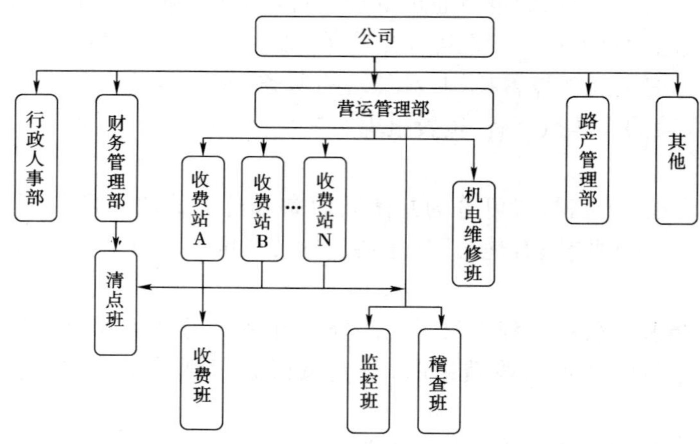

图1-2 “多路（站）一公司”的组织架构

三、封闭式收费公路公司组织架构

封闭式收费，多应用于高速公路。封闭式收费公路公司一般至少设立行政人事部、财务管理部、营运管理部、路产管理部四个部门（见图1-3）。在实际工作中，为了精简架构，整合资源，路产经营开发工作通常并入路产管理部。

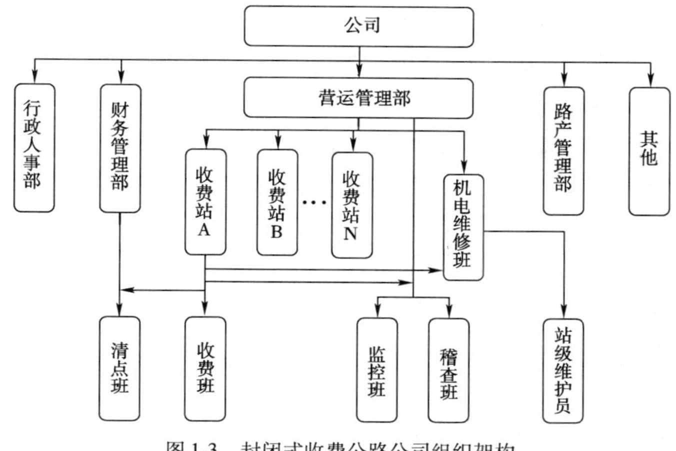

图1-3　封闭式收费公路公司组织架构

第四节　开通收费前的筹备工作

本《手册》所述开通收费前的筹备工作，是指收费公路工程建设将要完成，项目由建设期即将转入收费营运期的工作筹备。

在收费项目正式开通营运之前，公司须完成收费站点设置和收费标准的审批，招聘和培训收费员工，办理公路及附属设施的验收和交接手续以及筹备开通典礼等各项工作。

一、成立收费营运管理工作筹备小组

公司一般在收费公路开通营运前6个月左右，组建收费营运管理工作筹备小组。其成员由公司主要领导、分管领导和相关部门负责人组成。在筹备小组内设立办公室负责工作统筹，根据职责分工下设专门工作小组，分别负责收费站点及收费标准审批、收费员工招聘和培训、公路及附属设施验收交接和筹备通车典礼等工作。各专门小组成立后，根据收费公路计划开通的时间，制订工作计划，完成相关工作。

二、收费站点设置及收费标准审批

收费公路营运前，须事先获得省级人民政府及相关主管部门的批文，包括收费站点设立和车辆通行费标准等批文。

（一）收费站点设置的审批

1. 选择收费站点位置考虑的因素

（1）国家对收费站点设置的规定

根据我国法律有关规定，高速公路以及其他封闭式的收费公路，除两端出入口外，不得在主线上设置收费站点，但是，省、自治区、直辖市之间确需设置的除外。非封闭式收费公路的同一主线上，相邻收费站点的间距不得少于50公里。高速公路以及其他封闭式的收费公路，应当实行计算机联网收费，减少收费站点，提高通行效率。

（2）经济因素

影响收费站点区位选择的经济因素，包括征地成本、建造成本、作业成本、使用成本，以及交通量等。设计不同收费站点形式所需占地面积各异，一般收费站点用地除了收费站点主体（即收费广场、收费岛、收费亭、收费车道等）外，还包括办公用地（管理大楼）、停车场等设施用地。若征地面积大、范围广，则土地的取得相对较困难。交通量是影响收费公路经济效益的重要因素。因此，用地价格及取得的难易程度、交通量大小是收费站点区位选择时应特别考虑的因素。

（3）自然因素

影响收费站点位置选择的自然因素中，以气候最为重要，而气候因素当中，又以浓雾和暴雨影响最大。因此，收费站点均应力求避免设置于经常产生浓雾和经常下暴雨的区域。

（4）几何因素

影响收费站点位置选择的几何因素，主要有线形因素和距隧道、互通立交的距离等因素。

2. 收费站点审批的流程

根据《公路法》规定："收费公路设置车辆通行费收费站点，应当报省、自治区、直辖市人民政府审查批准"。同时根据其他有关规定，凡国内外经济组织依法设立收费公路经营公司收取车辆通行费，其站址由经营单位在工程完工前3个月内向县级以上交通行政主管部门申报，并由后者逐级上报至省级交通行政主管部门批准。

（二）收费标准的审批

1. 收费标准的构成因素

车辆通行费应当按照公路（桥梁、隧道）长度、还贷额度、收费期限、交通量大小、车辆负担能力等因素综合考虑定出合适的基本收费标准。基本收费标准制定后，再测算出各种车型的收费标准，报省级交通主管部门会同物价部门批准后执行。

在收费公路的使用期限内，考虑基本收费标准的因素如下：

（1）建设费，包括从经济论证到正常营运期限内总的直接建设投资。

（2）合理利润。

（3）建设管理费，在建设期间与管理有关的所有支出费用。

（4）工程项目利息，指开始投资到全部还清建设费用期间，建设费和建设管理费所产生的利息。

（5）维护管理费，即收费公路开通运营后，用于现场管理组织的各项费用。其包括：道路养护费、交通管理设施费、工程改善费、各项杂费、办公费、员工工资等。

（6）特别损失费，指用于对特别事件或对特别区域进行补偿的一切费用。

（7）还贷及收费年限。

（8）收费公路的交通量和预测运输交通量。

（9）不同车型比例。

2. 收费标准的审批

(1)收费标准审批的流程

根据《公路法》第六十三条的规定:“收费公路车辆通行费的收费标准,由公路收费单位提出方案,报省、自治区、直辖市人民政府交通主管部门会同同级物价行政主管部门审查批准。”同时,根据《收费公路管理条例》第十五条的规定,车辆通行费的收费标准,应当依照价格法律、行政法规的规定进行听证,并按照下列程序审查批准:政府还贷公路的收费标准,由省、自治区、直辖市人民政府交通主管部门会同同级价格主管部门、财政部门审核后,报本级人民政府审查批准;经营性公路的收费标准,由省、自治区、直辖市人民政府交通主管部门会同同级价格主管部门审核后,报本级人民政府审查批准。统一由省、自治区、直辖市物价部门会同交通部门审核后,报同级人民政府审批,收费时要按照有关规定使用税务发票,依法纳税。

(2)收费标准审批时须提交的资料

根据相关的规定,收费标准审批时须提交的资料包括:公路收费站点收费标准的申请文件、收费标准表、确定收费标准的价格听证材料、关于工程可行性研究报告的批复文件、省级人民政府批准设立收费站点的批复文件、省级交通部门批准公路收费站点站址的批复文件、公路收费站点位置简图等资料。

三、收费员工的招聘和培训

在收费公路开通运营前,要做好收费员工的招聘和培训工作,为正式收费营运做好准备。

1. 收费员工的招聘

筹备小组根据收费公路的规模、路网布局与车流量发展趋势等因素,按照精简高效的原则,拟订公司组织结构设置和岗位编制方案,报公司董事会批准后按照本《手册》规定的流程、条件、标准招聘收费员工。

2. 收费员工培训及管理岗位的确定

(1)培训的内容

在招聘工作结束后,组织收费员工进行相关法律法规、管理制度、收费实习操作、礼仪等培训。培训可以采取外聘讲师授课、内部授课、到外单位实习操作等方式进行。

(2)收费管理岗位的确定

在培训结束后,根据考核的成绩初步确定收费营运一线管理人员名单,然后提交公司审定。

3. 其他准备工作

在正式收费营运前,筹备小组还要提前做好申领收费员上岗证、订制工作服、配置收费用品和工号牌等工作。

四、公路及附属设施的验收和交接

收费公路验收分为交工验收和竣工验收两个阶段,是项目施工周期的最后一个环节,也是建设成果转为开通使用的标志。交工验收是检查施工合同的执行情况,评价工程质量是否符合技术标准及设计要求,是否可以移交下一阶段施工或是否满足通车要求,对各参建单位工作进行初步评价。竣工验收是综合评价工程建设成果,对工程质量、参建单位和建设项目进行综合评价。

1. 验收目的

(1)全面考察工程质量。竣工验收阶段通过对已竣工工程的检查和试验，考核承包商的施工成果是否达到设计的要求。

(2)明确责任。通过验收，可以判别承包商是否按施工承包合同约定的责任范围完成施工义务。

(3)验收是收费公路投入使用的必备程序。竣工验收是有关部门全面考核收费公路项目建设成果，检验项目决策、设计、施工及设备制造和管理水平，以及总结项目建设经验的重要环节。《公路工程竣(交)工验收办法》(交通部令 2004 年第 3 号)规定："公路工程应进行竣(交)工验收，未经验收或者验收不合格的，不得交付使用。"

2. 验收依据

(1)批准的工程可行性研究报告。

(2)批准的工程初步设计、施工图设计及变更设计文件。

(3)批准的工程设计、概算、预算文件。

(4)批准或确认的招标文件及合同文本。

(5)上级机关对工程的各种指示文件，行政主管部门的有关批复、批示文件。

(6)交通运输部颁布的公路工程标准、规范及国家有关规定等。

3. 验收交接的主要工作

(1)公司、勘察设计单位和施工单位(包括主要分包单位)要分别对工程项目的决策和论证、勘察设计以及施工的全过程，进行最后的评价，实事求是地总结各自在工程项目建设中的经验和教训。

(2)办理项目工程的验收和交接手续，办理竣工结算和竣工决算，办理工程档案的移交，办理工程保修手续。

(3)在做好施工项目收尾工作的前提下，还应做好以下各项验收和交接工作：

①组织工程技术人员绘制竣工图，清理和准备各项需要移交的工程档案资料，编制移交清单。

②组织预算人员编制竣工决算表。

③准备工程竣工报告、工程竣工验收证明书、工程保修书等。

④组织好工程的自验、自检工作，报请上级领导部门进行竣(交)工验收检查，对检查出的问题及时进行处理和修补。

⑤准备好工程质量评定的各项资料。其包括分项工程质量检验评定、分部工程质量检验评定、单位工程质量检验评定、隐蔽工程验收记录、吊装及试压记录以及工程质量事故发生情况和处理结果方面的资料，为正式评定工程质量提供依据，也为技术档案资料移交归档做准备。

五、筹备通车典礼

在确定通车时间后，收费营运管理工作筹备小组应着手准备通车典礼的有关工作，在筹备小组内设立庆典会务组负责本项工作。通车典礼应贯彻隆重、热烈和从简的原则，条件允许也可交由专业策划单位承办。

庆典会务组应确定活动时间、活动地点、出席活动人员的名单、活动承办机构组织工作,并根据以下分组负责相关的工作:

(1)场地分组:负责协调场所布置,协调活动配套工作的实施。

(2)接待分组:负责车辆调度、食宿安排、来宾接待、纪念品及宣传资料发放等。

(3)文秘和宣传分组:负责会议有关材料(司仪词、主持词、领导讲话稿和公司领导致辞等所有材料),以及活动庆典流程监控与协调,内外宣传,媒体联络,协助会场布置和气氛营造等工作。

(4)保卫分组:负责场地的秩序维护、财产安全和会场消防安全。在庆典当天负责安排来宾车辆停放,在庆典会场施工时进行交通管制及协调交警部门对当天庆典场所路段实行交通管制。

(5)场地布置分组:负责主要路段布置,周边气氛布置,主会场布置等。

庆典活动程序的主要环节包括:主持人宣布庆典仪式开始,领导讲话,剪彩等。

第二章 工作职责及管理规程

第一节 公司高级管理人员职责

一、总经理工作职责

(1)在公司董事会的领导下,主持公司的日常经营管理工作,组织实施董事会决议,并向董事会报告实施情况。

(2)组织拟订公司年度经营计划、财务预算、决算报告、利润分配方案、弥补亏损方案,提交董事会审议,审议通过后具体组织实施。

(3)拟定公司基本管理制度、内部管理机构设置方案、薪酬制度、奖惩方案及重大改革方案,报请董事会批准后实施。

(4)向董事会提请聘任或解聘公司副总经理及其他高级管理人员;聘任或解聘中层及以下员工。

(5)负责公司廉政建设、计划生育、社会治安综合治理、安全生产等各项工作。

(6)在董事会授权和职责范围内,有权对公司内部各项事务进行审批,依照制度对员工进行奖励和处罚,对外代表公司洽谈和处理业务。

(7)履行董事会授权的其他事项。

二、副总经理(总经理助理)工作职责

(1)协助总经理工作,按照公司经营班子分工,履行分管的工作职责,并承担直接管理责任。

(2)依照公司制度和总经理授权,负责审批分管的各项工作。

(3)督促分管部门完成公司制定的各项工作任务。

(4)负责对分管部门的工作报告、建议、方案进行处理,将有关情况和重要信息向总经理请示、汇报。

(5)总经理不在公司期间,代行总经理授权的职责。

(6)完成总经理交办的其他工作。

第二节 行政人事部工作职责及管理规程

一、行政人事部工作职责

(1)负责公司日常行政事务以及部门之间的综合协调和工作督促。

(2)负责公司人事、劳资、员工教育培训、计划生育和劳保用品管理工作。

(3)负责公司往来公文的收发处理以及文书档案管理工作。

(4)负责公司的宣传报道工作、各类会议的筹备,以及对会议决议、文件决定及领导交办事项的催办和落实。

(5)负责公司后勤工作,包括车辆、环境卫生、员工宿舍和食堂的管理。

(6)负责固定资产的管理、办公用品及低值易耗品购买、登记、发放。

(7)负责公司的消防安全工作。

(8)负责来宾接待和对外联络及信访工作。

(9)草拟公司的工作计划、总结、请示、报告等重要公文。

(10)拟订和执行公司的薪酬福利制度。

二、行政人事部岗位设置及职责

(一)岗位设置

公司行政人事部可根据工作需要,可在部门经理下设立人事劳资员、文秘、宣传培训员、总务员、司机班长等工作岗位。公司可根据实际情况将保安、清洁等工作外包。

行政人事部的岗位设置,如图2-1所示。

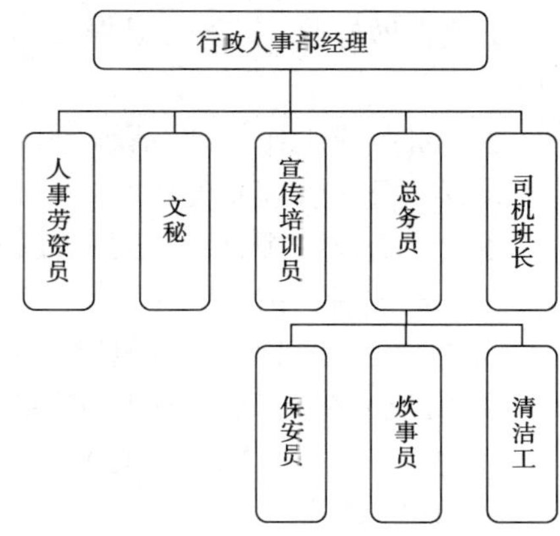

图2-1 行政人事部的岗位设置

(二)岗位职责及任职条件

1. 行政人事部经理工作职责及任职条件

(1)工作职责

①负责制订和实施公司的人力资源规划,拟订公司的行政和人力资源管理制度;

②负责制订员工的招聘和培训计划;

③负责拟订工资和奖金发放方案;

④统筹公司的会务和来访、接待工作;

⑤负责公司劳动纪律管理及处理公司的劳动争议和劳资纠纷;

⑥负责公司纪检、监察工作;

⑦负责公司的车辆管理及机动车驾驶员的安全教育工作;

⑧完成公司领导交办的其他工作。

(2)任职条件

①大专及其以上学历,5年以上相关工作经历；

②有较好的文字表达能力,较强的组织协调能力；

③对国家收费公路管理相关法规以及《中华人民共和国劳动法》、《中华人民共和国劳动合同法》、《中华人民共和国公司法》等有全面深入的了解，熟悉行政人事工作的事务处理。

2. 人事劳资员工作职责及任职条件

(1)工作职责

①负责办理员工任免、调配、考核、奖惩、解聘、辞退等工作；

②负责办理公司员工社会保险、住房公积金,负责劳动合同的签订和人事档案的管理工作；

③负责员工的计划生育管理工作；

④协助上级掌握人力资源状况,填制和分析各类人事统计报表；

⑤协助做好内部培训和考核工作；

⑥协助做好公司的来访与接待工作；

⑦完成行政人事部经理交办的其他工作。

(2)任职条件

①大专及其以上学历,2年以上相关工作经历；

②持有人力资源管理专业初级及其以上资格证书；

③熟悉《中华人民共和国劳动法》、《中华人民共和国劳动合同法》等法律法规。

3. 文秘工作职责及任职条件

(1)工作职责

①负责做好收、发文登记手续,及时呈送审批,根据文件收发流程对领导批阅意见进行处理；

②负责完成工作总结、请示、工作计划等材料的起草、校对、打印工作；

③草拟公司管理制度；

④做好会议安排,撰写相关会议通知、会议纪要；

⑤负责节假日值班安排；

⑥负责公司各种证照的管理、年审工作；

⑦协助做好公司的来访与接待工作；

⑧完成行政人事部经理交办的其他工作。

(2)任职条件

①中文(文秘)专业大专及其以上学历；

②两年以上相关工作经验,有良好的文字表达能力,熟练操作电脑；

③熟悉国家收费公路管理相关法规,以及《中华人民共和国劳动法》、《中华人民共和国劳动合同法》、《中华人民共和国公司法》。

4. 宣传培训员工作职责及任职条件

(1)工作职责

①负责公司网站、内部刊物编辑等宣传工作；
②制订公司及各个部门的培训计划和培训大纲，经批准后实施；
③建立和完善公司培训体系，并指导各部门落实；
④统一安排新员工的入职教育和培训工作；
⑤协助行政人事部经理创建、传播公司文化；
⑥协助建立和谐的员工关系，组织策划员工的各类活动；
⑦完成行政人事部经理交办的其他工作。
(2)任职条件
①人力资源相关专业大专及其以上学历；
②熟悉内部培训及外部培训组织流程，对年度培训规划有一定经验；
③熟练使用办公软件，兴趣爱好广泛。
5. 总务员工作职责及任职条件
(1)工作职责
①负责公司日常办公用品及物资的采购和发放工作；
②负责公司办公类固定资产的购置、调配和维修保养工作；
③负责公司后勤管理和环境卫生监督工作；
④办理入职、辞退人员的物资发放或回收手续；
⑤协助做好公司来访与接待工作；
⑥完成行政人事部经理交办的其他工作。
(2)任职条件
①大专及其以上学历，1 年以上相关工作经历；
②熟悉仓库管理知识，掌握会计、统计基础知识；
③有采购工作经验和较强的商品议价能力。
6. 司机班长工作职责及任职条件
(1)工作职责
①负责公司车辆管理工作，做好车辆的年检、季检工作，妥善保管有关证件；
②负责组织驾驶员学习交通法规，自觉遵守各项规章制度，树立安全第一的思想观念；
③负责公司车辆的日常保洁、保养、维修，缴交养路费、保险费、车税，处理交通事故；
④负责本班组工作人员的培训及考核；
⑤协助行政人事部经理制定车辆管理制度，协助公司车辆的调度和日常管理工作；
⑥协助审核车辆行驶里程、油耗费用等工作，并做好统计、分析及报送工作；
⑦完成行政人事部经理交办的其他工作。
(2)任职条件
①高中及其以上学历，B 级以上驾驶执照，5 年以上驾驶经历；
②熟悉车辆构造和车辆机械原理，具有一定的车辆维修技术；
③熟悉公司办事流程。

三、行政人事管理工作规程

(一)会议管理规定

1. 会议提拟与审批

(1)公司工作例会按日程举行,一般情况下,无须提拟和审批。

(2)公司办公会议由公司行政人事部提拟,或由议题涉及业务的主办部门负责人提拟,正副总经理批准。

(3)专业会议由主管业务部门负责组织并经分管领导批准,行政人事部协助安排。

(4)公司业务会(如洽谈会、座谈会等),由行政人事部组织安排。

(5)部门会议由各部门自行安排,但会议时间、参加人员等不应与公司会议冲突。

2. 会议计划与统筹

(1)每月28日前,行政人事部应与各部门协调确定下月的会议计划,汇总形成公司《月度会议计划》,统一报正副总经理审批后,于月底前发送至各部门负责人。

(2)经审批列入月度计划的会议,如需改期,或当期需安排其他临时会议时,会议召集部门应至少提前2天完成会议更改提拟和报批手续,并报请正副总经理调整会议计划。

(3)会议安排的原则为:小会服从大会,局部服从整体,临时会议服从例会。各类会议的优先顺序为:公司例会、公司会议、部门会议。

3. 会议通知

(1)已列入月度计划表的会议,月中无调整的,不再另行通知,行政人事部按计划表直接通知参会人。

(2)凡未列入月度会议计划而临时提拟的会议,按"谁提拟、谁通知"的原则发出会议通知。

(3)一般应提前一天以上发出会议通知。

(4)会议通知形式一般以书面通知为主,电话或短信通知为辅。需对会议议题、会议资料、会务安排等作特别说明的会议,应发出书面会议通知;涉及多个部门和参加人数众多的大型会议,主办部门还应编制详细的会议计划通知相关部门。

4. 会议纪律

(1)与会者须有准备,发言贴切、精炼。

(2)与会者须对会议内容贯彻执行,做到有布置、有落实、有检查。

(3)会议不得无故缺席或迟到。

5. 会议记录

(1)会议必须及时印发纪要,重要会议必须会签确认。

(2)会议纪要应编号,按分级管理要求分发、存档、上报(条件许可的可通过电子文件传递)。

(二)公文处理及行文程序规定

1. 基本规定

(1)各部门应发扬实事求是、认真负责的工作作风,克服形式主义和文牍主义,提高公文处理的效率和质量。

(2)公文处理必须做到及时、准确、安全。公文统一由行政人事部收发、分办、用印、立卷。

(3)各部门的公文处理工作,必须实行严格的保密制度。公文保密等级分为绝密、机密、秘密三种,其他为一般文件。绝密、机密文件打印要用专用磁盘。绝密文件只能印一份,由起草人送有阅文资格的人员传阅。机密文件按审阅人数打印,阅完后由起草人收回归档。绝密、机密、秘密文件由保密人员按保密制度规定保管。文件机密级数,由发文单位的主管领导根据文件内容确定。

2. 公文种类

公司常用公文种类及适用情况如下:

(1)请示:适用于请上级作出具体指示和批准。

(2)报告:适用于向上级机关汇报工作,反映情况,提出建议或意见,答复上级机关的询问。

(3)布告、通告:布告适用于对公众公布应当遵守或周知的事项;通告适用于在一定范围内公布应当遵守或周知的事件。

(4)批复:适用于答复下级部门请示事项。

(5)通知:转发上级机关的公文,要求下级办理或者需要知道的事项,发布规章制度,任免和聘用干部。

(6)通报:适用于表彰先进,批评错误,传达重要情况和精神。

(7)决定、决议:决定适用于对重要问题或重要行动作出安排及决策;决议适用于经过会议讨论通过、要求贯彻执行的事项。

(8)函:适用于平行的或不相隶属的部门、单位之间相互商洽工作,询问和答复问题,向有关主管部门请求批准等。

(9)会议纪要:适用于传达会议议定事项和主要精神,要求有关单位共同遵守执行。

3. 公文格式

(1)公文格式一般包括:标题、主送单位、正文、附件、单位印章、发文日期、抄送(抄报)单位、公文字号、主题词等。

①公文的标题应准确、简要地概括公文的主要内容,并标明发文单位和公文种类。除批转法规性文件外,公文标题一般不加书名号和其他标点符号。

②发文机关应当写单位全称或规范化简称,位于文件首页上端,如“×××公司文件”;用版头文件纸行文时,可以省略发文单位,如“关于×××的请示”。

③向上级请示的公文,应一文一事,主送一个单位,除领导直接交办的事项外,请示一般不直接送领导者个人;如需上报另一个单位时,可以用抄送形式。

④发文时间,以领导签发日期为准。

⑤公文字号包括单位代号、年号、顺序号。发文由行政人事部统一编号。

⑥公文如有附件,应当在正文之后、发文日期之前注明附件的名称和排序,重要的附件排前。

⑦公文除会议纪要外,所有公文加盖公章。

⑧文字一律从左到右横写、横排。

(2)公文纸一般用国家通用规格A4型(长297mm、宽210mm);基本格式:天头37mm、左边订口28mm、右边空26mm、下边空35mm，即正文版面为225mm×156mm，每行28字，每页22行。正式公文在左侧装订。公文标题用小标宋2号字，正文用仿宋体3号字。

(3)各部门的行文关系，应根据各自隶属关系和职权范围确定。

(4)内部发文，可按问题的种类和性质，用部门名义发文。各部门不得用发文形式解决一般性问题，不得向外发文。

(5)发文根据需要确定主、抄送单位，不得滥发。

4. 发文处理程序

(1)发文一般包括拟稿、审核、会签、签发、校对、用印、分发等程序。

(2)公文应严格按照《国家行政机关公文处理办法》中对公文格式、结构和语言的要求进行拟制。

(3)公文应严格按程序签发，文件未经签发无效。

①一般性行文：由主办人草拟后送部门经理审核，然后送公司分管副总经理审核，分管副总经理根据分工和授权决定签发或送公司主要领导签发。

②重要公文：包括涉及重大事项的行文及向省、市、区政府等上级部门的请示、报告。草拟的文稿经公司领导明确或主办部门请求，可由行政人事部作初审，重点内容是检查公文是否符合国家的方针、政策、法律、法令；与本单位已发的公文是否衔接；文字叙述是否符合文法和逻辑，文字是否准确，标点符号是否正确；文件格式、行文关系、处理程序是否符合要求。文稿草拟或初审后由主办部门负责人审核，并在会签栏签上姓名和日期。文稿通过核稿并确认无误后，由分管副总经理审核，再由总经理签发。

(4)公文拟稿、改稿和签发，一律用钢笔，禁止使用铅笔和圆珠笔。

(5)文件签发后，由行政人事部负责修改、校对、打印、盖章、装订、登记、分发。打印文件要美观大方，符合国家规定的公文格式要求。校对要认真细致，不得有错字、漏字、别字，装订要整齐牢固，不漏页、错页、粘页。

5. 收文处理程序

收文程序一般包括签收、登记、分发、拟办、承办、催办、批办等。

(1)签收：检查文件外表有无破损，文件有无误送，本公司是否在传阅范围之内；弄清文件阅办情况，看文件是否由本单位办理，弄清办理时间及办理要求。

(2)登记：收件后，必须进行登记，把来件的内容、来件单位和文件去向作清楚的记录。

(3)上级发来的文件及注有密级的简报、资料和平级发来的文件，均由行政人事部统一签收、开拆、登记、呈阅，并按不同类别进行分类处理。

(4)将需办理的公文分类，一般分为请示类、普通的传阅文件、会议通知等。公文分类后，分别按以下的公文流程运作：

①一般请示类：行政人事部经理签批分发意见→分管副总经理签署办理意见→有关部门办理→分管副总经理批示→总经理传阅已办结的请示→其他副总经理传阅。

②重要请示类：行政人事部经理签批分发意见→分管副总经理批示→总经理批示→有关部门办理→将办理结果反馈给总经理和分管副总经理→其他副总经理传阅。

③普通的传阅文件：行政人事部经理签批分发意见→分管副总经理传阅→总经理传阅→其他副总经理传阅→有关部门经理传阅。

④普通会议通知:行政人事部经理签批分发意见→分管副总经理批示→参加会议人员传阅并参会。

⑤重要会议通知:行政人事部经理签批分发意见→分管副总经理批示→总经理批示→参加会议人员传阅并参会。

⑥特殊情况处理:行政人事部经理对某些需要特办的急件或重要文件应根据实际情况作出灵活处理,如直接送总经理批示等。在公文运作过程中如遇到传阅流程中相应的领导外出,应马上转送下一环节处理,待领导回来后再补送传阅。

⑦各部门收到急件时,应在 3 个工作日内答复并退回文件,其他文件原则上 5 个工作日内处理完毕,最迟不能超过 10 个工作日。

(5)承办部门收到文件后,应仔细阅读文件,认真迅速办理。需要复文的迅速拟文,需部门会办的迅速送相关部门审核会签。

(6)如果发现所要办的事情不属本部门职责范围的,应马上回复行政人事部,并说明情况和理由,由行政人事部再将来文转其他部门办理。

(7)加强公文检查催办工作。行政人事部对有领导批示的公文及本公司发出的文件,要认真督促、催办,以防积压或漏办。

(8)领导参加重要会议带回的文件资料,在传达后,应交行政人事部分发传阅或立卷归档。

6. 其他

(1)文件的存放管理工作如下:

①加强文件库房的管理。文件库房的钥匙保管人为档案员,由其负责文件的存取。档案员须经常对门、窗的牢固性进行检查,以确保库房安全。

②资料的接收、移出、外借必须履行手续,签收或注明归还时限;关系公司重大决策或会议决议、议案均属于保密档案,限定在一定层次或借阅范围,借阅批准权在行政人事部经理或分管领导。

(2)公司每年应该清缴一次文件。凡属绝密、机密文件,应清退给发文部门;凡是有查考和保存价值的文件材料,按规定整理立卷;其他的文件则应按规定予以销毁。销毁文件的程序如下:

①清点。把证明需要销毁的文件按文件账逐份校对清点,需要销毁的在收发文登记簿上加盖“销毁”印戳。

②登记。对销毁文件必须填写《销文登记表》,登记项目包括发文单位、发文号、时间、份数、审批单位及负责人和销文单位等内容。

③签批。应销毁的文件登记完毕,交予公司主管领导审批之后,按要求销毁。

④备案。文件销毁后,监销人在销文登记表上签字,并向领导汇报文件销毁情况,上交《销文登记表》。

相关文件详见本书附录二中附表 1、附表 2。

(三)印章使用管理规定

1. 印章种类

印章种类,包括公司公章、合同章、财务专用章、发票专用章、部门章、公司专门设立的专项小组章。

2. 监印人员

监印人员按以下规定监印：

（1）公司公章、合同专用章，由行政人事部指定专人负责保管、监印。

（2）财务专用章、发票专用章，由财务管理部指定专人负责保管、监印。

（3）部门章，由各部门负责人保管、监印。

（4）小组章，由组长或组长指定专人负责保管、监印。

（5）监印人员外出前，由部门负责人请示分管领导指定其他人代为保管、监印。

3. 印章的核定及制发

印章的核定及制发，依照如下规定：

（1）公司各部门需要刻制印章，一律凭公司批准成立该机构的文件，经分管领导同意后由行政人事部统一办理。

（2）印章的式样要规范、完整；一种印章原则上只制发一枚。

4. 印章的启用

印章使用前，须向有关单位、部门发出启用印章的通知（附上印模）。

5. 印章的管理

（1）行政人事部负责公司印章的制发、换发、补发、稽查等管理工作，并设立《印章领用登记表》（附印模、样本），依序装订成册，以利管理。

（2）印章不固定换发年限，行政人事部负责人每年至少应稽查一次。

（3）部门负责人、小组组长、监印人员交接时，应由行政人事部主持并会同相关人员将印模样本列册移交。

6. 印章的盖用

（1）公司的公章、合同专用章必须存放在保密柜内，由行政人事部监印人员负责保管，用印前经办人必须履行批准手续并在登记表上登记。

（2）凡公司发出的一切正式公文，行政人事部监印人员根据公司《公文处理及行文程序规定》核对签发人在稿件上的签字，并校对公司材料无误后方能使用公章。

（3）凡公司对外文件、财务报表或出具证明需要盖公章时，须经公司分管领导批准才能用印。

（4）公司签订合同原则上应盖合同专用章，行政人事部监印人员根据公司《合同管理规定》核对签约人的签字无误后方能使用合同专用章。

（5）财务专用章、发票专用章的使用，由财务管理部负责人按照公司财务管理的有关制度审核把关。

（6）使用部门印章，须经部门负责人批准。

（7）使用小组印章，须经小组长批准。

（8）一般情况下，部门和小组印章不对外使用。

（9）公司一般不允许在空白介绍信上用印，如确因工作需要，须经公司总经理签字批准。持空白介绍信外出工作回来，必须向公司领导汇报介绍信用途，未使用的必须于两天内交回行政人事部。

7. 印章申请

(1)印章换发申请:

①印章的印文磨损需要换发时,由各部门按上述"印章的核定及制发"的规定向行政人事部提出申请办理;

②作废印章应于换发的印章收到后一周内,由监印人员依"印章缴销"的规定办理缴销。

(2)印章补发申请:

①印章损毁或遗失时,由监印人员填写《补发印章申请表》,于备注栏注明原印的种类、字体、制发日期、损毁或遗失经过,经公司分管领导审批后由行政人事部向印章登记机构办理公告作废和补发手续。

②补发印章的字体应有异于原印章,以便区别。

③遗失的印章寻获时,应立即交由监印人员于两天内依"印章缴销"的规定办理。

8. 印章缴销

对废旧和需注销的印章,由监印人员填写《缴销印章申请表》,经分管领导核定后,由行政人事部办理缴销。

相关文件详见本书附录二中附表3。

(四)档案资料管理规定

1. 基本规定

(1)档案是指各单位在工作中形成的对本单位有保存价值的各种文字、图表、账簿、凭证、声像等不同形式的历史记录。

(2)公司的档案主要分为基建档案、文书档案、声像档案、电子档案、会计档案。基建档案指工程建设项目从规划、立项、勘察设计、施工至竣工全过程中形成的具有查考利用价值的应归档保存的图纸及文字材料。文书档案是指公司经济业务往来及公司管理过程中形成的文件材料。声像档案是指具有保存价值的照片及其底片、录像、录音、磁盘、光盘的声像材料。电子档案是指具有保存价值的、按一定方法整理而成的、已归档的电子文件及其与之相适应的软件、参数和相关数据。会计档案是指会计凭证、会计账簿和财务报告等会计核算专业材料。

(3)档案保管期限分为永久、长期、短期三种。永久保存是无限期地保存。长期保存是保存期为16~50年,短期保存是保存期为15年。

2. 档案借阅、移交、接收、销毁

(1)本单位人员借阅档案须填写档案借阅表,外单位人员借出本公司档案须持有介绍信或工作证,文书档案须经本公司主管领导签名后方可借出;工程技术档案须经部门负责人签名后方可借出。借阅期限为10日,可续借,但要办理续借手续。保密文件则按《中华人民共和国保守国家秘密法》执行。

(2)借出的档案不得转借他人、涂改、损坏、拆散、丢失。归还时必须办理好注销手续。

(3)因工作需要而离开本公司,必须将所借出的档案如数归还。

(4)各部门移交资料给行政人事部前,必须列明清单并双方签名确认后连同资料一起移交。

(5)档案室接收资料时要认真清点资料是否完整,施工单位的交(竣)工资料是否符合案卷质量标准的规定和要求。接收外单位人员移交资料,须知会本项目负责人并填写移交表后移交到档案室。接收的电子公文必须能在计算机及系统软件上识读，并与纸质文件内容一致。

（6）各部门清理后无用的资料移交档案室，档案员及档案主管领导经鉴定后确认为无保存价值的资料，按公司《公文处理办法》的要求将其销毁。

3. 其他

（1）档案室对所接收的资料，按照《中华人民共和国档案法》进行归档。

（2）档案管理人员必须遵守保密文件管理制度及保密守则。

（3）行政人事部是公司负责档案管理的机构。各部门的负责人是本部门档案管理的第一责任人，各部门经办人是档案收集与管理的直接责任人。如发生档案资料的遗失、涂改、毁损、灭失等事件，将视其对公司影响的轻重程度，对其第一责任人和直接责任人予以相应的处罚。

（4）档案库房由专人负责管理，未经许可，闲人不准入内。档案员要严格遵守《档案库房管理规定》。

相关文件详见本书附录二中附表4～附表6。

（五）计算机信息安全管理规定

1. 适用范围

公司调配给员工的全部电脑和相关设备。

2. 职责

（1）行政人事部：对公司所有电脑的网卡地址和IP地址进行登记，并对所有上网记录进行存储、检查。

（2）财务管理部：会同行政人事部每年对电脑设备实物进行定期清点，确保账物相符。

（3）各部门员工对自己使用的电脑设备要爱护，保证电脑的安全、正常使用，一般情况下，电脑的使用期应为5年以上。

3. 内容

（1）严禁员工登录非法、黄色等非工作的网站，以免感染病毒。

（2）禁止使用BT、迅雷、超级旋风等多线程下载软件，以免影响整个网络的运行速度。

（3）办公电脑是生产用具，只供工作中使用，严禁用于玩游戏、非工作原因上网和从事其他与工作无关的活动。

（4）某些网站的插件可能会修改电脑设置，注意不要随便安装。

（5）办公电脑，不准安装非办公需要的软件。

（6）行政人事部为所有电脑安装杀毒软件和防火墙，员工不能擅自删除或退出，降低电脑的安全级别。

（7）行政人事部将不定期对公司所有办公电脑进行抽查，并公布各部门电脑使用情况。

（六）值班规定

1. 值班安排

（1）门卫值班：公司依据工作实际情况，设立门卫值班制度，24小时值班。

（2）管理人员值班：公司根据实际情况，在法定节假日或特殊情况期间安排管理人员在现场值班。

2. 值班守则

(1)值班人员必须坚守岗位,严格遵守岗位纪律,尽职尽责,违者追究责任。

(2)遵守值班纪律,按时交接班,无关人员不得在值班室留宿。

(3)实行交接班登记制度,保证重要、关键岗位有人值守,防止意外事故发生。

(4)安排电话值班时,值班人员应确保24小时通信畅通,并在值班期间不离开本地区。

(5)值班人员发现问题要及时处理,有重大事情发生,应立即报告公司领导及有关部门。

(6)保证信息及时上传下达。

(7)值班时应坚守岗位,不得聚众打牌、看电视、打瞌睡。

(8)门卫值班时,在规定的时间内要加强巡视,做好防盗、防火、防灾工作,尤其加强对重点部位的监管。

(9)值班期间接待来宾应热情招呼,有理有节,准确了解来宾意图,注意保密。

(10)值班人员遇到紧急情况须及时与行政人事部取得联系。须将公安、消防、医院、供水、供气、供电、通信等部门的信息置于明显处,以备应急需要。

(11)遇到紧急事件,要冷静处理,敢于负责,力求做到:一方面大胆采取应急措施,以免贻误;另一方面及时向主管领导报告或向公安部门报警。

3. 接听值班电话应注意的事项

(1)礼貌相待。接听电话时,应主动通报公司名称、职务、姓名,如对方未通报,应客气地询问清楚。

(2)对重要或内容较长的电话,可礼貌地请对方复述一遍。

(3)接听打探事情等咨询类电话,应态度和蔼、礼貌对待、恰到好处地作答。

(七)节约资源管理规定

1. 节约资源职责

(1)节能管理工作由公司行政人事部具体负责,责任人为行政人事部经理。

(2)加强对节约用电的宣传力度,增强全员节电节能意识,提倡科学合理用电,杜绝浪费,倡导节约用电人人有责。

(3)公司大楼的公共部位、会议室等责任人要加强管理,杜绝长明灯等用电浪费现象。

2. 节约资源内容

(1)适当调整空调温度设置。各部门在使用空调时,设置温度不要低于26℃,当气温低于28℃时,不要开启空调,并在下班前关闭空调。

(2)减少待机耗电。公司办公的计算机终端、个人电脑、复印机、打印机等电器设备,在未使用时应关闭电源,尽量减少待机时间。

(3)公司员工在下班后,将办公室、会议室内所有电(器)具关闭。

(4)在夏季,公司各楼层的空调温度应控制在26℃。

(5)公司员工应多利用废旧纸张的背面打印非正式文件。

(6)公司员工应多利用电子文档传送文件,减少打印量。

(7)限制办公电话使用国际和国内长途电话功能,原则上非工作需要不能安装长途,长途要设置密码。

(8)提倡公司员工开设外部电子邮箱,并多利用电子邮箱与外单位联系、收发文件,提高工作效率,减少传真用量。

（八）办公用品管理规定

1. 办公用品的管理责任

（1）行政人事部是办公用品的管理部门，负责办公用品的采购、保管、发放和使用监督。

（2）财务管理部对行政人事部办公用品的申购计划、发放及保管情况进行审核与监督。

（3）各部门负责人对本部门办公用品的领用、使用负管理责任。

2. 办公用品的分类

（1）耐用品：包含办公桌椅、电话机、文件柜、文件筐、文件夹、打孔机、订书机、计算器等（不含固定资产）。

（2）办公文具类，如铅笔、胶水、单（双）面胶、图钉、回形针、笔记本、信封、便笺、签字笔、白板笔、荧光笔、涂改液、剪刀、钉书钉、复写纸、大头针、纸类印刷品等。

（3）书籍、报刊和杂志。

（4）生活用品，如面巾纸、纸球、布碎、茶具等。

3. 办公用品的采购

公司所有的办公用品由行政人事部根据实际需要及仓库库存量制订采购计划，填写《申购单》，报公司分管领导审批后，由行政人事部统一购买。

4. 办公用品的发放

领取办公用品，领用人要在领用单上填明品名、数量和领用人姓名。

5. 办公用品的日常管理

（1）公司员工应本着厉行节约的原则，经济、合理地使用办公用品，严禁公物私用。

（2）员工应妥善保管好自己的办公用品，如发生丢失或人为损坏要照价赔偿，公司不予另行配置和补发，员工存在主观故意的，依情况予以相应处罚。

（3）各部门申领的办公用品若发现确因质量问题而不能使用的，两天内可到行政人事部换取。因使用不当或其他人为因素造成办公用品损坏或不能使用时，由当事人自行负责。

（4）员工离职或有其他变动的，须如数退回所有领用办公用品（易耗品除外）。

（5）各部门未经审批私自申购的办公用品，财务管理部原则上不予报销。

（6）财务管理部每季度对公司的办公用品进、销、存管理情况进行审核与监督。

（九）工作服及劳保用品管理规定

1. 工作服的管理

（1）工作服的订制、保管

①工作服由公司行政人事部统一订制、采购；

②备存工作服由行政人事部妥善保管。

（2）工作服的发放

发放对象：公司在职正式员工；见习员工及临时员工原则上不发放工作服。

（3）工作服的穿着要求

①工作服是员工精神面貌的一种体现，每位员工穿着时必须保持清洁、整齐，并且不得随意更改工作服的款式；

②穿着工作服需同时穿着深色正装皮鞋、深色袜子，不得穿凉鞋、休闲鞋、布鞋或拖鞋等；

③新员工一般在入职试用期满后方可配发工作服。

2. 劳保用品的管理

(1)公司行政人事部负责制订公司劳动保护用品发放标准和发放时间,审核各部门劳动保护用品发放标准和采购计划。

(2)采购人员按采购计划进行采购、储存与发放,并建立“员工个人用品发放台账”。

(3)行政人事部负责对采购的劳动保护用品进行安全性能检验,确保劳保用品的安全性能符合安全使用要求;同时监督劳保用品使用情况,确保工作人员正确使用劳保用品。

(十)固定资产管理规定

1. 固定资产的定义

固定资产是指同时具有下列特征的有形资产:

(1)为生产商品和提供劳务、出租或经营管理而持有的。

(2)使用寿命超过一个会计年度。它包括房屋、建筑物、机器、机械、运输工具以及其他与生产经营活动有关的设备、器具、工具等。

2. 固定资产的管理责任

(1)行政人事部负责固定资产统一调拨、编号、验收盘点。

(2)财务管理部负责固定资产账务处理、核算、支付、监督、盘点。

(3)各使用部门负责固定资产日常保养与保管。

(4)对违反固定资产管理规定,擅自赠送、变卖、拆除固定资产的行为和破坏固定资产的行为,要严格追查责任,视情节给予处罚。

3. 固定资产管理工作程序

(1)购置程序

申请购置固定资产时,需求部门填写申购单,注明固定资产设备名称、规格、品牌、数量、用途、需要日期等,后送行政人事部汇总,经财务管理部审核,再报请总经理审批。经批准后由行政人事部安排采购。

(2)资产保管

①资产购入后由行政人事部会同使用人员进行验收。

②行政人事部对固定资产验收后,编列资产编号,办理入库手续,制作标签,对设备进行一物一标识(编号标识)管理。

③行政人事部通知使用单位保管人员办理领用手续,领用时应在领用单上注明资产编号及保管人。

④行政人事部应按财产分类编号建立资产管理明细表。

⑤公司公用财产或财产的使用部门难以区分者,以行政人事部为管理部门。

⑥各部门应明确资产领用保管人,在保管人离职或资产处置时应及时办理移交手续。

⑦部门主管领导离职时,由行政人事部督促办理资产移交手续,移交不清或资产遗失的,依据资产价值由当事人负责赔偿。

(3)固定资产编号

①固定资产编号设六位码,编号方式如图2-2所示。

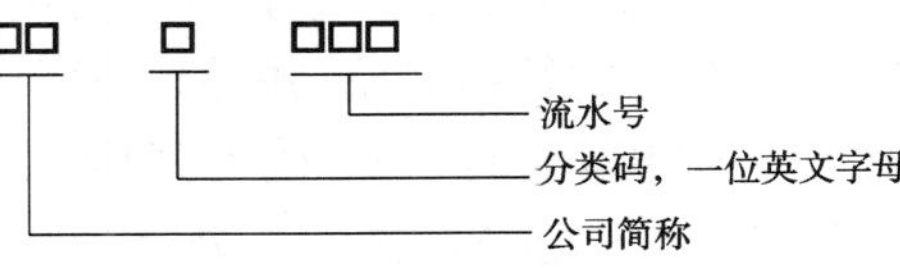

图2-2　固定资产编号

②公司简称:指公司名称的中文简写。

③分类码:根据公司实际情况,为区分管理,一般以英文字母表示。

④流水号自001开始至999,流水号按每种分类分开编列。

(4)固定资产转移及报废

①资产如需调拨、移动使用场所,须由所在部门向公司提出,逐级审批。

②资产需送修时,应先注明送修原因(造成故障的原因),由行政人事部确认人为或非人为原因,是人为故意损坏的,应由责任人承担全部维修费用或损失。

③当资产因自然损坏无法修理或修理成本过高,以及闲置、废弃,不再具备使用价值时,使用部门应申请报废,经行政人事部会同相关技术人员检测确认后,按申请购置程序逐级送总经理审批。

(5)固定资产账务处理

①在完成固定资产的验收或报废后,须报财务管理部进行固定资产账务处理。

②固定资产折旧及报废由财务管理部参照会计制度负责处理。

(6)资产盘点

①盘点目的:加强资产的保管及使用管理,并确保账面与实物的一致。

②盘点人员:行政人事部会同财务管理部联合进行盘点。

③盘点范围:全公司所有资产。

④盘点日期:每年6月、12月定期盘点。

(十一)合同管理规定

1. 基本规定

(1)凡以公司名义对外发生经济活动的,应当签订合同,并由行政人事部配合财务管理部建立合同台账,及时登记合同金额及支付情况。

(2)订立合同必须遵守国家的法律法规,贯彻平等互利、协商一致、等价有偿的原则。

(3)合同均应采用书面形式,除及时结清外,有关修改合同的文书、图表、传真件(需及时补充提供原件)等,经合同双方认可后,均为合同的组成部分。

(4)劳动合同的管理不在本规定实施范围内。

2. 合同的分类

(1)合同按性质的不同,分为工程类合同和非工程类合同。

(2)各部门分别负责其部门职责范围内合同的拟制、管理工作。

3. 签订合同的程序和要求

(1)按照《中华人民共和国招投标法》规定需要通过招投标方式确定合同当事人的,由其职责范围内的部门严格按照《中华人民共和国招投标法》及公司有关招投标工作细则的规定执行,组织合同的签订事宜。

(2)对不需要通过招标方式确定当事人的合同,合同主办部门要根据标的物市场分布、生产厂家、价格及其趋势等进行综合性的分析或论证,严格按照“货比三家”的原则做好市场调查,确定合适的签约对象,并对其民事资格、注册资本、银行存款、经济实力、经营状况、业绩、信誉、产品质量等进行审查,确保其具有履行合同和独立承担民事责任的能力。

(3)合同草拟后,合同主办部门要对包括合同当事人资料、标的、数量、质量、时间、实施人、价款或报酬、履行期限、履行地点和方式、联系人、违约责任和争议解决方法等在内的合同条款进行严格审查，力求做到正确、简洁、准确和逻辑性强。对方的签约代表要有合法的身份证明，以及法定代表人证明书和法人授权委托书。

（4）重要的合同在草拟后须送公司法律顾问审查，并出具书面的法律意见书。

（5）由对方签字盖章后我方才予以签字盖章，原则上禁止我方签字后以传真、信函的形式交予对方签字盖章；如有特殊情况，须请示董事长特批。

（6）所有合同文本签字盖章页一般不能为空白页，如为空白页须加注“此页无正文”或“此页为签字盖章页”字样。单份合同文本达两页以上的须加盖骑缝章。

（7）公司法定代表人对合同的订立，具有最终决定权。

4. 合同的签署

（1）合同在正式签订前，必须按规定上报正副总经理审查批准。

（2）除公司法定代表人外，其他任何人必须取得法定代表人的书面授权委托，方能对外订立合同。

（3）一般情况下，合同由董事长授权正副总经理签署。

（4）标的超过规定额度的合同，由董事会审批。

5. 合同的履行

（1）按有关法律法规或公司章程规定须经政府或业务审批机关批准的合同，合同签订后应由合同主办部门及时申请办理审批手续；须经有关部门登记、备案或鉴证的合同，必须依照有关规定办理。

（2）合同依法签署后，即具有法律效力，合同主办部门负责组织、协调合同项下我方义务的全面履行，督促检查、验收、确认合同对方义务的履行。

（3）合同内容变更应依据合同约定办理。对超出合同约定范围的变更，合同主办部门应在与签约方协商的基础上，按照合同原签订程序，签订补充协议或修改合同。

（4）合同虽已签订，但发现显失公平、重大误解或对方有欺诈行为，严重损害我方利益的应及时与对方协商变更或解除合同，并立即采取合法有效的措施，制止危害公司利益的行为发生，必要时请求仲裁机构或人民法院予以变更或撤销。

6. 合同资料的管理

（1）行政人事部负责合同档案的管理工作，建立合同台账。

（2）合同是公司对外经济活动的重要法律依据和凭证，在合同履行过程中，有关人员应保守合同秘密，妥善保管与合同有关的资料，包括与合同有关的文书、图表、传真件以及合同审批表。对与合同有关的技术资料、图表等重要原始资料，行政人事部应建立出借、领用制度，以保证合同的完整性。

（3）合同主办部门与实施部门，应及时将履行完毕或不再履行的合同有关资料（包括与合同有关的文书、图表、传真件等）按合同编号整理，交行政人事部存档，不得随意处置、销毁、遗失。

7. 违约与责任

（1）合同主办部门负责对合同履行情况进行监督检查，预防合同纠纷的发生，提高合同履约率。在合同履行中遇履约困难、违约或发生合同纠纷等情况，要及时向公司主管领导汇报，问题严重的应及时与公司法律顾问联系，采取积极有效措施，减轻或者避免损失。

（2）如属对方违约，合同主办部门要严格按合同规定索取违约金，如造成经济损失应及时向对方索赔；如属我方违约或给对方造成经济损失应由合同主办部门查清原因，以书面形式上报公司领导，经领导批示后按规定办理违约金和赔偿手续，并追究相关人员责任。

(3)合同主办部门的具体经办人在合同履行过程中承担直接主办责任，部门负责人承担主管责任，公司领导承担领导责任，相关部门如有过错承担相应责任。

(4)合同具体经办人有玩忽职守、滥用职权、徇私舞弊等行为，法律、法规已有明确规定的，从其规定；法律法规未作规定的，由公司视其情节轻重，分别给予扣除一定比例的奖金或工资、追回损失、通报批评、辞退的处分。触犯刑律的，移送司法机关追究法律责任。

（十二）低值易耗物品管理规定

1. 低值易耗物品的定义

低值易耗物品是指公司办公用品、印刷品、办公室家具用品及劳保用品单位价值在150元以上2000元以下，或使用年限不超过一年（不含部分电子物品、高价值的备品备件等）的物品。

2. 低值易耗物品的管理责任

(1)行政人事部为低值易耗物品的采购和管理部门。

(2)财务管理部为核算监督部门。

(3)公司设立物品明细账和库存统计表进行管理。

3. 物品的采购、入库

(1)凡公司需采购的物品，均须填写购物申请，行政人事部汇总编制采购计划，经财务管理部审核和公司领导批准后方可购进。

(2)采购工作应坚持节省成本、价廉物美的原则。

(3)采购物品后，由行政人事部进行验收，办理入库手续，填制有关物品账目；凭发票和入库单向财务管理部报销。

(4)所有入库用品都必须一一填写台账。

(5)在库物品由行政人事部指定专人负责管理。

(6)在库物品，按季度定期盘点，填写库存统计表，盘点要求做到账物一致，如不一致必须查明原因，调整台账，使两者一致。

4. 物品的领用

(1)各部门因工作需要领用低值资产及易耗物品时，由使用部门提出书面申请，经使用部门经理核准、行政人事部经理同意后，持领用单到相关人员处办理领用手续。

(2)个人使用的服装及劳保用品等低值易耗品，原则上由行政人事部根据公司核定标准统一购买后按标准分发给个人。领用时由领用人填写领用单。

(3)公司依据各部门的工作性质，制定各级人员的服装、劳保用品等低值易耗物品的使用标准和使用期限。

5. 低值易耗物品的日常管理

(1)属于个人使用的办公家具及其他物品，保管责任落实到使用人。部门领用的公用资产，由部门负责保管。

(2)行政人事部每年对各部门领用的低值易耗物品进行一次全面统计汇总，核对账物是否一致，并提交总经理审阅。如发生盘盈或盘亏要查明原因，相关部门加具意见，经总经理批示后作盘盈、盘亏账务处理。

(3)物品在使用过程中,因丧失使用功能,不能修复或修复价格高于该资产购置价值的可申请报废,报废时应由使用部门填写《低值易耗物品报废表》,交行政人事部、财务管理部审核注销。

(4)员工调离,须归还个人保管的部门公用财产及正在使用期限内的服装和劳保用品,办理财产移交手续。不能交回原物的,则按规定折价赔偿。

(5)部门之间低值及易耗物品的调拨,须征得公司领导同意,交接双方到行政人事部办理转账手续后,再进行调拨。

(6)低值易耗物品报废后如需重新申购,申请部门须提交《低值易耗品添置、维修及更新申请表》,经公司领导批准后,交由行政人事部门统一进行采购。

相关文件详见本书附录二中附表7、附表8。

(十三)物资采购管理规定

1. 物资采购责任分工

(1)申购部门

①根据需求填写申购单。

②部门负责人初步审核申购单。

③将已由部门负责人审核的申购单送交行政人事部。

(2)行政人事部

①行政人事部收到申购申请后加注意见,经财务管理部审核后送总经理审批。

②行政人事部按已审批的申购单内容执行采购任务。

③按时、保质、保量完成采购任务。

2. 物资采购程序

(1)物资采购

①填写物品申购单一份,并须注明:物品名称、规格、型号、单位、所需数量、用途、有关该产品的简单说明材料。

②递交所属部门经理,然后按行政人事部经理、财务管理部经理、副总经理、总经理的程序逐级审批。单价在500元以内的急需物品,报行政人事部经理批准后可作应急采购;单价超过500元,低于2000元的急需物品,报公司主管领导批准可作应急采购。应急采购后,需补办相关申购手续。

③完成审批程序的申购单,送至行政人事部采购经办人员。经办人负责核对申购单中各项明细。

④采购人员依照申购单中所列清单办理购进物品。

⑤采购人员在决定采购方案前,应与供应商联络,比较价格、质量、信誉、购买条款及售后服务等,依下列规则决定采购方式:

a. 询价:金额较小(单一产品低于单价2000元人民币)的物品,不需书面比价,以询价方式向合理低价供应商或经审定的供应商购买。

b. 比价:经询价后有下列情况的,应予以比价。报价高于前批采购价格的;虽价格与前批相同,但采购量大大超于前批的;机器或整套设备;已知商品市价有下跌趋势的。

⑥询价或书面比价不得少于3家商品供应商。

⑦采购人员将拟办采购方式填于申购单,列明供应商、厂牌、联系电话、单价等报价资料。

⑧行政人事部经理,应对商品供应商的报价资料进行最终议价及核价工作。采购单一产品的金额超过2000元人民币的,必须由2人以上共同进行采购。

(2)采购物资验证

①采购人员与有关技术人员,必须按采购文件或合同的规定对采购物品进行验证。

②有下列情况的应要求供应商再次提供合格的物品,或拒收该采购物品或拒绝付款:

a. 价格不符的;

b. 品质保障标准不符的;

c. 不能达到或接近较精确的技术数据要求的;

d. 生产有效期限过期或临近过期的。

③采购人员、申购部门代表和供应商应在现场对采购产品进行共同验证,必要时可聘请有关技术监督部门协助验证。

④对不合格的物品,应按合约条款规定更换、退货或拒收。

(3)供应商评定

①行政人事部及财务管理部,共同对供应商资料进行评审和选择。

②行政人事部编制物品供应商名单后,分发至采购承办人,承办人须按供应商名单与各有关供应商联系办理订购。

③行政人事部对已核准的供应商的表现进行周期性审核,要及时删除不符合公司要求的供应商。

(十四)公务车管理规定

1. 公务车的使用范围

(1)公司员工在本地或短途外出开会、联系业务、办理公务。

(2)接送公司宾客和来公司办事人员。

(3)其他紧急和特殊用车。

2. 公务车的使用程序

(1)车辆使用实行派车制度。用车人须填写派车单,经部门领导批准后,由行政人事部经理统一安排调度。

(2)驾驶员出车前凭已审批的派车单到行政人事部领取车钥匙,并将派车单交值班的保安人员查验后才可离开公司(遇节假日用车由值班的主管领导审批)。

(3)驾驶员按派车单上批准的行车路线行车(如有变动须在派车单上注明)。

(4)用车完毕,保安人员登记用车的时间或具体情况;驾驶员将车钥匙交回行政人事部并报告用车的具体情况。

(5)对用车方向和时间相近的派车要求尽量合用,减少派车次数和成本。

3. 公务车的日常管理

(1)公司所有车辆,均由公司行政人事部统一管理。

(2)公司所有车辆,均建立车辆档案。

(3)公司所有车辆,实行专人保养责任制。驾驶员发现无力排除的故障,应及时报告行政人事部经理，不得带病出车。

(4)公司车辆安排时发生冲突，行政人事部应主动协调解决，以先急后缓的原则处理。

(5)因保管不善造成车辆被盗、损坏，由驾驶员承担赔偿责任。

4. 驾驶员的管理事项

(1)驾驶车辆须严格遵守各项交通规则。

(2)公司定期对员工进行驾驶技术和交通安全意识的培训。

(3)发生交通事故后，驾驶员、乘车人员必须保护事故现场，及时向交警、部门领导和公司领导报告，并做好善后工作。

(4)交通事故、违章责任在我方时的罚款和修理费用，原则上由驾驶员自行承担；如遇特殊情况，经批准，可酌情处理。

(十五)员工宿舍管理规定

员工宿舍管理的规定如下：

(1)宿舍房间必须列表注明住宿人员名单，选出室长，明确轮值顺序，张贴于宿舍通告板，方便检查、监督。

(2)在宿舍住宿的员工必须整齐摆放自己的被、服、日常用品等，养成良好的卫生习惯。

(3)宿舍内每天必须安排专人值日，轮流打扫卫生，摆放好物品，做到干净整洁。

(4)不得在宿舍内随地吐痰、乱丢果皮杂物、随地便溺。

(5)宿舍内同事应该互相关心、互相帮助、互相体谅，建立良好人际关系，营造温馨的生活和工作环境。

(6)员工在当值上班时间内，不能回宿舍休息。

(7)不得在宿舍内大声吵闹、喧哗、打架，上夜班的同事深夜回来时应注意不要影响他人休息。

(8)不得私自留外人在宿舍住宿，如有发现，按违反公司制度处理。

(9)爱护宿舍的一切公物，不得随意损坏、私自挪用。

(10)节约用水、用电；注意用电安全，不得私拉电线、插座，不得用大功率电器。

(11)注意防盗、防火安全，关好宿舍门窗，小心保管好自己的物品。

(12)不得在宿舍内酗酒、赌博、嫖淫、吸毒，否则从严处罚或开除，并交由公安机关处理。

(13)不准在宿舍内打扑克和麻将，以免影响他人休息。

(14)非工作需要，不得进入异性同事宿舍；因工作需要，男、女同事之间需在宿舍内讨论工作事宜的，应将宿舍门打开。

(十六)环境卫生和绿化管理规定

1. 环境卫生的管理

(1)公司办公大楼、宿舍大楼等公共区域的环境卫生由行政人事部管理，安排人员进行日常清洁维护，联系承包商清理运输垃圾。制定卫生清洁标准，指导公司各部门搞好卫生维护工作，并定期组织检查、考核和评比。

(2)公司辖下路(桥)面、收费亭内外、收费广场、匝道及两旁等范围，由路产管理部归口管理。

(3)全体员工要加强环境卫生意识，按环境卫生维护要求做好相关工作。

2. 绿化管理

公司辖下路面(桥面)、办公区、生活区的绿化工作,由路产管理部归口管理,负责联系"外包"或安排绿化养护工作。

3. 办公区及宿舍区的卫生保洁

(1)行政人事部每天安排保洁人员对办公区进行一次全面的清洗保洁工作,包括公共卫生间的卫生清洁、设施设备的维护保养、所需物品的配给等工作。

(2)每周对宿舍区的公共区域安排一次全面的清洗保洁工作。

(3)行政人事部对员工宿舍每月安排一次宿舍卫生清洁检查评分,监督住宿人员搞好宿舍的日常清洁工作,发现脏乱情况及时处理。

4. 公共环境卫生要求

公司各区域归口管理部门要严格要求保洁人员做好日常保洁工作,保持路面、桥面、地面、墙面、门窗、灯具、办公家具、办公设备、办公器具日常清洁。

5. 员工个人环境卫生要求

(1)爱护公司财产,不能在办公家具、办公设备上乱写乱画。

(2)办公桌面各种资料、工具、文件、配件等,均应放置整齐、美观。

(3)文明使用卫生间,及时冲洗;严禁往水池、抽水马桶内乱扔垃圾。

(4)下班时,应整理干净办公桌上所用物品,所有废弃物品必须投放于清洁袋中带出室外弃于垃圾箱。

6. 部门环境卫生维护要求

(1)提高本部门人员保护环境卫生的思想认识,落实行为规范。

(2)本部门共用的各种书籍、资料、工具、文件、配件等均应放置整齐,不随意堆放物品。

(3)公司会议结束后,行政人事部应负责组织清理遗留的杂物,放置好桌椅,通知保洁人员进行清洁。

(十七)员工食堂管理规定

食堂管理规定如下:

(1)食堂工作人员必须严格贯彻执行《食品卫生法》,杜绝食物中毒和食源性反应。

(2)生熟食品应分开存放,食品与杂物必须分开。

(3)食堂所有餐具、用具,应实行"一洗、二刷、三冲、四消毒"的原则。

(4)食堂操作间设备、用具摆放应条理化,餐厅桌椅应摆放整齐,成行成线。

(5)必须坚持厨房环境和员工就餐环境无积水,按时清扫,随时保洁,器具无油污,消灭苍蝇、蚂蚁、蟑螂等害虫,保持空气清新。

(6)食堂工作人员按每天正常出勤人数和轮班当值人数进行配餐,每天按公司规定时间开餐。食堂工作人员应掌握好每餐用餐人数,注意节约,避免浪费。

(7)各部门因工作需要,加班人员需就餐时,需填写《员工加班就餐登记表》,并经行政人事部经理批准后于开餐时间前1小时通知食堂。

(8)因业务需要要求食堂准备接待客餐,需填写《食堂客餐登记表》,并经行政人事部经理批准后,提前1小时通知食堂。

(9)食堂工作人员要在员工全部用餐完毕后,清理好桌面,打扫好卫生后方可离开。

(10)食堂工作人员应重视和做好食堂防火安全工作,经常检查石油气瓶、管的安全情况,杜绝各种事故隐患。

(11)厨房操作间内的设备、设施与用具等应实行"定置管理",做到摆放整齐有序,无油腻、无灰尘、无蜘蛛网,地面做到无污水、无杂物。

(12)餐厅要清洁、卫生、通风。采取多种有效措施,不定期开展消灭蚊子、苍蝇工作;采用防蝇门帘、纱窗、电子灭蝇器、灭蝇纸、灭蝇拍、定时喷洒药剂、实行垃圾袋装等各种防护措施,将餐厅蝇蚊污染减到最低,做到食品无苍蝇、无蟑螂、无飞虫叮咬。

(13)桌椅表面无油渍、摆放整齐,经常清洗;地面每天清扫一次,每周大扫除一次,行政人事部组织每月一次大检查;经常保持玻璃门窗干净,地面干净、无烟蒂。

(14)餐具使用后要清洗干净,不能有洗涤用品残留,每天消毒两次,未经消毒不得使用;消毒后的餐具必须储存在餐具专用保洁柜中备用,已消毒和未消毒的餐具应分开存放,并有明显标志。

(15)在条件允许或在非常时期(如大型防恐期间、传染病流行期间),采取食品留样制度。

(16)员工就餐时,在食堂内不能随地吐痰,不能将食物乱堆乱放、乱扔纸屑、垃圾,不得大声喧哗。

(17)食堂工作人员必须具备职业道德。文明服务,态度和蔼,主动热情,礼貌待人,热爱本职工作,做到饭熟菜香、味美可口、饭菜定量、食品足秤、平等待人。经常倾听员工意见,不断改善服务质量。

(18)食堂工作人员必须努力提高烹调技术,注重食品营养和卫生,做到配餐营养化、品种多样化、卫生标准化,节约费用开支,提高服务质量。

(19)食堂工作人员必须每年进行一次体检,不适应食堂工作的应及时调离。个人卫生应做到"三勤",即勤洗换工作服、勤理发、勤剪指甲。

(20)食堂每月进行一次员工满意度考评,评分达到90%以上(含)满意度为优秀,达到80%以上(含)满意度为良好,60%以上(含)满意度为及格,60%以下满意度为不及格。

(21)连续三次考评不及格者,公司应该对有关人员进行调岗、扣款、降级、解聘等相应处理。

(十八)保安工作管理规定

1.保安人员仪容仪表要求

(1)保安人员上岗时间须穿着制服,佩戴内部保安标识、武装带等,要求衣着整洁大方。

(2)保安人员上岗期间不准喝酒,要集中注意力,提高警惕。

(3)男性保安人员不准蓄长发、怪发,不准染发,不准留长胡子、长指甲。

(4)保安人员上岗时禁止在工作区域内穿拖鞋、短裤。值班保安人员在换岗时必须整理并打扫一次值班室卫生,保持值班室地面干净、摆放整齐。

2.保安人员对来访人员的管理

(1)保安人员必须忠于职守、坚守岗位,对待来访人员既要坚持制度又要热情接待,言谈举止注意礼貌。

(2)来访人员要经相关领导批准并且登记后方可进入公司管理区域。

(3)来访人员进入公司区域时,要问清事由并协助找到有关人员,做好进出时间记录。

（4）来访人员驾驶车辆进入公司区域时，要经相关领导同意后方可进入，离开公司区域时，如属货车要严格检查车上物品，如有其他物品，须经主管领导或有关管理人员同意后方可放行，并做好记录；如属轿车，则应尽量留意该车有无携带其他物品。保安人员必须对当天的来访人员以及车辆做好记录，办理交接手续时双方必须做好签字记录。

3. 保安人员进行巡查时的要求

（1）巡查范围包括收费站工作区、生活区、仓库、食堂等，以及上述范围的四周。

（2）白天主要负责重点区域巡查，要保持员工通道和消防通道畅通，禁止车辆停放在员工通道和消防通道内，白天每1.5小时巡查一次，并在各记录点进行签到记录。

（3）夜间巡查时须携带保安器具及照明灯具，不定时巡查。

（4）保安巡查时，要注意每一个角落，检查办公室、宿舍、食堂等场所的门、窗、照明设施是否完好，做到随时发现问题随时解决；自己不能解决的，做好记录并且及时上报主管领导。

（5）值班期间发生异常情况要及时上报主管领导和监控中心，不得缓报、瞒报。如有缓报、隐瞒，本人要负相关责任。

（6）保安人员要做好每天的巡查检查记录。

4. 保安员考勤制度

（1）保安员实行24小时值班制度。

（2）值班的保安人员不准随意离开工作区域。

（3）值班期间不准会客，不准打牌，严禁留宿外来人员。

四、人事管理工作规程

（一）员工守则

在录用员工时，公司提供本《手册》给新员工阅读并结合工作实际情况进行培训，新员工了解所有内容后签字确认。当员工违反《手册》规定时，不得以不知其内容为理由或借口推卸责任或免除处分。

1. 工作守则

（1）严格遵守公司各项规章制度。

（2）熟悉并认同公司理念与公司文化，把个人成长与公司发展相结合。

（3）有高度的责任心和事业心，处处以公司利益为重，为公司的发展努力工作。

（4）严守公司机密，保护集体财产。

（5）自觉维护团体荣誉，有团队合作精神和强烈的集体荣誉感，维护公司的良好形象。

（6）培养良好的职业道德，对内乐于提出建议，对外不谈论公司是非。

（7）客户至上，努力为客户提供最佳的服务。

（8）不断学习新知识，开拓思路，具备创新能力，通过培训学习使个人素质适应公司发展的要求。

（9）有敬业和奉献精神，对工作要协调合作，对同事要互相帮助，在工作中与同事共同分享新知识与新技术。

（10）重要事情以书面报告、请示等形式汇报、请示，并按程序存档。

（11）下级须服从上级，上级要尊重和爱护下级，全体员工要遵守公司的规章制度。

(12)公司内部通知、决定、报告、通告等文件盖公司印章。

(13)公司实行逐级负责的管理程序,上级向下级发出工作指示,下级向上级请示、负责。各级在各自职责范围内处理问题,不推诿、不敷衍,在本职无法解决的情况下才向上一级请示。

2. 员工纪律

(1)不准迟到、早退、旷工。

(2)不准在公司非吸烟区内吸烟。

(3)不准在工作时间内擅自离岗外出。

(4)不准在工作时间内随意到其他部门串岗。

(5)不准在工作时间内做私活、办私事,从事与工作无关的活动。

(6)不准在工作时间内做与工作无关的事情,如听收录机、上网、闲聊等。

(7)不准在收费亭等公司形象窗口拨、接与工作无关的私人电话。

(8)不准在工作时间内阅读与工作无关的杂志和报刊。

(9)不准在工作时间内嬉戏取闹、吃零食。

(10)不准在当班时间内饮酒(公司业务需要除外)。

(11)不准在当班时间内睡觉。

(12)不准在工作岗位乱堆放杂物。

(13)不准把公司文件、资料给予工作无关的外部人员翻阅。

(14)不准泄露公司机密资料。

(15)不准私自带走公司财务、收费管理及其他有关资料。

(16)不准伪造公司报告、记录、文件或其他个人资料等。

(17)不准营私舞弊,贪污受贿,铺张浪费。

(18)不准擅自搬走或侵占公司财物。

(19)不准擅自搬走或以其他方式侵占他人财物。

(20)不准故意损坏公司财产、工具或器材。

(21)不准拒绝接受上级领导合理的工作安排。

(22)不准在公司范围内粗言秽语、威胁同事、打架斗殴。

(23)不准在公司范围内胡乱张贴、涂写、散布有损公司利益的言论。

(24)不准收费营运一线工作人员携带酒瓶,或在有酒精或药物影响的情况下上班工作。

(25)不准无身份证明人员进入公司管理区域。

(26)不准不按规定着装的员工上岗工作。

(27)不准在公司范围内随意吐痰、乱扔果皮杂物。

(28)不准未经批准在公司范围或工作场地接待亲戚朋友。

(29)不准进行赌博、嫖淫、吸毒活动。

(30)不准在未经公司批准的情况下印制公司名片。

(二)收费系列员工定编规定

1. 定编原则

遵循因事设岗、因事设人、紧凑高效的管理原则,基于车流量变化规律,构造模型,科学测算,合理配置人力资源。

2. 定编方法

(1)收费员定编按以下公式计算:

$$R = \sum_{j=1}^{365} D_j / N + 4m$$

式中:

①R 为收费员人员编制总数;

②m 为收费站数量,$4m$ 指每收费站配备 4 名收费班长;

③D 为近一年来常规情况下最大车流量的某一天各站各班开通的收费车道数之和;

$$D = \sum_{j=1}^{m} (X_i + Y_i + Z_i)(适用于四班三运作)$$

$$D = \sum_{j=1}^{m} (X_i + Y_i + Z_i + W_i)(适用于四班四运作)$$

④X、Y、Z、W 分别为早、中、晚、夜班开通的收费车道数;

⑤N 为员工每年正常工作天数(除不含每周正常的休息日外,还不包括每年的法定节假日和平均有薪年假)。

(2)稽查员:封闭式收费站每班配备 1 名稽查员,车流量较大的主线收费站可增配 1~2 名稽查员。开放式收费站一般每班每个方向配备 1~2 名稽查员。

(3)监控员:封闭式收费站监控室每个班次配 2 名监控员,但公司所在地收费站不设监控室,由公司主监控室同时兼该站监控室。车流量不大的收费站,可以与相邻的几个收费站合设一个监控室,实行集中监控,可适当增加监控员人数。开放式收费站监控室每班配 1~2 名监控员。

(4)清点员:一般情况下每个收费站配备清点员 2 名,工作量较小的收费站可只配备 1 名,或由其他人员兼职。

3. 定编程序

(1)收费系列人员编制数每半年重新计算一次,可随收费车流量的增减及根据实际需要进行适当调整。

(2)行政人事部会同营运管理部提出定编方案,报正副总经理审核,然后报公司董事会批准。

(3)除收费系列人员外,其他员工的定岗定编方案原则上不随车流量的增加而增加人员。若工作量增加时,应采取培训提高现有员工素质、提高工作效率等办法解决。

(三)员工聘用及辞退管理规定

1. 员工招聘规定

(1)行政人事部在招聘工作中的职责

①制定并监督执行公司的招聘制度。

②协调各部门的员工招聘工作,拟订招聘计划。

③建立公司人力资源库。

(2)公司其他各部门在招聘工作中的职责

根据公司人力资源规划、部门职责以及部门人员变动情况,提出部门人员招聘建议,并协助人员招聘工作。

(3)招聘程序

①公司招聘录用员工按照“公开、平等、竞争、择优”的原则进行。对公司内符合招聘职位要求及表现卓越的合适员工,将优先给予选拔、晋升,其次再考虑面向社会公开招聘。

②按招聘计划开展招聘工作(见图2-3)。

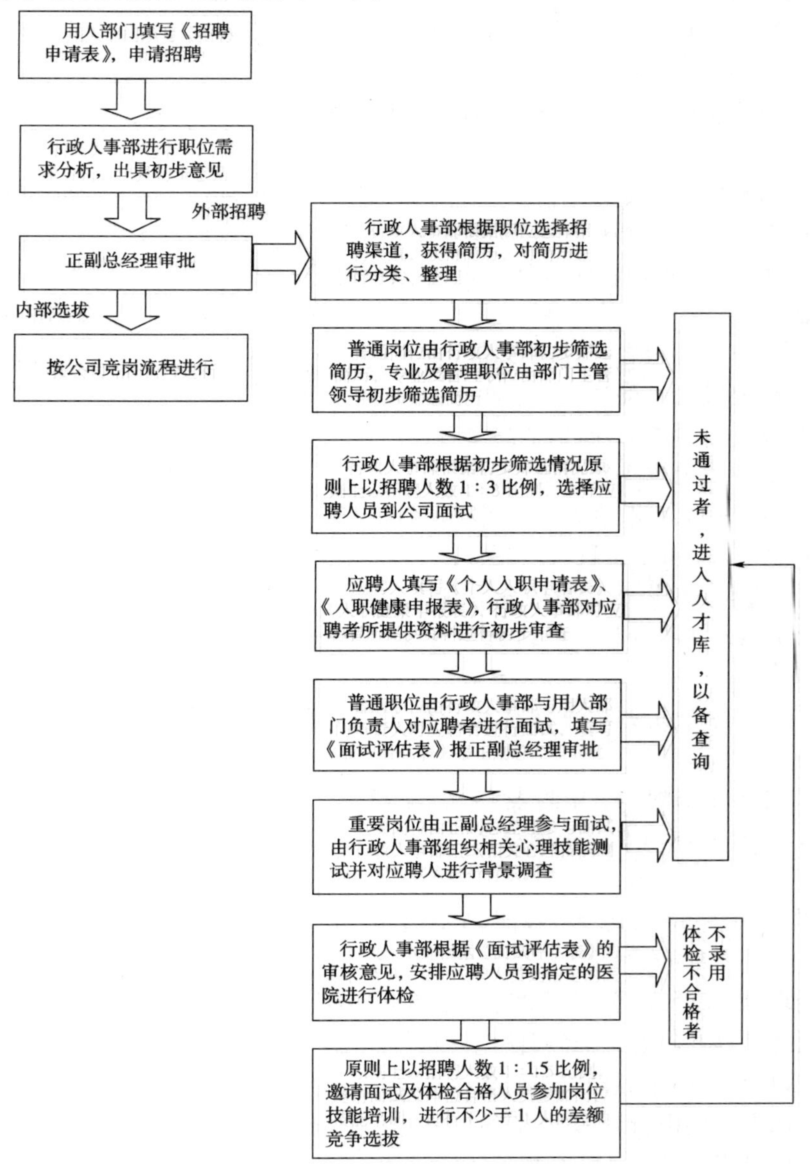

图2-3　招聘工作流程

③行政人事部拟定合理的招聘费用计划预算,报正副总经理审批后执行。

④对于重要职位,还应要求应聘人员提供其工作证明人,必要时还须对应聘人员作背景调查。

相关文件详见本书附录二中附表9～附表13。

2. 员工辞职（辞退）规定

（1）辞职规定

①公司员工因故辞职时，应首先向行政人事部提交辞职申请，然后填写《离职人员审批表》，部门经理签署意见，然后交行政人事部报公司主管领导审批。

②经公司审批同意后，申请人根据行政人事部出具的《辞职（辞退）人员物品交收表》和《工作交接清单》办理工作及物品移交手续。

③辞职人员应按以下时间规定申请辞职：试用期人员提前五日通知公司；正式员工提前30日通知公司。

④辞职者自辞职申请递交之日起到工作移交完毕期间，均应按公司规定出勤。

⑤对不办理手续擅自离职，或辞职要求未获批准而擅自离职的员工，视为违反双方签订的《劳动合同》，当事人须承担由此给公司造成的各种损失。

（2）辞退规定

①公司对有下列行为之一者，予以辞退：

a. 在试用期内发现不符合录用条件者；

b. 不服从领导或擅离职守，情节严重者；

c. 严重违反劳动纪律或公司规章制度者；

d. 营私舞弊，挪用公款，贪污贿赂者；

e. 工作疏忽，使公司蒙受较大损失者；

f. 法律、法规规定可以解除劳动关系的其他情形。

②当员工辞退（开除）时，如已给公司造成损失的，当事人应按国家及公司有关规定承担相应的赔偿责任。

③被辞退者不按规定办理工作移交给公司造成损失的，公司将通过法律途经向当事人索赔。

相关文件详见本书附录二中附表14、附表15。

（四）员工岗位调职与晋升管理规定

1. 岗位任用

各级工作人员，均应依其专业技能、工作经验、学历等因素予以聘任。各级工作人员任免程序如下：

（1）总经理、副总经理、总经理助理由董事会任免。

（2）部门经理、副经理由总经理任免，报董事会核备。

（3）班长以上、部门副经理以下职别由总经理任免。

（4）班长以下级别由行政人事部经理提请正副总经理批准任免。

（5）新录用员工经试用考核合格后正式聘用。

2. 工作调动

（1）因工作需要，公司可调整员工的工作岗位或职务。如需调整，公司行政人事部将书面通知员工并说明原因，员工应服从公司工作调整或安排。

（2）凡临时调职者应由部门经理提出申请，报总经理批准，交行政人事部备案，并应说明调任的起止时间，及在此期间应享受的待遇。

(3)各部门内部人员的调任、调整使用,原则上由其部门经理推荐,报分管副总经理审核后,由总经理批准。

(4)凡经公司研究决定,需改变工种、岗位的员工,均应服从调配。

3. 晋升程序

(1)公司为员工的职业发展提供空间,激发员工的工作热情。晋升主要依据平时工作表现、对工作的胜任程度及个人能力等而定。

(2)员工晋升的流程,如图2-4所示。

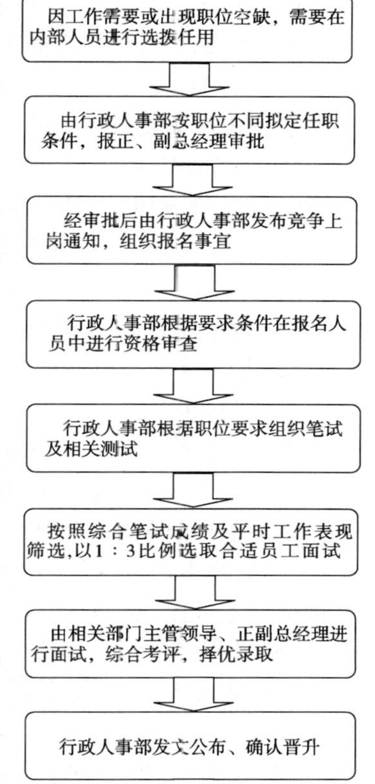

图2-4　员工晋升流程

(五)劳动合同管理规定

劳动合同的管理规定如下:

(1)公司实行全员劳动合同制。公司员工均应与公司法定代表人(或授权总经理、常务副总经理)签订劳动合同,以书面形式确立劳动关系和双方的权利、义务。

(2)行政人事部是劳动合同的归口管理部门,负责制定和修订公司劳动合同管理有关的规章制度,组织公司劳动合同的签订、变更、续签、终止、解除和日常管理工作。

(3)订立和变更劳动合同,应遵循平等、自愿、协商一致的原则,遵守国家法律和行政法规的规定。

(4)劳动合同依法订立即具有法律约束力,公司与员工必须严格履行劳动合同规定的义务。

(5)公司录用人员,在办理入职手续后1个月内签订劳动合同,对于不愿签订劳动合同者,一律不予聘用。

(6)公司将根据签订劳动合同的期限,确定录用人员的试用期:

①员工试用期满,本人必须提前10天提出书面转正申请,同时递交个人总结。

②经考核合格,办理相关转正手续。

③经考核不符合公司聘用条件的,解除劳动合同。

(7)有下列情况之一的,公司可以解除劳动合同:

①在试用期内被证明不符合录用条件的;

②员工不能胜任工作,经过培训或者调整工作岗位,仍不能胜任工作的;

③严重违反公司规章制度的;

④严重失职,营私舞弊,给公司造成重大损害的;

⑤劳动合同订立时所依据的客观情况发生重大变化,致使原劳动合同无法履行,经当事人双方协商不能就变更劳动合同达成协议的;

⑥劳动法律法规规定的其他情形。

(8)有下列情形之一的,可以终止劳动合同:

①劳动合同期满的;

②其他符合法律、法规规定的情况。

(六)考勤管理规定

员工考勤的管理规定如下:

(1)公司设立考勤登记制度,各部门做好本部门员工考勤登记,月终上报行政人事部,以考勤登记表作为发放工资的依据。

(2)员工因公临时外出者,应由部门经理批准,并在下班前赶回公司。如未能赶回公司者,须经部门经理批准,并在考勤表上注明。

(3)凡员工请假,必须至少提前两天向所属部门经理申请,填好《请假申请表》,经部门经理或正、副总经理核准后,方可请假,并到行政人事部办理备案手续。

(4)营运管理部的员工以班前会时间为考勤时间。

(5)如因突发事件造成迟到,并能主动向上级主管领导报告的,第一次做记录备案处理,第二次作"口头警告",第三次记"小过"一次。以每年1~12月作为考核统计期,第二年清零。

(6)因急病不能上班必须当天向所在部门经理报告,征得同意才能准假。请假3天内,当事人或委托人必须凭公司认可的医院医生诊断的休息证明补办请假手续,否则按旷工处理。

(7)员工请假在3天以内(不含3天)由部门经理审批;员工请假在3天以上(含3天),向正、副总经理申请,报行政人事部备案。凡请假的员工需要提前3天填写《请假申请表》,待审核批准后才可休假。如申请长假期应按相应的假期制度执行。

(8)凡享受公司福利假期的员工,必须按规定休假不得超假。如有特殊情况须延长假期者必须事先向部门领导、正副总经理申请,报行政人事部备案,获批准后才能休假,否则按旷工处理。

(9)凡员工换班,必须提前两天填写《换班申请表》,经接受换班人同意签名及其主管批准后,再向部门经理报批,每人每年换班次数应予限定(含主动、被动换班,原则上不宜超过10次);只允许同一级别同一岗位的员工换班。

(10)员工上班期间不能早退,若确有特殊情况需提早离开的,须事先经过部门经理的批准,以口头或书面方式报告行政人事部考勤人员备案。

(11)加班必须在事前填写或事后补填《加班登记表》,经部门经理核准后,再由行政人事部复核、备案。

(12)为便于考勤,凡加班累计时间在5小时(含5小时)以内的,以加班半天计算;凡加班累计时间在5~8小时(含8小时)的,以加班一天计算。

(七)薪酬福利管理规定

1. 工资

(1)公司根据各职位级别确定员工基本工资及福利。员工应缴的社会综合保险及个人所得税,由公司统一在其个人工资中代扣代缴。

(2)工资标准、形式的确定:公司结合当地相应职位的平均工资水平及公司实际情况,拟定工资标准(含奖励部分)。月薪工资构成标准由总经理提交董事会,按董事会批准的各级别工资及福利标准执行。

2. 加班工资

(1)在规定的工作日中因工作需要延长工作时间或在规定的轮休日加班,公司先安排补休或顶替事假,不能安排补休的,按国家劳动工资有关规定的标准计发加班工资。

(2)在法定假日轮班当值,公司根据加班时间按国家劳动工资有关规定的标准计发加班工资。

(3)员工每周累计工作时间一般不超过40小时。超过部分安排补休或在次月工资中计发加班费;加班及请假的计算以0.5天或1天为单位。

3.奖金和福利

(1)奖金

公司经营领导班子根据公司经营状况向董事会提出奖金总额及分配方案,由公司董事会确定。

(2)劳动保险和福利

①公司根据《中华人民共和国劳动法》的有关规定,并结合公司情况,为员工办理住房公积金及社会保险。

②社会保险包括养老保险、医疗保险、工伤保险、失业保险、生育保险等。

③如果员工在中途离开公司,公司将停止为该员工购买社会保险。

④员工因公致残或死亡,或非因工死亡的有关待遇,参照国家有关规定执行。

⑤公司提供相对廉价的员工餐,餐费标准根据餐费成本而定。

⑥公司定期为员工安排适当的身体健康检查。

(八)员工休假管理规定

1.法定假日

公司执行国家法定假日休假制度,在法定假日期间因工作需要照常上班应以加班计算,按《中华人民共和国劳动法》规定额外发给300%的假日加班工资。

2.病假

(1)员工因病请假或意外受伤(非工伤),必须持公司认可医院的医生出具的建议休息病假单及病假申请,呈交部门经理及行政人事部经理审核,同意后送公司领导批准。如因患急病、重病而未能在当天亲自递交病假申请单,必须及时以电话或委托他人方式请假,并征得部门经理及行政人事部经理同意后才能作病假处理;并最迟于请假三个工作日内(含当天)亲自或委托亲属填写申请表及休息证明,经部门经理加具意见后送行政人事部审批,否则按旷工处理。

(2)需请假或调班的员工,应提前做好请假及调班申请。如遇突发事件时,需及时致电部门主管领导提出申请,并提供相关资料(如请病假的附医生证明)。

(3)员工在病假期间享有的工资待遇按国家有关规定执行。

(4)病休期间公休日包括在内。

3.事假(无薪假期)

(1)员工如有下列情况,可以申请无薪假期:

①家中有病人需要照顾;

②家中发生意外事件需要处理;

③公司认可的其他类似特殊情形。

(2)事假期间,扣减相应的工资及津贴。

(3)员工请假须履行请假手续,两天内的由部门经理及行政人事部经理审批,超过两天须报送正、副总经理批准后方可生效。如因特殊情况不能亲自办理请假手续者,须设法通知部门经理或行政人事部备案，事后补办手续，否则按旷工处理。

4. 婚假

(1)非晚婚者(女方不满23周岁或男方不满25周岁)可享受假期3天；晚婚者为13天，婚假期间工资及福利照常发放。员工申请婚假应于一个月前提出。

(2)婚假期间公休日包括在内。

5. 产假

(1)员工申请产假(陪产假)时，应向行政人事部提交休假申请及附送相关资料。

(2)产假(陪产假)的标准，按国家有关规定执行。

6. 丧假

(1)员工因配偶、父母、子女、岳父母或公婆死亡，可享受1~3天的丧假。

(2)在批准的丧假和路程假内的工资待遇，按国家有关规定执行。

7. 年休假

(1)员工在公司服务满一年后，可以享受有薪年休假，休假方法参照国家《职工带薪年休假条例》和《企业职工带薪年休假实施办法》的规定执行。

(2)申请年休假的员工必须向部门经理提出休假计划，连续3天以上(含3天)或跨休息日累计5天年休假的计划须预先一周提交申请，经部门经理及行政人事部经理同意，报正、副总经理批准后，方可休假。各部门经理应妥善制订员工休假计划，避免在同一期间有过多员工同时休息，影响公司正常运作。

(3)国家法定休假日、休息日不计入年休假的假期。

(4)行政人事部负责记录和统计员工的休假情况。

8. 休假管理

(1)部门经理要在年初拟定本部门员工当年年休假计划，对分两次享受当年年休假的，应在年休假计划中说明。行政人事部汇总全公司计划后，公司根据各月员工休假率统筹安排。

(2)若因紧急情况(如急病、在外地等原因)不能提前请假者，须及时请示部门经理，由部门经理按审批权限再请示主管领导，事后补办请假手续，手续不全者按旷工处理。

(3)员工休假期满续假，必须重新履行请假审批手续。

(4)假满返岗须及时销假。过期未上班者，按旷工处理。

(九)员工考核规定

1. 考核组织

员工考核工作，由行政人事部负责组织实施。

2. 考核范围

员工考核的范围，如表2-1所示。

员工考核的范围 表2-1

考核范围	备　注
全体员工	员工出现以下情形，不参加年度考核： ①试用期内的员工； ②复职未满三个月的； ③经公司同意脱产学习超过半年的

3. 考核形式

考核实行分级考核：

（1）部门员工由各部门经理在公司的统筹下开展考核，部门经理和行政人事部联合审定考核结果。

（2）部门经理（副经理）由行政人事部提出考核意见，分管领导复核，总经理审定。

4. 考核要求

各级管理者必须按规定要求，实事求是地对所属员工进行考核，不得在考核过程中营私舞弊、弄虚作假，严禁借绩效评估之机对员工进行打击报复，一经发现严肃处理，同时该员工年度考核不得评为良好及以上等级。

5. 考核流程

员工考核的流程，如图2-5所示。

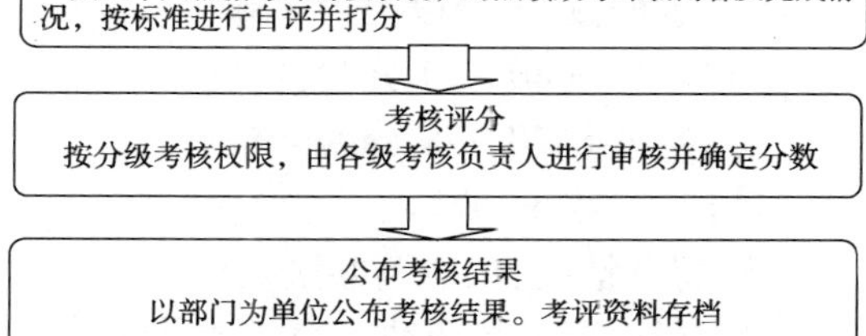

图2-5　员工考核的流程

6. 考核内容

员工考核可参照以下五个方面内容（满分100分）进行：

（1）岗位职责完成情况（50分）

主要考核员工岗位责任制的工作职责完成情况。良好及以上的给予满分，一般的酌情减2～5分，较差的扣10～20分。

（2）综合指标完成情况（20分）

主要考核员工在计生、综治、安全生产三项指标的完成情况。实行一票否决，其中一项不达标，即全年考核不合格。若其中一项虽达标，但存在不同程度的问题，酌情扣2～5分。

（3）出勤及劳动纪律情况（15分）

主要考核员工的出勤率和劳动纪律（包括执行公司管理制度）的情况：

①出勤率在95%及以上不扣分；低于95%，每下降3个百分点（包括不足部分）扣1分，累加扣分10分为限。

②劳动纪律（包括执行管理制度）考核：

a. 迟到早退除按管理制度给予处分外，每发生一次扣1分，累加扣分10分为限；

b. 违反管理制度除按制度规定给予处分外，受警告处分的扣5分，受严重警告及以上处分的酌情扣10～15分。

（4）培训情况（5分）

主要考核员工参加公司组织的各类岗位培训和专业技术再教育的情况。依时参加考试（核）合格给予满分，否则给予酌情扣分。

（5）内务考核（10分）

主要考核员工以下三方面：

①办公环境是否整齐、清洁；

②宿舍卫生是否符合管理要求；

③公共秩序（参加会议、维护就餐秩序、参加文体活动、维护公共场所卫生）是否执行良好。

以上每项完成情况的好坏,可酌情扣1~3分。

7.考核办法

(1)收费系列人员主要按劳动技能进行考核。

(2)考核每年进行1次,次年1月上旬完成上年度考核。

(3)员工对考核结果有异议,可以在接到考核结果通知之日起10日内向行政人事部书面申请复核。行政人事部在收到申请书10日内提出复核意见,并以书面形式通知本人。

(4)绩效考核实行百分制,按员工最终评定分数分为优秀、良好、合格、不合格四个等级:

①评定分数95分以上为优秀;

②评定分数80~94分为良好;

③评定分数70~79分为合格;

④评定分数69分以下为不合格。

(5)特殊情况,按以下办法处理:

①公司内部工作调动未满两个月的员工,由原工作部门进行考核,已满两个月的由现工作单位负责考核,原工作部门负责提供其调动前的有关情况。

②全年病假累计超过九十天,或事假累计超过三十天,或病假事假累计超过八十天的,工伤假超六个月的年度考评不能评定优秀。

③受警告处分的员工,当年不得评为优秀;受严重警告以上行政处分的员工,当年不得评为良好及以上等级。情节严重的,另行处理。

(6)绩效考核结果存入本人档案。公司将年度考核成绩作为员工职务升、降的重要依据之一。

相关文件详见本书附录二中附表16。

(十)员工奖惩规定

根据《中华人民共和国劳动法》和《中华人民共和国劳动合同法》的规定,公司的奖惩规定等规章制度需要企业与工会或全体员工协商,因此执行本规定前必须履行法定的程序。

1.奖励

员工工作认真负责,切实履行岗位职责,自觉遵守各项规章制度及服从工作安排,在文明服务中被社会和群众认为表现突出或有特殊贡献者,公司将给予相应奖项的奖励。

(1)奖励种类

①表扬(嘉奖);

②记三等功;

③记二等功;

④记一等功;

⑤其他奖项。

(2)奖励准则

①有下列情况之一,公司予以"表扬或记嘉奖":

a.工作积极主动,热情待人,有具体事迹者;

b.调解重大纠纷有功,能成为表率者;

c.态度认真,获得客户或同事赞许者;

d. 其他有利于公司或公共利益的行为，有事实证明者。

②有以下情况之一，公司报请上级批准予以记“三等功”：

a. 某方面表现突出，成为公司楷模者；

b. 检举舞弊、违纪或危害公司权益者；

c. 对公司工作等提出合理化建议，提议改进工作方法或其他制度上的有关事项，经确认对公司有重大贡献者；

d. 节省资源，爱护公物有显著效果者；

e. 防止盗窃得力者；

f. 有其他类似功绩者。

③有以下情况之一，公司将报请上级批准予以记“二等功”或“一等功”：

a. 遇意外事件或自然灾害，奋不顾身抢险避免或减少公司损失及保护同事人身安全的；

b. 对公司有较大贡献，因此提高公司声誉者；

c. 工作上业绩突出，为公司带来明显效益者；

d. 其他类似功绩者。

④上述奖励经行政人事部调查属实，报总经理审批签署并报有关上级机关批准后，根据实际情况及贡献大小决定授予奖励，并由行政人事部公布及备案。

(3)年度表彰奖

公司根据员工一年的工作表现，每年进行一次年度表彰活动，具体奖项设置如下：

①年度最高收费总额奖：根据收费员年度收费总额的实际数据产生，收费金额最高前三名为获奖者，以金额高低为顺序，分别设第一名、第二名、第三名。

②年度收费无差错奖：根据收费员年度连续无差错收费车流量计算，连续无差错收费车流量最高的三名为获奖者，以收费车流量高低为顺序，分别设第一名、第二名、第三名。

③最佳进步奖：根据营运管理部当年收费员综合排名的结果与前一年的综合排名结果对比，进步最大的前三名为得奖者。

④优秀员工奖：由各个部门按名额比例进行评选（公司管理层员工和入职未满6个月的员工不参与优秀员工评比）。

⑤优秀班组奖：营运一线班组参加评选。

⑥文明班组奖：全体员工划分为不同组别进行评选。

(4)个人奖项资料存入个人档案，以作评定员工表现的参考依据。

2. 处罚

公司工作人员因犯错误或犯罪，视其错误大小、情节轻重，分别由组织或公安机关依照有关政策及法规，作出处理或处罚：

(1)处罚种类

①警告；

②记小过；

③记大过；

④降职或降级；

⑤留用察看；

⑥辞退或解除劳动关系。

(2)处罚规定

①凡出现以下情况者,作“警告”处理:

a. 工作当中出现一般失误的;

b. 上班时在收费亭内或收费广场吃东西;

c. 违反公司规定,在公司范围内乱扔垃圾;

d. 收费员上班不挂值班工号牌,不佩戴上岗证;

e. 手工票存根不按规定上缴;

f. 收费员在售票工作中,手撕票不盖日期印章或盖错日期印章;

g. 工作中不按规定穿戴,衣冠不整洁、不整齐;

h. 违反交通安全法规,还没造成严重后果的行为。

②凡出现以下情况者,作记“小过”处理:

a. 员工上班后未经主管同意,离岗超过15分钟;

b. 员工在禁烟区范围内吸烟(重犯或情节严重者记大过一次);

c. 员工上班时在收费亭内阅读书报、听收音机、打瞌睡或带无关人员到收费亭内;

d. 收费员在售票过程中拒绝找赎的;

e. 收费员在驾驶员多给钱或找钱时驾驶员开车离开后,故意不把多收的钱放进废票箱内;

f. 私放车辆;

g. 未经上级主管的批准,借用或私自拿取别人的票据出售;

h. 工作时间内,行为举止有损公司形象(重犯或情节严重者记大过一次);

i. 有不团结的行为,尚未造成严重后果的;

j. 违反公司用车规定,尚未造成严重后果的;

k. 发现公司财产受损,隐瞒、不及时报告相关部门者;

l. 了解其他员工有严重过失行为而知情不报者;

m. 不能完成其本职工作又不及时与上级沟通,从而造成工作延误,对公司及对外造成不良影响的;

n. 性质与上述情形类似的其他行为。

③凡出现以下情况者,作记“大过”处理:

a. 收费员上岗时误收假钞再故意找赎给驾驶员;

b. 员工上班时,对顾客使用不文明用语;

c. 未经行政人事部批准,擅自带外人在员工宿舍留宿;

d. 未经允许将公司或同事的财物、设备擅自带离公司的;

e. 工作散漫,工作效率低,不与同事协作者;

f. 严重违反纪律,造成火灾的行为,情节严重者予以“辞退”并追究相关的法律责任;

g. 打架斗殴,严重影响公司形象的行为;

h. 不服从上级领导管理的;

i. 造谣、传谣,影响恶劣的;

j. 在工作中有营私舞弊的行为;

k. 未经领导批准，监控员将有问题的录像擅自清洗或毁灭证据者（情节严重者作“辞退”处理）；

l. 在工作考核中弄虚作假者；

m. 向公司提供虚假材料者；

n. 有偷窃行为的；

o. 消极怠工者；

p. 其他严重违纪行为。

④降职、降级或留用察看：

如员工屡犯公司纪律或情节恶劣，但尚未达到解除劳动合同者，可给予降职、降薪或留用察看处理。

⑤辞退或解除劳动关系：

有下列情形之一的，属严重违纪行为，公司可立即终止与员工的劳动合同：

a. 连续或累计旷工达 3 天或 3 天以上者；

b. 故意破坏公司财物或侵占公司财物者；

c. 偷窃公司或同事的财物、设备者；

d. 在工作场所内殴打他人或非正当防卫的相互斗殴者；

e. 不服从工作调动或有威胁公司员工的行为者；

f. 对本公司负责人、各级管理人员或其他同事有重大侮辱、恐吓行为或实施暴行者；

g. 违法被刑事拘留或判刑者；

h. 利用职权营私舞弊，阻碍公司正常管理秩序的；

i. 其他重大过失或不当行为，导致严重不良后果者。

⑥对贪污票款行为（金额在一分钱以上）的处理：

a. 收费员在工作中，收钱故意少给票、不给票，重卖、出售旧票或利用各种方法进行贪污票款者，没收贪污票款，并作辞退或解除劳动关系处理；贪污数额大、情节严重的交由司法部门处理。

b. 收费员有意挪用公款，一经发现，除退回挪用的全部公款外，再作辞退或解除劳动关系处理，情节严重者交司法部门处理。

⑦对违反考勤规定的处理：

a. 上班前遇特殊情况不能按规定时间回公司，如能在规定的上班时间前主动向上级主管领导报告的，第一次做记录备案处理，第二次作“警告”，第三次记“小过”一次。以每年 1 ~ 12 月作为考核统计期，第二年清零。

b. 如未能在上班时间前向上级主管领导报告，从而导致迟到 15 分钟以内的，初犯予以“警告”处分，再犯记“小过”处分，三犯记“大过”处分；以每年 1 ~ 12 月作为考核统计期，第二年清零。

c. 如未能在上班时间前向上级主管领导报告，从而导致迟到超过 15 分钟的，初犯予以记“小过”处分，再犯记“大过”处分，屡犯作辞退处理。

d. 未经部门主管批准，离岗、早退超过 15 分钟，初犯予以记“小过”处分，再犯记“大过”处分，屡犯作开除处理。

e. 旷工1天者作记“大过”一次处理，旷工两天作记“大过”两次处理，旷工三天作辞退或解除劳动关系处理。

⑧收费员不准带私款或未经批准私带移动电话上岗，违者第一次作“警告”处理，重犯则作相应的经济处罚。

⑨收费员在接班时，应准确输入本人工号，待检查无误后方可操作。如错用工号售票，当事人（包含收费员、监控员及其他人员）分别承担责任。如在5分钟内，则按批评教育处理，超出5分钟按“警告”处理。

⑩收费员不按正确规程操作自动栏杆，且造成杆毁车损者，按违反操作程序造成公司财物损失处理。

⑪员工违反操作程序造成公司财产损失者，按情节及造成损失情况作“警告”、处罚等相应处理或解除劳动关系。

⑫公司根据实际情况设定收费员收费差错率标准，对未达标的收费员给予相应的处罚措施，以降低收费工作差错率。

⑬处罚说明：个人处罚资料存入个人档案，以作评价员工表现的参考依据。

⑭以上处分由行政人事部与员工所属部门提出建议，经总经理批准，由行政人事部公布及备案。

相关文件详见本书附录二中附表17、附表18。

（十一）培训管理规定

1. 培训的职责分工

培训工作由公司统一部署，行政人事部负责制定统筹计划和实施，其他部门协助，员工个人主动配合，共同完成培训任务。

（1）行政人事部职责

①根据公司年度工作计划，制订公司年度培训计划和费用预算；

②实施年度培训计划，管理、调控培训经费，负责培训档案的建立与管理工作；

③负责培训效果的评估工作。

（2）其他部门职责

①根据工作需要，结合本部门员工需求，制订本专业、本部门内部培训及外派培训计划报公司领导审批，并配合实施相应的培训工作；

②负责向公司提供本专业的培训讲师和教材资料，供公司选定。

（3）员工个人职责

①员工应积极参加公司和各部门组织的各项培训，努力提高自身的专业知识、工作技能和综合素质；

②员工应将培训知识结合公司实际情况应用于工作实践，提升本人和同事的工作能力和工作效率。

2. 培训的种类

公司培训的种类，如图2-6所示。

（1）公司内部培训

①新员工培训：

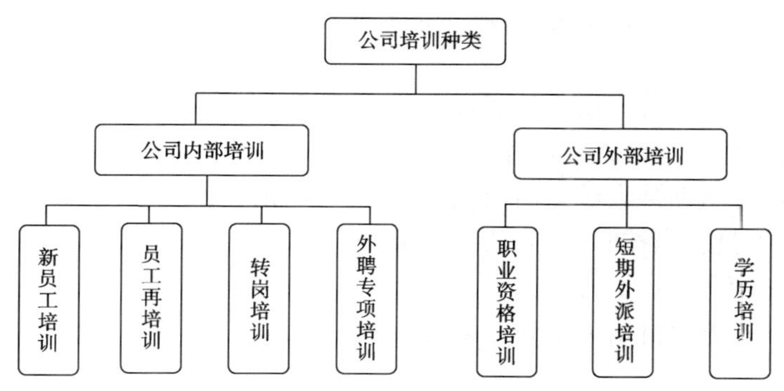

图 2-6　公司培训的种类

a. 培训对象：新入职的员工；

b. 培训目标：使新员工尽快了解公司基本概况、规章制度、岗位职责及要求，尽快掌握工作要领、工作程序与方法，尽快进入工作角色；

c. 培训形式：讲座、录像、参观、岗位实习、体能训练、考核等；

d. 培训组织：行政人事部统筹培训的全过程工作，用人部门负责岗位技能知识、岗位操作流程的培训课程。

②员工再培训及转岗培训：

a. 参加再培训对象：各部门根据工作实际的需要确定再培训员工；

b. 员工所在部门提供再培训情况说明（包括再培训方式、时间及内容）交行政人事部备案，由行政人事部制订培训计划及实施培训；

c. 转岗培训的对象：主要指员工通过晋升或转岗到新职位任职时，相应部门主管领导根据其岗位职责的不同，进行有针对性的培训；

d. 培训形式：讲座、观看培训录像、观摩优秀员工实操演示、岗位实习、考核等；

e. 培训组织：行政人事部组织，各相关部门予以配合和支持。

③外聘专项培训：

为广泛地引进与吸收国内外的管理知识、管理经验，公司将根据工作需要，聘请优秀的讲师、专家来公司进行讲学与授课。

（2）公司外部培训

公司鼓励员工参加学历培训，并有针对性地围绕工作任务引导组织员工参加职业资格能力培训，或参加短期外派培训。

3. 培训管理

（1）计划与实施

行政人事部制订培训计划，经批准后组织实施。

（2）培训实施与监控

①根据年度培训计划，行政人事部负责年度计划的落实，组织实施培训工作。

②行政人事部负责建立公司的培训信息库，培训信息库包括内部培训专题教材、外部培训机构及内部培训人员资料、经费资料、过程档案等；建立员工个人培训档案，保存个人参加培训

记录,主要包括:获得的各类证书复印件、培训成绩、内部考试试卷等。

(3)培训纪律

①公司员工必须参加公司指定的课程学习,因特殊原因不能参加培训的应提出书面申请,报部门经理批准,然后交行政人事部存档;

②行政人事部在培训结束后一周内,公布培训出勤情况;

③学习期间,学员应当按时参加,认真听课。

(4)培训效果评价

公司通过培训效果评价增强培训效果,以决定是否需要更进一步接受培训或改进培训工作方法。

相关文件详见本书附录二中附表19~附表22。

第三节　财务管理部工作职责及管理规程

一、财务管理部工作职责

(1)建立健全公司会计核算和内部财务会计监督制度,起草公司有关财务管理的各项制度并在公司批准后贯彻执行。

(2)编制公司年度财务预算并分解落实,编制年度决算报告、利润分配方案。

(3)负责公司税务工作。

(4)参与拟定和审查各种经济合同。

(5)负责公司日常费用报销及会计核算工作,编制月、季、年度报表(含费用核销报表)和分析财务预算执行情况,如实反映公司财务收支及经营状况。

(6)负责公司资金筹措、使用和调拨,确保资金安全。

(7)负责收费票证的保管,收、领的登记、核销及盘查工作,制定相应管理和内部监督制度。

(8)负责通行费收入、收益分配的缴交和监督,并按日(旬、月)编制和汇总通行费收入报表。

(9)负责公司财产清查工作,保证资产的安全完整。

(10)负责会计档案的归档及移交行政人事部统一保管前的管理工作。

二、财务管理部岗位设置及职责

(一)岗位设置

财务管理部设置经理、会计、出纳岗位,在营运收费站设票务室,并设票务员、清点员等岗位。

财务管理部的岗位设置,如图2-7所示。

(二)岗位职责及任职条件

1.财务管理部经理工作职责及任职条件

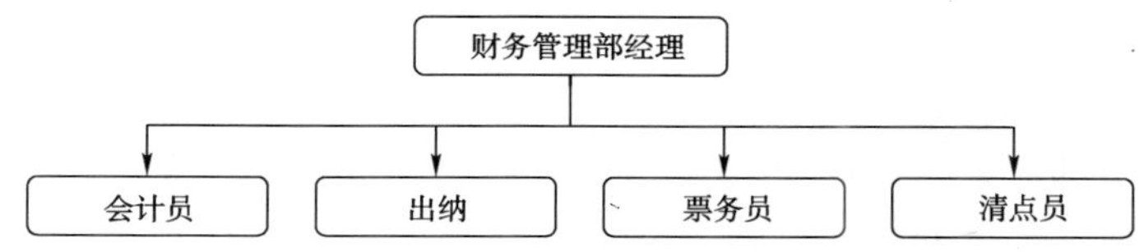

图 2-7　财务管理部的岗位设置

(1)工作职责

①建立健全公司的财务管理制度;

②主持财务管理部的工作,领导财务人员落实岗位责任制,切实完成各项财务会计业务工作;

③监督公司各部人员执行公司财务制度,监督各项支出按公司有关规定执行;

④制订财务计划,搞好会计核算,及时、准确、完整地核算生产经营成果,考核计划执行情况,定期提供数据、资料和财务分析报告;

⑤统筹预算及有关执行情况;

⑥主持公司的财产物资、票据清查、审核工作;

⑦参与公司重大项目、重要经济合同的评议工作。

(2)任职条件

①本科以上学历,会计师职称,5 年以上工作经历;

②具有会计学、财务管理、税法及管理学等方面知识;

③熟悉会计准则、税务和银行业务,具有较强的财务系统管理能力。

2. 会计员工作职责及任职条件

(1)工作职责

①复核财务收入、支出单据、凭证;

②整理编制原始凭证,使用会计电算化软件,进行会计核算,按时编制会计报表;

③按税法的有关规定,申报和缴纳相关税费;

④及时清理各项往来账目、核对账目,做到账账相符,账实相符;

⑤负责发票等收款凭证的申购、使用和保管;

⑥定期(最少每月一次)对电脑内的会计账目做备份工作,并负责财务管理部各项电脑软、硬件的维护及管理工作;

⑦按《会计档案管理办法》保管会计档案;

⑧完成财务管理部经理安排的其他工作。

(2)任职条件

①财经会计类大专及其以上学历,1 年相关工作经历;

②具备基本的财务知识,熟悉发票管理工作;

③熟悉电脑操作。

3. 出纳工作职责及任职条件

(1)工作职责

①负责现金及支票的收支;

②及时办理银行结算业务;

③保管现金及待用支票;

④登记银行日记账,定期(十天、每月)填制银行存款余额表;

⑤核对行政人事部送交的工资表,计算并核对各项工资扣款及税款;

⑥负责员工住房公积金的缴存、领取和管理;

⑦完成财务管理部经理安排的其他工作。

(2)任职条件

①财经会计类大专学历,1 年相关工作经历;

②具备会计学、会计电算化、税法等方面知识;

③具备会计基础知识、银行业务流程及电算化操作技能。

4. 票务员工作职责及任职条件

(1)工作职责

①负责发票等票据统计、保管、领用登记等管理工作;

②负责对废票的回收和清点工作;

③负责收费站月卡发售工作;

④完成财务管理部经理安排的其他票务工作。

(2)任职条件

①财经会计类大专及其以上学历,1 年以上相关工作经历;

②具有基本的财务知识,熟悉发票管理工作;

③熟悉电脑操作。

5. 清点员工作职责及任职条件

(1)工作职责

①负责清点收费员缴交的通行费收入;

②负责核对收费员通行费交款差错,并填报相关报表;

③负责每日将收费站收入按照工作要求完成银行解款工作。

(2)任职条件

①财务类中专或大专学历;

②具有基本的财务知识,熟悉发票管理工作;

③具备较强的钞票清点和真伪鉴别技能。

三、财务管理规程

(一)财务管理的基本原则

财务管理的基本原则如下:

(1)公司财务管理制度根据《中华人民共和国会计法》、《企业会计制度》、国家有关法律、法规及公司章程而制定。

(2)财务管理工作必须严格执行各项规章制度,依法做好各项财务收支的计划、控制、核算、分析和考核工作,如实反映公司财务状况和经营成果,努力提高经济效益,保护投资者的合法权益。

(3)公司会计核算,以人民币为记账本位币。

(4)公司会计年度，采用公历年制。

(二)资金管理规定

资金管理的有关规定如下：

(1)公司现金、有价证券由出纳负责保管，在工作中严格执行国家《现金支付范围》及现金管理办法，收支两条线，不得坐支，不得白条抵库。

(2)公司根据需要经批准后在银行开立和撤销银行账户，由公司财务管理部统一管理，未经许可，任何部门、单位、个人均不得以公司名义私自开立银行账户。

(3)出纳设置支票登记簿及妥善保管支票存根，需登记发出支票之日期、内容、金额、收款单位，以备查阅，并随时监控各资金账户存款余额，防止透支和使用空头支票。

(4)对单位付款一般通过银行转账支付；超过银行结算起点的支出应办理转账结算支付，不使用现金。

(5)任何人不得以任何名义或借口将公款私存。

(6)任何人不得出借公司的银行账户。

(7)公司银行印鉴的使用实行分管并用的管理办法，即财务专用章、董事长(或法人代表)私章由财务管理部经理保管，公司授权其他人员的私章及出纳私章由本人保管。未经董事长授权，财务管理部不得加盖使用董事长私章。银行印鉴章不能由一人同时保管和使用。

(8)公司的业务收入和费用开支，分别设立账户进行管理。全部业务收入必须按规定及时缴交公司在银行开立的收入专用账户，财务管理部统一核算，营运管理部监督核查收费站的通行车辆数据。

(9)任何部门、任何个人不得截留、挪用、坐支公司的业务收入和私设小金库。

(10)财务管理部必须建立稽查制度。财务人员要认真执行岗位责任制，各司其职。出纳员不得兼管稽核、会计档案保管，不得兼管收入、费用、债权债务账目的登记工作。

(三)预算统筹下的支付管理规定

预算统筹下的支付管理规定如下：

(1)财务管理部应严格执行董事会批准的财务预算方案。

(2)预算管理以项目累计预算为准，对于超出累计预算但仍在年度项目预算内的支出，可按实际情况，由公司管理层予以批准支付。

(3)付款审批单，由经办人按照公司规定的审批程序负责报批。合同付款，要严格按合同规定的条件、款项、期限支付。对无有效合同、合法凭证或手续未完备的经济事项，财务管理部拒绝办理支付手续。

(4)公司各部门在每月 5 日前编制部门资金使用支付计划表(包括：费用、工程款、材料款、设备款、土地及动迁补偿款、其他事项用款等)，经审批核准后报送财务管理部进行汇总备案。

(5)由于“资金使用计划”的时效性，可能在计划执行期内发生某些增、减变化，各部门可根据具体执行情况及时调整或变更计划(每月 20 日前呈报财务管理部)，对超出月计划应追办支付资金 20% 以上的款项呈报部门要对具体的原因作出详实、合理的书面解释，财务管理部依据已审核、签批的变更计划书择时进行安排。

(6)具体的付款审批权限和程序，按照董事会、管理层批准的具体办法执行。

（四）固定资产和库存物资管理规定

固定资产和库存物资管理规定如下：

（1）固定资产的管理部门为公司行政人事部和财务管理部，由行政人事部指定专人负责，设立个人使用台账并进行编号、分类登记和管理。财务管理部与行政人事部每年进行两次固定资产盘点。

（2）购置固定资产，应先作立项申请、作出预算，经审批后方能购置。

（3）固定资产的购置、日常管理、转让和报废等事项，按公司《固定资产管理规定》执行。

（4）固定资产折旧方法，由董事会批准后实施。

（五）成本费用的管理规定

成本费用的管理规定如下：

（1）对于工会经费、职工教育经费、职工福利费等的提取或开支，严格按照《企业会计准则》等国家有关规定执行。

（2）在职员工根据国家规定购买职工养老保险、失业保险、生育保险及医疗保险。上述保险属单位承担部分在成本费用列支；属个人承担部分由个人承担，并在员工工资中代扣，不得列入成本费用。

（3）在职员工根据国家规定购买住房公积金，属单位承担部分在成本费用列支；属个人承担部分由个人承担，并在员工工资中代扣，不得列入成本费用。

（4）办公费、差旅费、业务招待费等开支，按照公司具体制定的费用审批权限及规定执行。

（5）财务人员在执行支付款项工作中，认真审查各种支付和报销原始凭据，发现问题要及时向财务管理部经理报告，对不规范和不符合规定的单据，财务人员有权拒绝付款。

（六）票证管理规定

票证管理规定如下：

（1）票证是营运收费工作的重要凭证，票证包括电脑发票，定额发票（包括月票 IC 卡）。

（2）收取通行费的发票和其他经营收入的发票管理，要严格执行国家税务总局关于发票使用管理的规定，所有票据指定专人负责管理，建立完整的票据管理账册。

（3）通行费发票中电脑发票、定额发票等的印制，由公司营运管理部、财务管理部根据车流量、发票库存量，一般按季度制订印制计划，经公司领导批准后向税务部门申请印制。

（4）公司总部，由会计专人负责发票的保管、领发、核销。收费站，由票务员负责发票的保管、领发、核销。

（5）印制的发票入库由票务员按票证种类及票号逐一点验入库，管理实物及登记发票收发存核销台账，掌握发票的库存量，保证收费的正常用票。

（6）发票发出时，按票证种类及票号登记于发票收发存核销台账，收费班长领用时，在登记册内签名确认。启用每本发票，应检查封条是否完整、是否连号；在使用过程中，要按发票号码顺序使用。

（7）因打印机故障等原因造成无法使用电脑发票时，收费员须向监控中心报告，经同意后才能使用定额发票；故障排除后随即恢复使用电脑发票，监控员要做好登记。

（8）建立票证稽查管理制度。财务管理部不定期检查各收费站的票证管理情况，驻站票务员不定期稽查收费员的用票情况。

(9)票证按月盘点,票务员要与收费员核对当月通行发票领用、核销、库存情况,填写发票使用情况月报表,并编制汇总表与库房票务总账相对应。票务员制定汇总收费站的收、发、存月报表,并向财务管理部会计报送月度通行费发票收发存月报表。

(10)票务员将已核销的各站(班)上交的发票存根联(定额票)按票号顺序整理打包,标上起止号码,妥善保管,以备税务部门稽查和注销。其他经营收入发票严格控制发出数量,及时登记,随时注销,经常检查使用情况,以防止遗失。

(11)对内部使用的收款收据,要由财务管理部统一编号登记后才能发出使用,严格禁止任何部门、任何个人私自使用未经财务管理部统一编号登记的收款收据。

(12)收费站必须设立专用票证库房,装有铁窗、铁门,配备灭火器等消防器材,做好防盗、防潮、防鼠、防虫蛀、防霉烂等措施。

(七)经济合同管理规定

经济合同的管理规定如下:

(1)财务管理部对涉及收支的各项经济合同进行独立管理。

(2)财务管理部指定专人根据合同内容进行分类管理,在管理中监督在建工程、往来项目、损益项目的合同执行情况,严格控制合同价外款项的支付。

(3)财务管理部定期检查合同并与相关部门进行核对。

(4)合同结算时由财务管理部出具收支结算意见,未经财务管理部清理收支情况的合同项目,有关部门不得办理结算手续。

(5)在各项工程合同签订前先将中标通知书送财务管理部一份,财务管理部凭中标通知书收取中标单位履约保证金。工程进度款的拨付,执行公司《合同管理规定》中的相关规定。

(八)会计电算化操作管理规定

1. 根据会计电算化要求,财务管理部进行岗位分工

(1)系统管理及维护:负责会计核算软件数据的初始化,数据备份与恢复,电算化软件、硬件的检查及运行,故障处理工作,账页的打印及顺序,数据软盘,账页等的保管工作。

(2)数据录入:负责按照已审批的凭证录入数据。

(3)数据复核:负责对已录入计算机的凭证编号及数据的完整性、正确性审核,确保入账数据的完整与正确。

(4)会计凭证录入及复核:会计人员应查核有关的业务凭证或单据,以保证业务发生的真实性和准确性。数据录入人员应根据已审批的业务凭证或单据输入电脑并打印会计凭证,录入及复核人员不能为同一人并须在凭证上签字以作凭据。

2. 操作权限管理

(1)系统管理及维护人员除在实施数据维护时,一般情况下不允许随意打开系统数据库进行操作。实施维护时不准更改数据库结构,其他操作人员一律不允许实施数据库操作。

(2)数据录入人员须按凭证内容输入,不得擅自修改,如发现凭证错误应立即通知凭证编制人员作出修改。

(3)数据复核人员不能进行数据录入工作,发现录入错误,应通知数据录入人员进行修改。

(4)非授权人员,不得上岗操作。

3. 安全与档案管理

(1)在得到财务管理部经理授权下，系统管理及维护人员应按各财务人员需要设置操作权限及密码，密码应定期更换并不得外泄。

(2)系统管理及维护人员，应每月对会计数据进行备份。

(3)打印的会计凭证、会计账簿和月份会计报表应保存15年，年度会计报告（包括清算会计报表）及其他重要会计档案必须永久保存。销毁会计档案的清单，须由总经理及财务管理部经理签字同意并永久保存。磁盘形式的会计档案，原则上应保存5年。

（九）报销管理规定

报销的管理规定如下：

(1)报销的原始单据必须是符合规定的发票，发票内必要栏目必须填写清楚齐全。

(2)报销者应将要报销的原始单据整理分类，粘贴整齐。

(3)业务主办人员填写报销单时，应写明业务内容、用途、报销金额、借款金额、应交（退）金额、票据张数等。购买财物须经有关人员办理验收或登记手续，接受劳务、维修工程等必须取得验收单、结算单。

(4)业务主办人员将报销单交由业务主办部门经理审核签字后，再送交财务管理部，由财务管理部经理审核签字。

(5)财务管理部审核后，按照公司具体审批权限和规定送呈总经理或公司其他领导审批。

(6)总经理或公司其他领导审批后，业务主办人员到财务管理部办理报销手续。

(7)审核、审批人员必须审核经济业务的内容、发票、合同、内部批准文件、验收单、结算单等，并审核各签字人员是否为公司规定的分管及负责的责任人员。

（十）财务人员交接管理规定

财务人员交接的管理规定如下：

(1)财务人员离职必须与接管人员办理交接手续，移交人员应在规定期限内将所经管的财务工作全部移交清楚，接管人员应认真接收，并继续办理移交后的会计事项。

(2)财务人员交接时必须有监交人负责监交，一般会计人员交接，由财务管理部经理监交；财务管理部经理交接，由总经理监交。

(3)移交人员办理手续的一般程序：

①受理的业务应告一段落，包括尚未填制的凭证应填制完毕，尚未登记的账目事项应登记完毕，并在最后一笔余额加盖印章。

②整理应该移交的各项资料，对未了事项写出书面材料，说明未了情况、遗留问题及注意事项等。

③编制移交清册，列明移交的凭证账表及电脑拷贝副本，签章确认。公章、票据、文件资料和其他物品，也应登记清楚。

④按照移交清册，逐项交接和核对。现金、有价证券、票据移交应核对清楚，做到账证、账表、账实三相符；银行存款余额与总账核对相符外，还应与银行对账单核对一致或调节一致，债权、债务和其他财产物资账户余额与总账核对相符，同时，应与往来单位、个人核对一致或调节一致；财产物资、发票起止号码与实物核对或抽查核对。

⑤交接完成后，双方和监交人应在移交清册上签名，并注明各人的姓名、职务、日期以及其

他需要说明的问题。

⑥移交清册一式四份,一份存档,交接双方和监交人各执一份。

（十一）会计档案管理规定

会计档案的管理规定如下：

(1)根据财政部颁布的《会计档案管理办法》的规定,财务管理部指定专人统一管理会计档案。

(2)出纳员不得负责会计档案的管理工作。

(3)财务管理部每年形成的会计档案,要按类别、时间整理成册。为审计及与上年会计信息的衔接,会计报表须由专人保管,3 年后移交公司档案管理室保管。

(4)会计档案必须按月装订成册,妥善保管,不得丢失,至少保存 15 年。采用电子计算机记账的,机器储存和输出的会计记录视同会计账簿,应专人负责妥善保管,至少保存 15 年。年度会计报表永久保存。

(5)公司财务管理部以外的单位和部门人员不得借阅会计档案,如需要查找资料、核对账目或提供复印件时,单位内部报财务管理部经理批准,外单位必须报请总经理批准。

(6)已移交公司档案室的会计档案,公司内部工作人员查阅时,必须填写会计档案使用申请表,报财务管理部经理签字同意后方可到档案室办理档案使用手续,进行档案查阅。

（十二）收费备用金管理规定

收费备用金的管理规定如下：

(1)备用金是在收费过程中为方便零钞找赎,由公司向收费员提供的临时借用现金。

(2)备用金必须是人民币,不得有其他币种的备用金,原则上备用金面额不得大于 50 元。备用金金额由收费站根据实际情况拟定,经公司批准并办理相应手续后配发。

(3)备用金使用范围仅限于收费过程中收费员找赎所用,任何人不得以任何理由挪作他用。

(4)备用金的领用及退还,须经收费站站长审核,并由票务员统一办理。

(5)发放给收费员的备用金由该收费员负责保管,票务员、班长负责监督。

(6)作为备用金的管理人员——收费员和票务员,必须确保其安全。如有短缺或丢失,由当事人赔偿损失。

(7)收费员领用或退还备用金时必须办理登记手续,填写《收费员备用金领用登记表》,由站长审批后才可签发(收)。如收费员在当班期间发现备用金不足,可由当班班长代领,但事后必须办理领用手续。

(8)收费员休假时间在 5 天(含 5 天以上)的,必须向票务员办理备用金退回手续。

(9)收费站须设置《备用金日记账》。对发生的业务应逐日逐笔进行记录,备用金余额应每天与日记账核对,保证账实相符。

(10)保险柜钥匙不得随意转交他人,也不得随身携带,不使用时必须锁好,如要办理交接手续也只能在收费站票务室进行。

（十三）清点工作规定

本规定适用于在清点室清点收费员上缴的车辆通行费,然后由押运单位将已完成初步清点的款项押送至收款银行,由银行最后清点入账的公司。由银行直接清点通行费的公司,可按

《收费员缴款流程工作规定》进行操作，由押运单位将全部款项押送到收款银行再进行清点、入账。

1. 清点通行费的工作分工

(1)班长的工作分工

①监督本班组人员点钞；

②核实收费员的"手工票"和备用金，收集收费员的注销票及错票；

③分派钱袋；

④将钱袋投入到保险柜中；

⑤登记钱袋号码。

(2)监控员的工作分工

①监控收费员及班长的操作；

②登记收费员主动上报的差错数与伪钞情况。

(3)收费员的工作分工

①清点该日收费票款及备用金；

②正确填写缴款单据。

(4)清点员的工作分工

①负责清点收费员缴交的通行费收入，并如实记录；

②准确填写银行送款单；

③核对银行收款回单；

④整理好两种不同颜色的钱袋(如黑色、绿色，以下所提及的缴款箱以这两种颜色为例)，预备收费员缴款时使用(绿色钱袋为公司内部使用，由清点员开袋汇总，不送往银行进行汇总，一般只应用于装载收费班组的注销票、错票、二联缴款单、手工票核销单等物件之用，每班次一个，由班长负责整理上交；黑色钱袋作为收费员装载当日所收的全部票款和一联缴款单之用，每名收费员一个)。

2. 收费员汇总票款的规定

(1)钞票按面额的大小分类点算，不同面额的钞票不能混合放在一叠或一扎之中；新旧版的钞票不能混合放在一叠或一扎之中。

(2)按同面额、同版本钞票十张一叠、一百张一扎，硬币满十个用透明胶包装好的方法，汇总好所有票款。

(3)收费员在进行必要的复点后，使用复写纸填写缴款单，一式两份。其中第一联及票款存放于黑色钱袋内。

(4)收费员在每个班次结束后，若有出售过定额票，应按规定填写《定额票交款核销单》，并在自己使用过的手工票单据的最后一张存根背面签名确认。同时，将手工票及《定额票交款核销单》交班长核实签名。

(5)收费员在售票和点钞过程中发现有伪钞或认为需特殊备案的钞票时，应将钞票号码上报监控中心，同时将怀疑有问题的钞票与真钞作区分，此类钱币应投入黑色钱袋内一并上交。

(6)缴款人员在填写单据时要求字体工整、清晰，大小写必须保持一致。同时，要自行检查单据的记录是否与所交金额保持一致。

(7)收费员将备用金交班长进行清点。

(8)在班长确认收费员备用金及《定额票交款核销单》均无误后,收费员检查钱袋是否有破损,若无不妥的可以对黑色钱袋进行上锁。

(9)收费员将二联缴款单、手工票交款核销单、注销票、多打的发票统一交班长(须使用橡皮筋捆成一捆)汇总后,存放于绿色钱袋内上交库房。

3. 清点及押运的程序

(1)收费员及班长清点工作程序

①收费员下班全部列队回到库房后,分别按顺序在每个点钞座位前坐好准备清点。

②班长通过有线对讲机上报监控中心:"××班开始点钞"。

③监控中心回复"收到"并调整摄像机录像、监视。

④收费员开始打开钱袋,按规定清点各自的票款。

⑤在进入库房进行交款时,严禁收费员互相谈话,所有人员必须安静地清点所收票款,避免分神产生清点错误。在点钞过程中,严禁收费员以各种理由彼此互换或找兑零钞。

⑥班长在现场监督收费员点钞时,必须清点收费员的备用金及手工票交款情况,一般情况不能为收费员复核应缴票款。班长核实完收费员的手工票后,要在该收费员的"手工票"最后一张存根的背面签上姓名及时间以作标记。凡经核实的单据、备用金出现人为错误,核实者及收费员均按错误处理。

⑦若当班有收费员提前缴款,必须有两人以上才可开始缴款工作。此时若无班长在场的,由班长指定的其他人员负责进入库房取钱袋、核实单据、备用金等。该人员须陪同最后一位人员完成缴款后才可离开库房。

⑧收费员监督班长将黑色缴款钱袋放入保险柜后,即可离开清点室。

(2)清点员清点及押运程序

①清点员应在规定的时间进入清点室,每次清点通行费时应通知监控中心对清点的过程进行清晰、完整的录像。在监控录像的监督下,由两人分别用不同的钥匙打开保险柜,将收费员缴款钱袋拿出、整理。

②清点员在清点时,应首先认真核对收费员缴交的通行费与其填写的缴款单数据是否相符,然后再核对票款与电脑报表是否一致,按要求做好相应的记录;如发现有错,须按如下程序处理:

a. 通知监控中心,要求派员前来核对。

b. 在第三者在场监督的情况下,由票务工作人员将疑有错数的钱袋打开,清点里面的票款,然后请第三者再清点核对一遍。确认差错数与明细报表的记录无误后,在收费员缴款单上注明多款、少款的金额及实收金额,并共同签名核实。

c. 若出现长款,须立即在相应的账本上将长款金额登记入账;若出现短款,则先做好台账登记,再根据公司的相关规定,由公司垫付后再通知收费员补回。

③在处理完缴款差错、清点完钱袋的份数后,票务工作人员要将收费钱袋装箱,扣上贴有票务工作人员个人印鉴封条的锁(两把),锁好缴款箱后放回保险柜,等待押运公司上门押款。

④当押运公司上门押钞时,票务工作人员须按如下流程办理移交手续:

a. 通知监控中心开始录像监督。

b. 核对上门押钞人员的身份无误后,由两名票务工作人员分别用不同的钥匙打开保险柜,拿出已核对无误并上锁的钱箱。

c. 将钱箱转交给押钞人员,并当面签收。

4. 其他

公司通行费清点工作,可根据工作量和实际工作需要采取集中一次清点或分次清点的工作方法。

(十四)收费差错、操作失误认定管理规定

收费差错、操作失误认定根据实际情况及性质、后果的严重性不同,可分为三类(假定以A、B、C进行分类,下同),对其管理可参照如下:

(1)差错的定义:收费员因错误的操作或违反有关的收费流程,从而造成应收金额出错,或其他给公司、顾客造成不良影响或后果的行为。

(2)收费员在每个班次中的差错总金额,并不能代表其差错的次数,对同一次收费过程中的同一种操作错误,经营运管理部核实后可以按一次差错计算(注:收费员的操作失误不一定会导致长短款的出现,但有可能造成收费系统的统计数据出错、监控误判、设备损坏,甚至有可能导致顾客投诉、造成作弊隐患,因此操作规范必须严格执行)。

(3)财务管理部负责记录收费员每个班次的差错总金额,监控中心负责稽查收费员差错的次数。

(4)监控中心稽查出收费员的差错次数,经营运管理部经理核准后,用统一的表格报送财务管理部,由财务管理部对收费员的差错总金额进行统一公布。

(5)收费员在收费过程中发现打错票后,应主动重新操作,将正确发票交给驾驶员(无论驾驶员是否要票),此类差错称为A错。其处理方法如下:

①操作错误后报监控中心记录,上交《一般事件报告》的,记差错一次;

②该员工应补交差错而造成的短款额;

③A类错误若属驾驶员误报单价(吨位)或沟通失误产生时(如收费员使用单价或吨位询价后,驾驶员认同,但操作后驾驶员又认为多收或少收钱的情况),收费员可向监控中心报告要求复议差错,营运管理部根据情况判断,若不属于收费员的工作失误,营运管理部核实后不记错误;

④收费员对军警车操作成收费车,能即时上报监控的,此种情况可记为A错;

⑤收费员在进行限次卡操作时,若出现扣款失误,多扣款能通知到顾客填写调整表的,少扣款能向顾客说明的,此种情况可记A错。

(6)收费员在收费过程事后发现自己操作失误,造成无法弥补的错误时,要立即通过对讲设备向监控中心报告。在事后以《一般事件报告》的书面形式将操作错误上报营运管理部,此类差错可定为B错。营运管理部核实后,记录一次差错。

(7)如收费员在造成差错后没有上报监控中心,而监控中心或其他部门(人员)在事后(该员工缴款后)经过稽查发现该员工的操作错误,此类错误定为C错,营运管理部采取每发现一次错误,记差错记录一次的处理方法。

(8)如果收费员明知有差错除不上报外,还通过其他手段掩盖差错的,一经查出按作弊处理。

(9)收费员如无意混用他人工号(因培训、维修、测试或其他在营运管理部经理同意的情况下，用非本人的工号上班等不在此列），无论最后由此造成的后果如何，都一律按差错计算。

（10）若使用他人工号者为有意盗用的，以作弊论处；而被人盗用工号者则应为自己的 IC 卡或密码管理不善负责，记差错一次。

（11）若工号误用过程中，差错双方所造成的长短款总额可以持平，经营运管理部批准，差错双方可以不再另外扣款。

（十五）月票 IC 卡发行规定

月票 IC 卡，是指公司发售的具有一定期限或一定通行次数的电子通行凭证（不同于一般的封闭式收费公路入口卡）。通行 IC 卡一般分为两种形式，一是限时卡，俗称“月卡”或“年卡”，通行 IC 卡有使用时间限制，通常为整月或整年（以下简称月票卡）；二是限次卡，通行 IC 卡有使用次数限制。

1. 月票卡的发行性质

（1）月票卡必须是一车一卡，不能转借，具有专一性。

（2）月票卡可根据客户的需要，选购一个收费路段或多个收费路段。

（3）月票卡可连续买 1 个月或多个月。

（4）月票卡面向全社会发售，只要车辆资料真实合法，且符合公司规定的要求，即可申请购买。

2. 限次卡的发行性质

（1）限次通行 IC 卡，可以是一车一卡，也可在同车型之间转借使用。

（2）限次通行 IC 卡，可根据客户的需要选购一个收费项目或多个收费项目。

（3）限次通行 IC 卡，可根据收费项目的特点设置通行上限和下限次数。

（4）限次通行 IC 卡面向社会发售，由公司向特定社会人群发售，只要车辆资料真实合法，且符合公司规定的要求，即可申请购买。

3. 月票 IC 卡的售卡操作过程

（1）电脑售卡由售卡人员个人独立操作，完成整个售卡过程。

（2）如公司有条件，可要求客户使用排队机领取相关业务的叫号纸，然后在休息区等候办理业务。

（3）新购卡流程：协助新购卡的客户填写好登记资料→核对资料后输入电脑→收款→制作 IC 卡→再次用电脑核对 IC 卡的写入资料→打印（或填写）发票→把 IC 卡和发票交给客户。

（4）IC 卡充值流程：询问客户充值数量→收取 IC 卡核对资料→收款→充值资料写入 IC 卡→再次用电脑核对 IC 卡的写入资料→打印发票→将 IC 卡和发票交给客户。

（5）指定售卡人员接待和受理 VIP 大客户业务，优先处理大客户业务。

（6）VIP 大客户业务流程：VIP 大客户业务售卡人员完成普通客户业务（单个业务）→立刻到 VIP 业务窗口处理业务→按业务流程为大客户办理业务。

（7）咨询窗口的工作人员要热情有礼回复客户的咨询，将有关的宣传资料主动发放给客户。

4. 限次卡的发行操作过程

（1）客户到售卡点索取申请表格，并如实填写申请表格的内容。申请表格必须包含车辆和车主的基本信息，包括车辆行驶证复印件、车辆类型、车身颜色、购买次数、申请人姓名、联系电话、联系地址等。

（2）客户将填写好的表格和行驶证原件交到售卡窗口。售卡人员核对资料属实并录入电脑。

(3)核准资料后,售卡员根据资料内容收取IC卡成本费、押金、购卡费用等,按售卡系统程序制作通行IC卡,并打印发票后交给客户。

(4)限次通行IC卡损坏时,客户必须到售卡点办理挂失和补购,并交纳补购费用。

(5)限次通行IC卡如发行系统设置为允许在同一车型之间不同车辆进行使用,则不存在损失和变更手续。

5. 发卡时须向顾客说明的注意事项

(1)不要同时将一张以上的IC卡扫过或触碰读卡器。

(2)不要折曲、涂改或刮花IC卡。

(3)不要将IC卡放于钱包内接近硬币、纽扣或拉链的位置。

(4)不要将IC卡放进裤子的后袋,以免当坐下时损坏卡内的芯片。

(5)不要将电子产品,如电子记事簿、手机靠近IC卡读卡器。

第四节　营运管理部工作职责及管理规程

一、营运管理部工作职责

(1)贯彻有关收费营运管理工作的法规与政策,并督促落实。

(2)负责公司收费营运业务的管理工作。

(3)组织拟定公司(各收费站)的年度收费计划。

(4)负责组织制定各项收费营运管理制度。

(5)负责受理、调查、处理有关收费文明和贪污违纪事件的投诉。

(6)会同行政人事部对收费员工进行考核、培训,提出奖惩、晋升与岗位调整的建议。

(7)会同路产管理部统筹、规划公司相关路段的交通指示标志、标牌。

(8)负责收费系统、监控系统、通信系统、供电系统的维修和保养工作。

(9)负责营运一线的安全生产管理工作。

(10)负责协调公安、路政、公路等部门工作。

(11)负责公司领导交办的其他工作。

二、营运管理部岗位设置及职责

(一)岗位设置

根据公司的规模,确定营运管理部岗位设置,岗位隶属可根据工作需要调整。营运管理部一般设营运管理部经理、营运管理部(机电)副经理、收费站站长、收费班班长、监控班长、稽查队长(或路政队长)、稽查员(或路政员)、收费系统维护工程师、监控系统维护工程师、通信系统维护工程师、供(配)电系统维护工程师、站级维护员、水电维修工、统计分析员、收费员等岗位。

营运管理部的岗位设置,如图2-8所示。

(二)岗位职责及任职条件

1. 营运管理部经理工作职责及任职条件

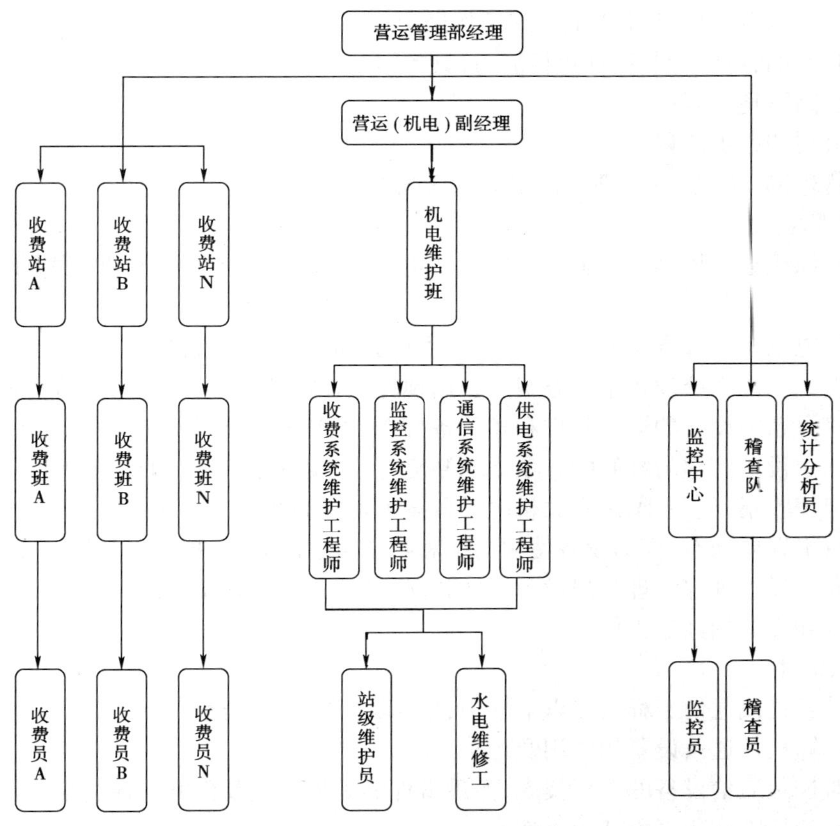

图 2-8　营运管理部的岗位设置

(1)工作职责

①遵守国家法律法规和公司规章制度,依法管理收费营运业务,确保各项法规政令贯彻实施;

②执行上级指示,执行公司决定,向公司领导和公司办公会议汇报工作,提交营运管理工作报告;

③负责营运管理部日常工作,部署、检查收费营运管理工作;

④会同行政人事部制订收费站员工的培训计划、考核办法和开展收费站的各项评比工作;

⑤负责制定收费营运各项管理制度、工作计划,并监督实施;

⑥负责审阅营运管理部和收费站上报的工作建议和数据报表,掌握营运情况和动态,对存在问题及时上报和作出处理;

⑦负责处理收费工作中的各类突发事件,确保收费工作运转正常和车辆安全快速通行;

⑧协调处理收费站周边各方关系,采取积极措施提高收费服务质量,吸引更多车辆使用公司经营的收费公路,提高公司经济效益;

⑨协助财务管理部和行政人事部监督收费站经费开支、日常物品使用、各类资产管理;

⑩完成公司领导交办的其他工作。

(2)任职条件

①大专及其以上学历，5 年以上管理工作经历；

②具备较好的管理协调、计划执行能力，具备丰富的收费站现场管理经验；

③熟悉公路管理法规；

④熟悉公司的办事流程。

2. 营运管理部（机电）副经理工作职责及任职条件

（1）工作职责

①负责组织机电系统（收费、监控、通信、供电、供排水）软、硬件设备和管线的维护和管理工作；

②负责机电系统工程方案的审核、工程费用预算和工程质量监督；

③对收费站机电系统设备维修方案和费用预算进行审核，并指导各收费站实施；

④负责机电系统设备的运行管理和相关备（配）件、耗材采购计划的审核与管理；

⑤负责制定设备管理与维修的各项规章制度，保证设备处于良好的技术状态；

⑥负责组织收集、整理、编制有关机电设备技术资料和图纸的工作；

⑦掌握技术发展动态，根据设备使用情况和收费营运的需要，拟定设备更新改造计划；

⑧定期向营运管理部经理汇报设备运转状况、各项工作计划及其落实情况；

⑨完成领导交办的其他工作。

（2）任职条件

①电子计算机或通信工程大专以上学历，1 年以上管理工作经历；

②熟悉计算机及通信设备的应用及维护；

③掌握监控及通信设备的调控技术，熟悉事件的处理流程及公路管理法规。

3. 收费站站长工作职责及任职条件

（1）工作职责

①认真贯彻国家的法律、法规，严格执行省政府及有关职能部门颁布的政令，努力完成公司下达的各项收费任务；

②在营运管理部经理的领导下，全面负责收费站的收费营运工作；

③组织员工学政治、学文化、学业务，不断提高员工队伍的政治素质和业务素质；

④不断提高服务质量和服务水平，加强职业道德教育，培养员工敬业爱岗精神，适时开展劳动竞赛，激励先进，树立典型，在站内营造比、学、赶、帮的良好氛围；

⑤完善内部管理机制，细化各项内部规章制度，督促全站员工认真履行职责，并进行综合考评；

⑥抓好安全生产管理，对员工进行遵章守纪教育，并遵循有关规定奖优罚劣，及时纠正和处理违章违纪现象；

⑦加强员工队伍的半军事化管理，培养雷厉风行、令行禁止的作风；

⑧定期召开站务、骨干、班组会议，贯彻上级精神，总结经验教训，协调工作关系，解决存在问题，并对下一阶段工作作出安排；

⑨关心员工生活，改善工作及生活条件，组织开展丰富多彩的业余文化生活，并抓好员工的计划生育工作；

⑩完成公司领导交办的其他任务。

（2）任职条件

①大专及其以上学历，3 年以上相关工作经历；

②熟悉公路管理法律法规；

③具有较强的管理能力、协调能力。

4. 收费班班长工作职责及任职条件

（1）工作职责

①负责传达、落实公司的各项工作指标。

②检查班内人员的制度执行情况，对违反制度的行为及时予以制止和纠正。

③合理调配班组人员完成当班的收费与机动任务，确保道路畅通、收费秩序良好。

④调解员工与员工之间、员工与司乘人员之间的纠纷。

⑤指挥收费广场范围内的中小型交通事故的前期处理工作。

⑥处理广场的突发事件，并按相关规定执行；处理事件时应保持公平、公正、公开的原则，维护顾客、公司、员工的利益。

⑦监督及报告工作中不诚实的行为，以及工作中可能产生的管理漏洞。

（2）任职条件

①大专及其以上学历，3 年以上管理工作经历；

②熟悉收费公路相关法律、法规；

③有较强语言表达、沟通交往和组织能力。

5. 监控中心监控班长工作职责及任职条件

（1）工作职责

①负责领导监控员开展日常监控工作；

②负责收费管理系统超级用户账号和密码的监督管理工作；

③负责组织监控设备的日常维护工作；

④负责对新入职员工及监控员进行业务培训，提高业务水平；

⑤负责统计数据的核实；

⑥负责与联网各方路段的技术沟通联络工作；

⑦完成领导交办的其他任务。

（2）任职条件

①电子计算机大专及其以上学历，1 年以上工作经历；

②熟悉计算机及收费设备的应用及养护；

③熟悉事件的处理流程，熟悉公路管理法规。

6. 监控员工作职责及任职条件

（1）工作职责

①按制度严密监控，发现问题及时向领导反映和汇报情况；

②负责对路况、车流、收费站场、工作人员异常现象的监控和如实记录，及时反映和上报，及时纠正一线工作人员的不正确操作和违反规章制度行为，防止收费员作弊和其他违纪行为发生；

③负责监控设备的日常维护及清洁保养工作；

④解答一线工作人员的咨询和提供技术支持；

⑤负责监控资料的保密，坚决禁止无关人员进入监控中心，不得泄露监控情况；

⑥负责数据和特殊录像资料的保存工作，定期向公司营运管理部报送；

⑦未经主管领导同意不得将收费系统设备、监控系统设备、监控资料外借或挪用。

（2）任职条件

①电子计算机大专及其以上学历，具备相关工作经验；

②了解收费设备的应用及维护，熟悉电脑软硬件操作；

③熟悉事件的处理流程，熟悉公路管理法规。

7. 收费员工作职责及任职条件

（1）工作职责

①严格按收费标准收费，做到“应征不漏、应免不征”。

②遵纪守法，严格遵守公司的各项规章制度；严禁与驾驶员产生言语或肢体冲突。

③服从班长和上级的安排及调度。

④服从管理，积极参与集体组织的各项活动。

⑤着装整齐，文明收费，热情服务。

⑥努力学习，不断提高业务技能。

（2）任职条件

①高中及其以上学历；

②取得物价局的收费员上岗证；

③懂电脑操作。

8. 统计分析员工作职责及任职条件

（1）工作职责

①根据公司要求负责收费报表的设计、编制和审核等日常管理工作。

②定期向领导汇报通行费发票、路费收入、入口卡、车流量、长短款等项目的情况，并进行统计汇总，制成各类收益报表；做好各项经济指标的数据分析工作。

③对各收费站报表的统计、分析工作进行业务指导，规范填报方法；掌握每天收费情况，审核收费站上报的各种报表；及时纠正报表填写与传送中的不规范行为。

④按时完成每日、月度、季度、年度收费报表及分析总结报告，发现收费员的收费情况有异常时，进行审核和对比，及时向部门领导反映。

⑤负责做好数据的备份保存工作，以免数据丢失；建立统计资料台账，分类归档，妥善保管。

⑥严守公司保密制度。

⑦完成领导交办的其他工作。

（2）任职条件

①统计专业大专及其以上学历，具备相关工作经验；

②具有统计员上岗证；

③熟悉电脑操作。

9. 稽查队队长工作职责及任职条件

(1)工作职责

①负责领导稽查队伍对员工的收费操作和制度执行情况开展稽查工作；

②负责制订稽查工作计划，经批准后组织实施；

③定期向领导汇报稽查工作的进展情况；

④负责受理收费舞弊行为的举报，确保公司利益不受损害；

⑤负责收费站稽查小组的业务监督和指导工作；

⑥抓好队员业务学习，不断改进和探索工作方法，掌握新的稽查手段；

⑦定期召开业务例会，撰写本队工作总结，并做好相关资料存档工作；

⑧完成领导交办的其他工作。

(2)任职条件

①大专及其以上学历，具备相关工作经验，品行良好；

②3 年以上管理工作实践；

③熟悉突发事件的处理流程，熟悉公路管理法规。

10. 稽查员工作职责及任职条件

(1)工作职责

①严格执行公司稽查工作制度，遵守稽查纪律；

②在稽查队队长的领导下开展收费业务稽查工作，对违规事件必须认真调查核实，制止和纠正违反公司各项收费规定的行为；

③有亲友涉嫌违纪被稽查时，应遵循工作回避原则；

④严守稽查规定，不向稽查对象泄露稽查方法及稽查规律，不向被稽查人员泄露有关情况；

⑤遵守公司规定，不向外单位或个人泄露本公司有关收费运作资料及情况；

⑥完成领导交办的其他工作。

(2)任职条件

①大专及其以上学历，具备相关工作经验，品行良好；

②1 年以上管理工作实践；

③熟悉突发事件的处理流程，熟悉公路管理法规。

11. 收费系统维护工程师工作职责及任职条件

(1)工作职责

①严格执行公司的收费系统维护制度，负责组织和实施收费系统的日常维护工作；

②负责制订收费系统设备的维护工作计划，经主管领导批准后组织实施；

③负责制订收费系统设备耗材和备用件的使用计划，经批准后实施；

④负责收费系统数据库管理，定期对数据库的数据进行备份、删除；

⑤完成领导交办的其他工作。

(2)任职条件

①计算机或相关专业大专以上学历；

②熟悉计算机系统及维护，具有一定的维修工作经验；

③工作作风严谨，认真细致，责任心强。

12. 监控系统维护工程师工作职责及任职条件

（1）工作职责

①严格执行公司的监控系统维护制度，负责组织和实施监控系统的日常维护工作；

②负责制订监控系统设备的维护工作计划，经主管领导批准后组织实施；

③负责制订监控系统设备耗材和备用件的使用计划，经批准后实施；

④完成领导交办的其他工作。

（2）任职条件

①计算机或相关专业大专以上学历；

②熟悉计算机系统及电子设备的维护，具备一定的维修工作经验；

③工作作风严谨，认真细致，责任心强。

13. 通信系统维护工程师工作职责及任职条件

（1）工作职责

①严格执行公司的通信系统维护制度，负责组织和实施通信系统的日常维护工作；

②负责制订通信系统设备的维护工作计划，经主管领导批准后组织实施；

③负责制订通信系统设备耗材和备用件的使用计划，经批准后实施；

④负责组织和实施通信管网的日常管理工作；

⑤完成领导交办的其他工作。

（2）任职条件

①通信工程或相关专业大专以上学历；

②熟悉网络系统及电子设备的维护，具备一定的维修工作经验；

③工作作风严谨，认真细致，责任心强。

14. 供电系统维护工程师工作职责及任职条件

（1）工作职责

①严格执行公司的供电系统维护制度，负责组织和实施供电系统的日常维护工作；

②负责制订供电系统设备的维护工作计划，经主管领导批准后组织实施；

③负责制订供电系统设备耗材和备用件的使用计划，经批准后实施；

④编制供（配）电设备安全操作规程并督促电工贯彻执行；

⑤负责对电工业务、技能的培训和技术考核；

⑥完成领导交办的其他工作。

（2）任职条件

①弱电、强电或相关专业大专以上学历；

②具备一定的维修工作经验，有电工上岗证；

③工作作风严谨，认真细致，责任心强。

15. 站级维护员工作职责及任职条件

（1）工作职责

①负责收费站收费系统、监控系统、通信系统、供电系统的日常管理工作。

②负责设备的巡检工作，定期向主管领导报告设备运行情况。

③当发生设备故障时应立刻组织抢修；如不能自行解决时，应立刻报告机电设备主管

领导。

④负责收费站机电备件、消耗品、维修工具的领用和管理工作，制订用量计划，并向公司汇报。

⑤根据设备的使用情况和实际需要，拟订和编制系统设备的改造、更新及报废工作，并向公司汇报。

⑥收集、编制有关的供（配）电设备技术资料和图纸。

⑦负责相关技术资料的分类、整理、存档工作。

⑧完成公司和收费站领导交办的其他工作。

（2）任职条件

①相关专业大专以上学历；

②具备一定的维修工作经验，有相关专业上岗证；

③工作作风严谨，认真细致，责任心强。

16.水电维修工工作职责及任职条件

（1）工作职责

①遵守维修操作程序，做到高效、优质、安全地完成维修任务；

②负责水、电设施的日常巡检工作；

③负责公司水、电设施的安装与维护工作；

④负责电话、计算机网络等管线的日常维护工作；

⑤对收费站区域用水、用电量进行管理、分解与控制，并进行分析与评估；

⑥完成公司和收费站领导交办的其他工作。

（2）任职条件

①中专以上学历，具备相关工作经验；

②具备一定的维修工作实践经验，有电工上岗证；

③工作作风严谨，认真细致，责任心强。

三、营运管理规程

营运管理规程用于明确岗位工作的内容和质量要求，指导员工严格按照相关的工作方法和规程开展工作。营运管理规程包括：岗位工作规定、工作流程规定、遇事处理规定、文明服务规定、收费站工作管理规定。

（一）岗位工作规定

1.收费班班长工作规定

（1）每月28日前完成下一月度车道排班表的编制工作，每月3日前将上一月份的员工实休表及当月的排班表送交站和营运管理部。

（2）每天上班前，必须提前到达票务室，办好备用金及零钞的借支手续。然后将零钞分配给收费员，以备上班使用。若零钞中有假钞、假币或残钞必须及时登记上报及更换。

（3）列队前必须对每一位收费员进行上岗前检查，检查收费员是否做好上班准备，检查内容包括票箱、盘点定额手工票、日期章、备用金等。

（4）做好列队领班工作，列队时必须对收费员的着装、仪容、上岗证、反光衣等进行检查，检查合格后再带领收费员以整齐的队列前往收费岗位接班。

(5)做好班长的交接工作,认真阅读上一班的工作日志及跟进上一班留下的事件。

(6)接班后必须核对收费员的电脑工号,并检查工号牌是否放好,如发现收费员输错工号,立即通知监控中心处理。

(7)严格执行各类车辆通行规定,保障各项政令畅通,遇符合(《收费公路管理条例》等法规)规定的免费车辆,应放行;当未能判断车辆是否属免费车时,应立即通知监控中心,做好记录并处理。

(8)在收费工作过程中,班长要观察收费广场动态,留意对讲机呼叫的内容,对突发事件要快速处理。

(9)车流高峰时,开足车道,安排好机动人员售卖定额手工票或使用移动式收费机收费,并做好现场车辆疏导工作。

(10)上班时要安排相关工作人员防范逃费车辆。

(11)如发现收费员的零钞不足,应立即调配。

(12)如发现收费员私放车辆、贪污舞弊、态度恶劣、粗言秽语或在收费亭内有任何违规行为时,应立即制止并通知监控中心做好记录,上报主管领导处理。

(13)如发现收费系统机械故障,应立即通知维修人员处理。

(14)如发现逃费的车辆,应及时记录车牌号码,并通知监控中心做好资料保存,以便日后追查。

(15)发现有车辆撞坏收费站设施,应通知监控中心做好记录,并做好相应处理工作。

(16)发现收费广场或桥面发生交通事故,应立即通知监控中心。对于一般交通事故应做好调解工作,尽快协商解决,避免交通堵塞。对于严重交通事故应立即报警,做好交通疏导工作。

(17)发现治安案件和其他突发事件(如滋扰生事、抢劫、伤人、恐吓等)时,要保持头脑清醒,及时通知监控中心予以录像,尽量在录像监控和录音范围内开展工作,为自己创造更多有利条件,及时报警处理。

(18)在收费过程中,由于机械故障而造成打印不清的票据,班长应对该票据进行签名确认。

(19)协助票务员做好废票回收工作,在开启废票箱和清点箱内废票和现金时,必须在场并签名核实。

(20)当班收费工作结束后,班长必须集中带领本班员工以整齐的队列前往清点室。

(21)必须现场监督收费员清点和缴交票款。

(22)交款工作完成后,将票箱(柜)锁好,该班工作结束。

2. 收费员工作规定

(1)上班前必须着装整齐,精神饱满。

(2)必须提前做好领票箱、盘点定额手工票、清点备用金等准备工作。

(3)在规定的时间内到达集合点,接受班长对着装、仪容、上岗证、反光衣的检查,检查合格后再以整齐的队列前往收费岗位。

(4)必须做好接班工作,检查上一班收费员是否退出电脑收费系统,是否带齐全部票款等工作。

(5)必须使用IC卡操作上下班,只有在特殊情况时(如IC卡失效等情况),才能使用手工输入工号的方法操作,无论何时进行交接班操作必须通知监控中心进行核对,严禁工号混用。

(6)正常收费过程:车辆进入收费车道→按规定做好迎车礼仪动作→确定车型→输入车型→收取购票款,按要求"唱找"→打印票据→核实票据和找赎款→发出票据和找赎款→升起栏杆→车辆通过→降下栏杆→收费完成。

(7)封闭式收费站入口发卡程序:车辆进入收费车道→按规定做好迎车礼仪动作→确定车型→输入车型→刷卡→向驾驶员递交驾驶员IC卡→发卡完成。

(8)封闭式收费站出口收费过程:车辆进入收费车道→按规定做好迎车礼仪动作→接收驾驶员递交的IC卡→刷卡→收取购票款,按要求"唱找"→打印票据→核实票据和找赎款→发出票据和找赎款→升起栏杆→车辆通过→降下栏杆→收费完成。

(9)收费员在收费过程中应坚持"一车一杆"。

(10)严格执行各项车辆通行管理规定,既要严格按照规定的收费原则和标准征费,又要保证各项政令畅通。当收费员遇到未能判断类型的车辆时,应立即通知监控中心,并按监控中心指示处理。

(11)一般情况下不对票据进行注销。但由于机械故障造成卡票、打印不清等情况,必须由班长签名核实并应通知监控中心注销该票,注销票禁止出售,必须交回票务室(注:关于注销票的操作规定应根据不同收费系统软件的特性,灵活制定)。

(12)遇到驾驶员不要发票时,收费员必须将废弃票撕裂并放入废票箱,禁止将废票重卖或随处丢弃。

(13)当驾驶员多给款时,收费员应使用有线对讲系统通知当班监控员,将车型、多给款的金额报告监控员登记,由班长在《多收款表格》上填写多收款的时间及车型、车牌等,并与多收款一并放入废票箱。此款由票务室代管一段时间后仍未有驾驶员前来取回时,列入驾驶员多给款项目。

(14)收费员在收费过中不能随意售卖定额手工票。但遇到系统故障等特殊情况,必须立即使用定额手工票,并通知维修人员排除故障,待机器恢复正常后使用电脑收费,停止发售定额手工票。

(15)收到驾驶员递交通行费时,按要求使用"唱收唱找"的收费方法,并将该购票款放在工作台面显眼位置,以便出现争议时让监控中心确定,找赎动作要在高于台面位置进行,不得在钱箱内或有遮掩的位置进行,待驾驶员点清找回款后才能将购票款放回钱箱。

(16)当驾驶员与收费员有争议或驾驶员表示要投诉时,收费员原则上不应与驾驶员争辩或解释,应立即通知监控中心报请班长或其他机动人员前来处理。

(17)收费过程的工作要求:

①在收费过程中,收费员不得以任何理由拒收零钞或大面额钞票(假钞或严重残缺钞除外)。为确保收费速度,收费员在一般情况下,找赎点钞的次数不能超过1次。开放式收费站对小型车单一车次的收费操作时间不超过5秒,大型车不超过7秒;封闭式收费站的一次正常操作时间(指无需进行大额钞票找赎的操作),应控制在8秒以内。

②在正常情况下,不能向外找赎1元以下的角币,驾驶员主动要求等特殊情况除外。

③收费员找赎票款时,找赎款面额须由大到小,不能为方便自己下班缴款而将零钞或面额

小的钞票找赎出去，应尽量满足顾客要求，使用最优组合对外找赎，体现公司的服务精神。

④收费员的找赎及复核动作要快速、准确。

⑤收费员在收费过程中要全神贯注，不得在售票时与旁人闲谈或心不在焉。

⑥收费员在收费操作的空隙时间内，禁止乱涂乱画、乱挖乱捣及做与工作无关的事情。

⑦收费员在收费过程中，必须使用礼貌用语。遇到驾驶员问路时应以精确简短的回答向其解释路线，如未能解决应示意车辆靠边，再通知机动人员前往协助。

(18)收费员原则上禁止携带私款、通信工具或电子设备上岗，收费过程中禁止谈论与工作无关的事情，不准进食、阅读报刊。收费台上禁止摆放任何私人物品，水杯禁止放在收费台面，应放在统一指定位置。

(19)收费员完成下班操作后按有关规定缴交票款，收拾好收费用品并全部放进票箱锁好，集中进入票务室交款，交款程序结束后该班当日工作结束。

3. 监控中心监控班长（监控员）工作规定

(1)在资源允许的情况下，监控中心应保持至少两名监控员值班，值班时监控员必须着装整齐。

(2)监控员必须提前到达监控中心，阅读留言板（簿）上所记录的内容和当班的《监控日志》，了解当班期间要处理的事件，不明之处要向当班监控员或监控班长咨询，然后接班。

(3)必须认真完成当班监控、记录、通讯及设备的维护和清洁工作。

(4)监控员交班时应向接班监控员介绍当班情况，并传达上级指令，完成当班工作，包括完成监控报告、填写报表等。

(5)监控员要准时交接班，交接时间应与收费员适当错开。当收费员开始交接班时，监控员要认真核对收费员的工号，并用对讲设备回复收费员的上下班申请。

(6)监控员原则上不能对收费员操作错误的票据注销（设备故障的情况除外）。确需注销票据时，监控员应复查录像，以检查注销的可靠性，不能随意接受收费员的注销请求，同时监控班长应做好二级监控，翻查注销录像，发现异常应向站长或营运管理部经理报告。注销票据的详细情况要记录于《注销票记录表》中。

(7)监控员当班监控的内容：

①监控收费员仪容、文明用语、有无用错工号、交接班时间。如有违反着装规定，谈论与工作无关的事宜，或者做小动作等，立即向收费班长反映情况，由班长跟进处理，并将情况记录于《监控日志》。

②监控收费员在收费过程中的工作表现，是否做到文明服务，按规定收费。如有发现不按规定收费、私放车辆或贪污舞弊情况，立刻向上级反映，并将情况记录于《监控日志》。

③监控收费广场、桥面、路面的交通情况，协助车道值勤人员调控交通和突发事件，如：逃费、撞坏设施、抢劫、滋事、事故、争吵等，在必要时进行紧急录像，并将情况记录于《监控日志》。

④监控票务室、月卡售票室的情况，对收费员及清点员点款过程进行监视，发现不当行为及时向上级反映，并做好记录。监控员还需要对票务室进行24小时的安全监控，当发现异常情况立即报警，并将情况记录于《监控日志》。

(8)统计及核对资料的内容和要求：

①每月一号晚班监控员负责完成上月的营运数据统计工作，包括购票车、月卡车、军警车、

免费车、冲卡车等。

②监控员负责更新车牌识别系统中“待解决车辆”的数据库资料(如冲卡车的车牌、图像等),并及时将数据库参数下发到站级终端。

③对于恶意冲卡、滋事、投诉、事故等较严重的事件,当班监控员除了做好书面记录,还应将相关抓拍和录像资料保存于相应的电脑硬盘文件夹中,以备追溯之用。

(9)公安部门因调查案件需要查阅公司录像材料时,监控员必须核对公安人员证件、《调查证明》或《介绍信》,如公安人员需取走材料必须上报公司批准,并填写好《材料索取记录表》。

(10)监控班长应每日早上将前一天的各项表格整理好,填写《监控日志》,并在每月初(如3日)前将上月发生大事记录于《监控月志》并提交营运管理部。

(11)监控员须将最新通知记录于留言板(簿)上。在《监控日志》中记录各类信息及事件,重大事件须形成书面报告,重大系统故障亦须书面记录。

(12)监控员应不断提高自身素质、能力及业务水平,将工作做得更好。

(二)工作流程规定

1.监控流程管理规定

(1)日常监控:

①当班监控员负责对收费班组进行日常监控,每个班次的监控员都必须不定期调动摄像枪对收费员的操作进行现场监督,并将监督结果记录在《监控日志——收费班录像审查记录表》中;

②在顾客对收费的正确性提出质疑时,可由当班监控员进行快速稽查并将结果告知当值班长,由班长消除驾驶员质疑,并将稽查结果记录于《监控日志——收费班录像审查记录表》中;

③监控员的日常监控为随机抽查,每次抽查的时间应不少于半小时,期间可以断续,每班次至少进行3小时的日常监控;

④在《监控日志——收费班录像审查记录表》中记录收费班组的各种备案情况及对当班发现的怀疑情况申请一级稽查。

(2)一级稽查:

①晚班监控员根据上一班次《监控日志——收费班录像审查记录表》或有关报表、投诉、举报等进行定向稽查;

②一级稽查以“定向稽查为主、随机抽查为辅”进行,除根据要求进行定向稽查外,还需根据《监控日志——收费班录像审查记录表》进行随机抽查;

③根据《监控日志——收费班录像审查记录表》,对营运管理部确定的重点抽查对象进行重点抽查;

④翻查所有车道的抓拍图片,对有异常的抓拍图像进行录像复查;

⑤抽查收费数据是否正常;

⑥将以上稽查结果记录在《监控一级稽查报告》中,对不能判别或怀疑作弊的情况申请二级稽查。

(3)二级稽查:

①监控班长或主管领导授权的监控员,根据《监控日志——收费班录像审查记录表》、《监控一级稽查报告》进行二级稽查;

②监控班长每周必须检查《监控稽查排查记录》,对稽查较少的人员或者未进行过稽查的人员进行分析,并要求监控员复查;

③二级稽查参照一级稽查的方法进行稽查,监控班长每周进行二级稽查的次数应不少于2次,每次不少于1小时;

④在进行二级稽查后,若发现有重大作弊嫌疑的行为应立即向主管领导报告和申请三级稽查。

(4)三级稽查:

①三级稽查由主管领导根据监控班长的《二级稽查报告》或书面报告进行,三级稽查为不定期稽查;

②对稽查中发现的作弊情况,主管领导核实情况后以书面形式向公司正、副总经理及行政人事部报告。

(5)重点稽查对象的确立:

①监控员在进行日常监控或一级稽查时发现经常出现不规范操作的收费员;

②监控班长每周检查《监控稽查排查记录》后确定收费员名单;

③营运管理部确定需要进行特殊稽查的人员名单;

④以上重点稽查对象名单将记录于《监控稽查排查记录》中,监控中心必须对名单内容保密,不向外透露,以确保稽查效果。

(6)营运管理部完成一、二、三级稽查的总时间一般不超过10天(录像资料一般保留10~15天),任何稽查发现有怀疑的情况,均应进行录像保存。

(7)三级稽查为录像稽查的最终稽查程序,原则上不设四级稽查。

(8)营运管理部视情况的严重性,可联合行政人事部共同进行三级稽查。

2. 通行费缴款流程规定

(1)本规定适用于不设清点班,由收款银行负责清点通行费,然后入账的公司(收费站)。

(2)职责人员包括收费班、票务室、监控中心的所有员工。

(3)收费班工作人员操作程序:

①收费班员工在下班前,将当天收到的通行费款项按银行和公司的规定捆扎好,做好交接班准备。

②收费员在规定的时间内交班后,在监控状态下将所有款项放入钱袋并上锁。

③当值班长在集中收费员回收费站库房前,必须由当值班长和机动人员先行视察周围路面情况。确保安全后,当值班长通过对讲机告知监控中心,由其集中收费员一起押送当天票款回票务室。

④队伍到达办公区后,门卫迅速开启大门,待全班人员安全进入办公区后,门卫迅速关闭办公区大门。

⑤收费班长、机动人员在交接班时,非特殊原因不得先行下班或借口离开,要保护票款安全顺利送达票务室,完成交款操作后才能下班。

⑥收费班队伍到达票务室后,由当值班长通过对讲机通知监控员使用电控系统开启票务室安全门,待所有班员进入票务室后,将票务室门关上。当值班长在交款登记册上登记进入票

务室的时间和收费员姓名，然后通过对讲机通知监控员使用电控系统开启交款室门，收费员依次逐个进入交款室并将钱袋投入保险箱，当值班长、机动人员在旁监督，在投包过程中任何人员不得离开票务室。

⑦收费员投包完成后，在交款登记册上签名。当值班长确认所有收费员完成投包后，关上交款室门，在交款登记表上签名和记录离开票务室时间。在所有事项完成后，通知监控中心开启票务室门，让班员有序地离开票务室。

(4)票务员操作程序：

①票务员每天必须要将银行发回的钱袋和锁按班次整理好，预备收费员领取(领取时要登记)，并将前一天银行发回的长短款、伪钞表单连同电脑收款表一同张贴在票务通告栏。票务员要做好差错数登记、长短款、伪钞等具体业务操作，按公司与银行签订的协议和流程执行。

②票务员在当班情况下，须陪同并监督各收费班完成整个交款过程。

③交款室保险柜的两把钥匙不能由同一人保管。

④票务员必须在押运公司人员到来收款前，进入库房整理钱袋。票务员打开保险柜取出所有钱袋并整理好，点清数量并与交款登记册上登记的记录核对，确定相符后装箱，放入当天应收款电脑单据和送款单等。押运公司人员到来后，在票务员、押运公司人员的监督下，按银行和公司要求进行封箱和交接，然后让押运公司人员将钱箱押运至收款银行。在钱箱交接时，票务员须核对前来收款的押运人员名单与已备案人员是否相符。钱箱押运后通知监控中心，记录离开时间，关好门窗并有序离开交款室，当所有人离开交款室后将交款室门关闭。以上全过程必须在监控摄像下完成。

(5)监控员操作程序：

①监控员负责监督收费员的交款流程，如发现收费员有不正确的交接操作，立刻纠正。

②监控并对各收费班回票务室交款全过程录像。

③负责开启票务室门、交款室门并做好监控记录。

④监控收费员在票务室和交款室投包的全过程。

⑤当没有票务员值守票务室时，负责开启防盗系统。

⑥监督票务员和押运公司人员清点钱袋和押钞的全过程。

(6)缴款及押运的工作程序：

①收费站票务员填写银行送款单，银行送款单金额应与电脑收费系统产生的收费统计日报表金额一致。

②在收费站监控员的监督下，票务员开启保险柜，将收费员的钱袋、银行送款单、短款备用金(指银行点钞时若发现短款，可暂用来补齐短款的备用金，其金额一般为100～300元)放入押钞专用钱箱锁好后，加上封条并盖章。

③在规定的押钞时间，票务员与押运公司指定的工作人员交接钱箱，核对接箱人无误后，票务员在押钞业务交接表上记录交接时间、钱箱号码、钱箱数量；在指定的接箱人签名接收后，押运公司将当日收费收入款项押送到指定银行。

④银行清点款项，如发现伪钞金额过大或交款金额与银行送款单出入较大时，应及时通知收费站票务员到银行确认和处理。

⑤收费员短款或收取了伪钞，应由收费员补缴相应款项。

⑥银行清点全部收入款项后，在银行送款单盖章确认，票务员按照财务管理部的规定，将银行送款单及收费报表交财务管理部核实。

⑦财务管理部出纳、会计，应分别核实电脑收费系统收费数据、银行送款单、银行对账记录等单据。

(7)争议解决办法：

①当收费员对所交票款结果有争议时，可委托收费班长（或其他领导）对其交款全过程的录像进行复查；

②再有异议时，可向营运主管领导提出书面申请，然后由公司相关部门进行处理。

（三）特殊事件处理规定

1.免费车分类及放行处理规定

(1)免费车分类：

①符合《收费公路管理条例》第七条规定免费条件的车辆。《收费公路管理条例》第七条规定："军队车辆、武警部队车辆，公安机关在辖区内收费公路上处理交通事故、执行正常巡逻任务和处置突发事件的统一标志的制式警车，以及经国务院交通主管部门或者省、自治区、直辖市人民政府批准执行抢险救灾任务的车辆，免交车辆通行费。进行跨区作业的联合收割机、运输联合收割机（包括插秧机）的车辆，免交车辆通行费。"

②符合地方人民政府发文通知规定的特种车辆。如《广东省公路收费站管理办法》第二十三条规定："除正在执行公务并设有固定装置的消防车、医院救护车、殡葬车、公安部门警车、悬挂军用车牌和省人民政府规定免交通行费的车辆外，其他机动车辆，无论驾驶员和乘车人员持有何种证件，均必须按规定缴纳车辆通行费。"

③地方人民政府或交通厅等单位，发文通知实行免费的其他临时车辆。

④公安、交通部门实施保卫任务，由警车带领通行的车辆。

(2)职责人员，包括收费员、机动人员（含当值班长、路政员或稽查员等）、监控员。

(3)放行处理规定：

①收费工作人员遇上述分类①、②、④规定的免费车辆，应预先升起自动栏杆，让免费车辆快速安全通行；

②收费工作人员遇上述分类③规定的免费车辆，须请该车驾驶员出示相关免费证明，收费人员核准正确后让免费车辆快速安全通行；

③车辆标识不全或该车报称属于免费车辆却无法出示有效证明时，收费员应立刻用对讲系统上报监控中心，由监控中心判别该车辆是否免费。该车辆不服从判别结果，收费员应立刻通知当值班长或路政等其他机动人员处理（让该车辆速驶离收费车道后再行处理）。

2.驾乘人员询问行车路线处理规定

(1)职责人员，包括收费广场工作的所有营运一线工作人员、监控员。

(2)处理规定：

①驾乘人员在未进入车道前停车问路的，收费广场上的机动人员必须主动上前解释道路情况。

②驾乘人员已将车辆驶入车道后再问路的，收费员应精确、简短地回答所询问的行车路线，明确指引。若收费员不能确认所询问的行车路线，或收费员作答后驾驶员仍不明白的，可

请驾驶员先行购票通过收费车道,然后将车辆停泊在收费广场旁,再通知机动人员向驾驶员详细解释道路情况。

3. 走错路线车辆处理规定

(1)适用范围:适用于在开放式收费站,当驾驶员进入收费车道时表示已走错路,并请求免费通过的情况。

(2)职责人员,包括收费员、机动人员(含当值班长、路政员或稽查员等)、监控员。

(3)处理程序:

①收费人员初步确认该车辆是否走错路,若不是走错路,要求该车辆购票通行。

②初步确认该车辆走错路的,立刻通知现场机动人员带领该车辆驶离收费车道,再次确认是否走错路。

③具体情况包括:该车已使用收费站的设施,即已过收费站后要求掉头的,要求该车购单程票,在规定的时间内掉头返回时,由现场机动人员指引实施免费。如该车未使用收费站的设施,即未经过收费站,在收费站窗口要求掉头的,若此时车道后无其他车辆排队等候购票,则由现场机动人员在安全的情况下指引车辆实施免费掉头;若此时车道后已有多车排队等候购票,则由现场机动人员劝说先购单程票,然后掉头返程时予以免费,如驾驶员坚持在车道内倒车掉头,现场机动人员须事先声明由此造成的一切不良后果由驾驶员承担,之后现场机动人员才可协助驾驶员指挥现场车辆倒车。

④若确定属于走错路,由现场机动人员通知监控中心,由监控中心做好车辆通行记录后,让该车辆掉头免费通行。

4. 无钱交费车辆处理规定

(1)适用范围:开放式收费站、使用储值卡交费的封闭式收费站。

(2)职责人员,包括收费员、机动人员(含当值班长、路政员或稽查员等)、监控员。

(3)处理程序:

①驾驶员进入收费车道时表示无钱交费或因封闭式收费站设备问题导致驾乘人员储值卡无法扣款,收费人员应立刻通知现场机动人员带领该车辆驶离收费车道,由现场机动人员初步核实情况后通知监控中心在电脑数据库中核查该车资料,若该车属第一次发生该情况的,监控中心记录好该车资料,通知现场机动人员给驾驶员填写《欠费通行表》并要求其下次返回时补交所欠通行费,驾驶员签名确认后可按欠费车操作放行;若属第二次或多次发生该情况的,应把该车资料录入车辆“黑名单”,要求该车辆缴交本次费用并追缴以前的欠费后再予以通行。

②“黑名单”是指车辆通行收费站时,出现逃费、未交费、滋事等扰乱收费秩序情况,被记录的车辆名单。

5. 无理由不交费车辆处理规定

(1)职责人员,包括收费员、机动人员(含当值班长、路政员或稽查员等)、监控员。

(2)处理程序:驾驶员进入收费车道表示不愿交纳通行费,并且无合理的理由时,收费人员立刻通知机动人员处理,机动人员通知监控中心,监控中心记录好该车资料后将其列入“黑名单”。机动人员向该车详细说明交费理由,要求该车辆购票。若处理5分钟后无效,机动人员报请监控中心报警,通知交警或派出所处理,并把该车辆阻塞交通情况报告交警。

6. 冲卡车的处理规定

（1）对车辆冲卡事实的界定：在有关免费车规定的范围以外，不缴交通行费，且机动车全车超过自动栏杆的车辆界定为冲卡车。

（2）职责人员，包括收费员、机动人员（含当值班长、路政员或稽查员等）、监控员。

（3）处理程序：

①机动人员如截获冲卡车后，要向监控中心上报车辆资料，若该车辆属第一次冲卡，监控中心将该车辆列入车辆“黑名单”，并要求该车辆交费通行，赔偿冲卡撞损物品；若该车辆属多次冲卡，且有清晰录像记录的，机动人员须要求该车辆驾驶员缴交本次费用及损失，并追讨以前的冲卡欠费。

②如不能截获冲卡车，收费人员向监控中心上报，监控中心将该车辆资料记录，列入车辆“黑名单”，把冲卡车录像用光盘备份好，留作日后核实、追溯之用。

7. 拖挂车收费的处理规定

（1）职责人员，包括收费员、机动人员（含当值班长、路政员或稽查员等）。

（2）处理程序：

①拖车所拖机动车的车轮着地，则按实际通过的机动车的车型和数量收费，收费员要打印与实际通行车辆数量一致的票据给驾驶员。

②拖车所拖机动车的车轮不着地，即所拖的机动车是在拖车上承载的，则按该拖车车型收费。

③军警用事故拖车拖挂其他机动车通过，按免费车操作。

8. 对使用过期、伪造或“车不对卡”月票车辆的处理规定

（1）职责人员，包括收费员、机动人员（含当值班长、路政员或稽查员等）、监控员、票务员、值班站长。

（2）处理程序：

①收费工作人员发现使用过期、伪造月票的车辆时，应立刻通知机动人员上报监控中心，监控中心将该车辆列入车辆“黑名单”。机动人员将该卡作暂扣处理，要求该车辆驾驶员进行书面确认并按有关规定补交费用。

②收费人员发现月票卡信息与车辆信息不符时（即“车不对卡”），应立刻通知机动人员上报监控中心，监控中心将该车辆列入车辆“黑名单”。机动人员对该卡作暂扣处理。

③若上述车辆驾驶员不服从处理，机动人员将事件交由收费班长或营运主管领导处理。如该车辆驾驶员依然不服从处理，报请公安机关协助处理。

④暂扣后的过期、伪造、车卡信息不符的月票卡，当值班长要将事件记录入《班务日志》，所有暂扣月票卡要交票务员登记、保存，待公司相关部门定期核实后才可销毁。票务员要每月列表上报情况，以便公司核实。

9. 车辆在收费站遗留废弃物的处理规定

（1）职责人员，包括收费员、收费班长、监控员及在收费广场的其他工作人员。

（2）处理程序：

①当车辆在收费站管辖范围内遗留废弃物品时，发现的员工应立刻通知监控中心，监控员

对处理遗留废弃物品的全过程进行录像。监控员翻查录像,查找该车辆资料进行书面登记。

②当值班长对遗留废弃物品的种类进行辨别,分类进行处理。

③石头、泥土、树枝、废铁等固体无害废弃物,当值班长应立刻组织保洁人员和其他工作人员清除,保证收费车道畅通。

④未凝固的混凝土,当值班长应立刻组织工作人员用水冲洗干净。

⑤汽油、柴油、油污等油品废弃物,当值班长应立刻组织工作人员用沙土或木糠进行覆盖,然后进行清除,保证通行车辆安全行驶。强腐蚀性、毒性废弃物,当值班长应立刻撤离发现地点的工作人员,关闭相关收费车道,指挥车辆绕道安全行驶,由监控中心报警处理。

10. 拾获遗失财物处理规定

(1)职责人员,包括收费员、收费班长、监控员及在收费广场的其他工作人员。

(2)处理程序:

①工作人员如发现有财物从通过的车辆上掉落,应尽量设法截停该车或记下车牌,并及时通知监控中心及当值班长。

②现场若有失主认领物品,应详细核实认领人有关情况,并要求对方签收。

③现场若无法找到失主,则应将失物转交收费站或行政人事部处理,由当值班长和物品接收人员双方签字确认。当值班长须把事件写入《班务日志》,行政人事部或经办人根据有关线索尽快联系失主并做好登记。

④在失主认领失物时,公司处理人员须要求对方出示身份证或其他有效证件,并记录失主相关资料,同时要求对方出具收条。

⑤若失物于一周内无人认领,公司经办人将失物移交公安部门处理,并要求对方出具有效证明。

11. 车辆在收费站场发生碰撞或坏车的处理规定

(1)职责人员,包括收费班长、监控员、收费员、路政员(稽查员)。

(2)处理程序:

①单一车辆碰撞收费站场交通设施时,当值班长立刻到达事故现场处理,通知监控中心将事件的全过程录像备份,同时要求事故车辆驾驶员将车辆驶离现场待处理。如车辆因损坏或交通事故处理需要而不能驶离时,监控中心报交警部门处理。当值班长立刻组织工作人员在事故车辆的来车方向20米处放置反光锥(即“雪糕筒”)作警示,指挥其他通行车辆绕道行驶,在车流量大时应立刻开放应急车道、出售定额手工票、预编卡或使用移动式收费机收费以疏导车辆。

②两车以上在收费站场发生碰撞时,当值班长立刻到达事故现场处理,并通知监控中心将事件全过程录像备份。当值班长应要求双方尽快达成和解,尽快撤离现场。

③车辆在收费站场坏车不能行驶时,当值班长立刻到达事故现场处理,并通知监控中心将事件全过程录像备份,现场工作人员应协助将车辆推离收费站场待处理。如车辆不能推离现场,应立刻通知拖车处理。

12. 车辆损坏收费设施赔偿处理规定

(1)职责人员,包括监控员、票务员、收费班长、机动人员。

(2)处理程序:

①机动人员发现车辆撞坏收费设施时，如能截停车辆，立刻通知监控中心将事件予以录像记录，并初步评估设施受损情况。

②如属损失轻微的，当值班长根据设施损坏的情况，依照财产合理价值向车辆驾驶员索取赔偿。如该车辆驾驶员无法履行时，向交警部门报警，由交警部门处理；如驾驶员履行赔偿，当值班长应填写《损坏收费设施赔偿处理书》，由票务员开具发票，收取赔偿款，结束处理。

③如属损失重大的，监控员报警，直接由交警部门处理。当值班长或路政员应登记设施损坏的情况。

④机动人员发现车辆撞坏收费设施时，如不能截停车辆，应立刻通知监控中心记录事件，对肇事车辆进行录像翻查，备份相关资料交营运主管领导协同交警部门处理。

⑤追讨赔偿的款项以《损坏收费设施赔偿处理书》须交予公司财务管理部，损坏的设施由路产管理部安排维修。行政人事部要及时向保险公司报案，并准备索赔事宜。

（四）文明服务规定

1. 收费员文明礼仪服务规定

（1）着装规定：

按规定统一着装，衣着要干净整洁。

（2）仪容规定：

男士不留长发、不剃光头、不蓄胡须、不染发；头发前不挡眼，侧不盖耳，要梳理整齐，不留长指甲。

女士不得染过度变色的头发，头发要梳理整齐，长发要盘起并用统一发放的发夹夹稳。不涂有色指甲油，不化浓妆，提倡化淡妆上岗。

（3）佩戴规定：

收费员工号牌按规定放置于收费亭的工号框架上，收费员上岗证须正确佩戴以便检查，不佩戴多余的饰物。

（4）仪态规定：

坐姿要求端正，立腰收腹，目视前方。

（5）礼仪服务建议标准：

①封闭式收费站入口发卡礼仪标准（以收费窗在左侧为例）：

a. 当车辆到达前线圈时，目视驾驶员，左手五指并拢，向上微伸出窗外示意驾驶员停车拿卡，点头微笑，使用文明用语："您好！"，刷卡发给驾驶员后，微笑并用左手作出送行手势。送行的手势要求：五指合拢，手臂与手肘呈120°，手腕与手掌平伸，指尖向上，手腕有明显清晰后摆的手势。

b. 免费车或车队。当免费车或车队行至车道入口时，微笑目视驾驶员（车队），用左手作出送行的手势示意通行。

c. 驾驶员如有询问时，须微笑目视驾驶员，耐心回答，禁说："不知道"等回绝语句。遇到一时难以解答清楚的询问时应说："请稍等，能否将车开出车道一旁，我找同事帮您，好吗？"。

②收费过程礼仪标准（以收费窗在左侧为例）：

a. 当车辆到达车道前线圈时，目视驾驶员点头微笑，用左手作出迎接手势。迎接的手势要求：五指合拢手臂与手肘呈 120°，手腕与手掌平伸，指尖向上。

b. 驾驶员递卡（钱）交费时应微笑目视驾驶员："您好！请稍等，收您××元。"

c. 将票款一并递回驾驶员时，目视驾驶员，点头微笑："多谢！找您××元。"

d. 驾驶员接回票款后准备离开时，用左手作出送行的手势示意通行，要有稍微停顿，微笑行注目礼，待车辆起动后才能收回手势。

e. 免费车或车队通行时，目视驾驶员或车队，微笑并用手作出送行手势示意通行。

2. 监控员文明礼仪服务规定

（1）着装要求：

按规定着装上岗，衣着要干净整洁。

（2）仪容规定：

男士不留长发、不剃光头、不蓄胡须、不染发；头发要梳理整齐，不留长指甲。

女士不得染过度变色的头发，头发要梳理整齐，长发要盘起并用统一发夹夹稳。不涂有色指甲油，不化浓妆，提倡化淡妆上岗。

（3）仪态规定：

坐姿端正、精神饱满。

（4）语言表达要求：

①要清晰、亲切、温和、有礼。

②指令要简洁、明了、准确、不得用命令或喝令的口吻。

③接听投诉电话必须先报单位全称及部门名称，要文明有礼、耐心倾听。说话要以中立的语气，不要在未了解事件情况下向驾驶员解释，以免激化矛盾。

（五）收费站工作管理规定

1. 收费站发票使用和核销管理规定

（1）票据入库：

①收费站收到税务局印刷厂印制的发票时，会计与票务员一起检查发票规格及质量；全部合格验收入库后，由会计与票务员于"票库总账"内签名确认。

②"票库总账"分为"手工票库存总账"与"电脑票库存总账"。每次入库须区分票据类型、面值，登记数量及号码记于账内。

③存放票据的库房钥匙由票务员妥善保管，并负责发票管理工作。

（2）票据出库：

①收费员领用定额手工票，由票务员登记在"定额手工票库存总账"内，按照面值列明日期、起止号码、数量，由票务员和收费员签名确认。

②票务员在收费员领完定额手工票后，按照姓名逐一登记于"收费员定额手工票明细账"内。登记内容包括：面值、领用日期及起止号码。

③电脑票由当值班长统一领到收费亭，再按当天需求分配。领出的日期、起止号码及数量由票务员登记填写在"电脑票库存总账"内，领票人签名确认。

（3）票据核销：

①收费员如有使用定额手工票，应在缴款时填写“定额手工票缴款核销单”，班长核实无误后于单上签名确认。

②票务员于“收费员定额手工票明细账”内登记日期、使用截止号码、剩余张数，定期签名确认核销。

③票务员负责每季定期核查电脑票库存及使用情况一次，并于“电脑票库存总账”结存量旁签名确认。

④定额手工票存根联由票务员保管，每季定期核查一次，由会计核查。

(4)驾驶员废弃发票管理：

①票务员清理车道废票箱前要先通知监控室。

②票务员携废票箱钥匙到车道后，由当值班长或由班长委派的机动人员协助票务员清理废票箱。

③清理废票箱完毕，票务员到票库房清点废票。如存在捡款，应有两名以上的票务员或与票务工作相关的人员共同在“捡款记录”上签名确认。

④废票暂时存放在收费站的库房中。

⑤废票箱中的捡款应做好记录，每月汇总存入公司银行账户。

⑥废票箱钥匙由票务员保管。

⑦废票销毁的程序：票务员先向财务管理部作书面申请，申请经财务管理部经理批准后再通知营运管理部协助，财务管理部、营运管理部派员与票务员共同监督销毁废票。

⑧做好废票销毁记录，财务管理部、营运管理部经理共同签名确认。

2. 客户投诉处理管理规定

营运管理部（或行政人事部）为公司受理顾客投诉的责任部门。收费站和其他部门（人员）接到投诉后，应在 2 小时内转交责任部门，统一受理。

(1)顾客投诉受理

①投诉识别：

a. 有效投诉：指顾客对公司提供的收费或通行服务的内容、承诺及服务质量的投诉，经查属实的。

b. 无效投诉：指顾客对公司服务范围以外的投诉或与事实不相符的投诉。

②对有效投诉处理：

a. 接诉人将情况转至责任部门，由其填写《顾客投诉处理登记表》。

b. 责任部门根据投诉内容展开调查，若为有效投诉，将调查的结果记录于《顾客投诉处理登记表》；若为无效投诉，按无效投诉处理。

c. 根据调查的情况，对照公司的制度，对被投诉的服务进行改进，对被投诉人员进行教育。违反公司制度的，要求被投诉人员（关键人物）或责任人做书面报告交代事件，公司领导批示后按制度处理。

d. 对于严重损害公司形象的重大投诉，由行政人事部核实确认并提出处理意见，报公司领导审批处理。

e. 自投诉内部处理过程结束后 2 个工作日内，责任部门采取上门回访、电话回访、书面回访等方式，将投诉处理结果告知投诉人。

f. 每件投诉的处理时间,不超过3个工作日。

③对无效投诉处理:

确认投诉无效后,责任部门将调查的结果记录于《顾客投诉处理登记表》,并在1个工作日内以电话或书面形式将调查结果反馈给投诉人,并做好解释工作。

(2)顾客投诉分析

①责任部门每月将上月投诉事项的处理情况汇总后向公司汇报;

②责任部门对顾客投诉每半年进行一次汇总分析,并把投诉分析得出的结果作为年终考核的依据;

③对反复出现的顾客投诉问题,责任部门应向公司领导汇报,在办公会议上进行分析、解决,并采取有效的纠正预防措施。

3. 重要事项报告规定

本规定适用于工作中的任何时段,含节假日、休息时间等。

(1)当事件发生时,监控中心依照事件及对应的名单通知有关工作人员。

①非行政上班时间内发生紧急事件需要相关人员处理时,监控员应首先向值班的主管领导报告,请求协助处理。

②如无现场值班领导,需要通知主管领导或其他工作人员返回收费站处理事件时,监控员要按《重要事项报告名单》中的规定执行。

(2)收费站值班人员如在工作中碰到紧急事件需要处理时,首先要通过对讲系统或电话向监控中心报告,再由监控员根据事情的严重性、紧急性向主管领导报告或请求协助。

(3)重要事件发生后,有关人员应按规定将事件记录在工作日志中,包括站务日志、班务日志、监控日志、票务日志、电工日志等。

4. 稽查工作管理规定

稽查队在营运管理部直接领导下开展收费稽查业务,在公司范围内实行队、站二级稽查。稽查队对驻站稽查小组进行业务指导,驻站稽查小组负责本站范围稽查工作,做好稽查记录,将稽查记录表及时汇总交稽查队分析存档。

(1)工作纪律

①不准弄虚作假,欺上瞒下;不准避重就轻,姑息养奸。

②在问题未办结前,不准向被稽查对象通风报信,不准向与稽查工作无关的人员泄露情况。

③稽查人员如有亲属或朋友被稽查时,该稽查员应主动回避。

④稽查人员如有违反上述纪律,按公司制度给予处分。

(2)工作规定

①开展稽查工作时,须有专人带队;

②进行收费稽查时,一般情况下,稽查员必须穿着公司制服,佩戴工作证件;

③在稽查中发现可疑情况时,稽查对象应主动配合稽查人员开展工作;

④在稽查时,如发现侵占公款的行为,应及时向营运管理部经理汇报;

⑤开展稽查工作时,如公司下辖两个以上的收费站,则须填写《稽查记录表》一式二份,一份存稽查队,一份收费站留存;

⑥开展稽查工作,应采取定时和不定时的方式进行。

(3)稽查内容

①稽查收费员工,是否存在贪污作弊行为。

②稽查公司管理制度的执行情况。

(4)稽查结果处理

每次稽查工作结束,均应如实填写《稽查记录表》,对于违反稽查管理规定的情况,按以下工作方法处理:

①对未达到警告及以上处分的,给予通报批评。由营运管理部行文,下发处理决定,同时抄送公司领导。

②对警告及其以上的惩处,由营运管理部提出处理意见,经行政人事部审核,报公司领导审批,最后由行政人事部发文。

相关文件详见本书附录二中附表23～附表40。

四、机电系统设备管理和维护规定

(一)机电设备管理规定

1. 范围

本规定适用于公司收费工作所需的机电设备(车道、站、中心及沿线的通信、供电、照明、供水排水系统等)的管理,以及对这些机电设备的更新、移装、使用、检修、保养、报废、封存等的管理要求。

2. 目的

通过对设备的有效综合管理和使用,使设备保持良好的技术状态,满足收费营运工作的要求。

3. 职责

(1)营运管理部,是收费系统机电设备管理的归口管理部门(注:机电设备管理亦可归口到路产管理部)。机电副经理分管机电管理工作,负责设备的更新改造、维修、保养管理,以及设备所需要的能源动力管理等。

(2)行政人事部,负责存放于仓库有关设施的收、发、存的管理工作。

(3)财务管理部,负责设备的资产管理工作。

(4)各使用部门,负责相关设备的日常管理。

4. 机电设备的固定资产管理

财务管理部及行政人事部应对各部门的固定资产增减及转移做好业务记录,及时进行核对,并会同营运管理部每半年核实一次,做到账物相符。

5. 设备的更新

设备更新的原则是为提高公司硬件水平,符合收费营运工作要求,提高运行效率。设备的申购应根据所掌握的设备技术状态、综合工艺、质量的要求,提出下季度的设备更新计划报批,经批准后纳入公司年度计划中执行,由公司负责采购的部门实施。

6. 新增设备的管理

(1)新设备到货后,由营运管理部会同使用、采购部门共同开箱,设备的安装调试工作由营运管理部负责组织,使用部门配合,重点关键设备或特殊设备委托专业安装单位进行。

(2)新设备安装调试后，经使用验证合格后，由营运管理部办理《设备安装验收移交单》，正式移交使用部门，设备档案移交档案室。

7.设备的移装、借用

(1)设备的移装应根据设备运行状况的要求，由营运管理部提出申请，经公司主管领导批准后方可进行。设备移装过程中的安装事宜，由营运管理部负责实施。

(2)外借设备原则上应是闲置设备，外借设备须经营运管理部同意，由公司主管领导批准后执行，营运管理部应做好外借设备的记录。

8.设备的封存管理

(1)对闲置或连续停用三个月以上完好的机电设备，填写《设备封存(启用)申请单》，经营运管理部经理批准后方可封存，原则上原地封存。

(2)使用部门封存设备时应断电，将设备保养好，涂上防锈油料，挂上封存牌。设备封存期间，要指定专人定期检查和保养，不准任意拆卸设备及零部件。

(3)使用部门要求将封存设备启用时，应填写《设备封存(启用)申请单》；经营运管理部经理批准后方能启封使用。

9.设备的报废

(1)凡列入固定资产的设备，符合下列条件之一的，可按规定申请报废：

①超过使用年限、主要结构陈旧、精度低劣、运行状况极不稳定，且不能改装利用或大修虽能恢复使用，但经济上不如更新合算者。

②使用年限未到，但不能迁移的设备，因建筑物改造或工艺布局必须拆毁者。

③设备损耗严重，大修后性能仍不能满足实际运行要求者。

④腐蚀过甚，绝缘老化，失效，性能低劣且无修复价值者或易发生危险者。

⑤因事故或其他灾害，使设备遭受严重损耗无修复价值者。

⑥国家规定的淘汰产品。

(2)设备报废的审批：

凡符合报废条件的设备，由使用部门提出申请，报营运管理部填写《设备报废申请单》，经公司主管领导批准后方可报废设备。设备未经批准报废前，任何部门不得拆卸、挪用其零部件和自行报废处理。

10.设备的使用管理

(1)新上岗、转岗、调入的设备操作人员在使用设备前，必须对其进行培训，学习设备的结构性能、技术规范、安全操作规程、维护保养知识等基本常识。在营运管理部技术人员的指导下，学习实际操作技术，熟悉使用设备的性能和技术规范。

(2)使用部门负责设备的正确使用、妥善保管和精心维护，并对其保持完好和有效利用负直接责任。所有精、大、稀、重点关键设备，特殊设备、特种设备实行持证操作制度。

(3)操作人员必须熟悉设备的结构、性能，掌握设备的使用要求和“三级保养制度”的内容和要求，经考核合格才能独立操作。

(4)所有操作人员必须遵守设备的操作规程，合理使用设备，使用过程中不允许精机粗用，大机小用。严禁设备超负荷超规范使用，严禁设备运转中调试，不准在设备上放工具、零件、坯料等物品，更不准随意拆除安全装置及零部件。

(5)确因工作需要,必须要在设备上进行超负荷、超规范及精机粗用时,应由使用部门提出防范措施,同时报营运管理部审核,经主管领导批准后方可实施。未经批准,禁止使用设备。

11. 设备的维护保养

设备的“三级保养”包括:设备的日常维护、一级保养、二级保养。

(1)设备的日常维护:收费站的机电设备分类分级进行月检、季检、年检,出现问题及时进行处理并反馈公司领导。系统巡、定检主要是定期对各类、各级设备进行检查,早发现早解决,把故障排除在发生之前。突发事件应急处理,主要针对突发的必须马上解决的问题。

(2)设备的一级保养:以维修人员为主、使用人员为辅,对设备进行局部拆卸和检查,清洗规定的部位,检查运行情况,更换和清洗设备灰尘、调整设备各部位的配合间隙,紧固设备各个部位。一级保养原则上每季度最后一周周末进行一次。

(3)设备的二级保养:以系统承包商为主、维修人员为辅,对设备部分解体检查维修,更换修复磨损零件,润滑系统清洗换油,电气系统检查修理,使设备技术状况全面达到设备完好标准的要求。保养完后按规定填写《设备保养验收记录》,并做好资料存档。

12. 设备计划检修

(1)主要设备的稳定性及运行效率,是收费工作的保证。每个季度末,应对主要机电设备进行设备普查。并填写《设备检查表》,报营运管理部备查。同时填报下一季度设备大修计划,由营运管理部负责审查和平衡,并汇编站场机电设备年度维修计划,报主管领导批准后,列入公司年度计划中。

(2)设备大修,由营运管理部组织实施。设备大修与生产发生矛盾时,应根据“先维修后生产”的原则合理安排。设备大修完工后,经使用部门确认,填写《设备维修表》并归档。

13. 精、大、稀、重点关键设备管理

精、大、稀、重点关键设备是公司营运中的重要设备,必须严格执行规范操作和实行强制保养制度,发现问题逐级反映及时解决,以确保设备的完好运行。重点关键设备要实行重点管理,要有标识,以示区别。使用部门应每季度进行一次设备性能普查,报营运管理部备查。

14. 供电设备的管理

供电设备,具有连续工作和不可中断的特点。运行操作人员必须经过培训和考核合格后才允许操作,并有各种运行技术规程和运行记录,运行操作人员在值班期间应随时巡回检查,不得擅离工作岗位。供电设备不得带病运行,按规定对配电设备定期进行预防性试验,认真做好记录,确保安全可靠运行。

15. 设备的备件管理

(1)备件必须根据备件储备原则,由营运管理部制定储备定额。备件采购要做到“货比三家”比质量、比价格、比交货期,并做到“谁采购、谁负责”,严格控制备件质量。

(2)如需备件,应填写《备件出仓单》;特殊情况报主管领导后由营运管理部办理。

(3)外购备件原则上应验收入库后,再发放使用,并严格执行入库、出库手续。由于生产急用,到货后直接发给使用者,采购员应将领料单和报销单一起补办入库、出库手续。

(4)备件保管工作要达到科学保管分类、分区、分机型摆放整齐,标志明显、规范。加强防锈、防腐措施。备件不磕不碰、不锈、不变质。每年年终核对账物相符,库容整洁。

16. 报表资料统计

设备的登记和统计,是反映公司设备的动态变化。它的意义是为了确保公司财产完整,充分发挥设备的使用效率。因此,必须准确掌握设备动态状况,使之得到合理的使用、维护和保养。

(二)机电设备维护规定

1. 收费设备维护规定

(1)车道设备组成

收费系统车道设备,包括收费工控机、脚踏报警开关、自动栏杆、雨棚信号灯、车道摄像枪、费额显示器、IC 卡读写器、语音报价器、发票打印机、有线对讲分机等。

(2)车道设备维护

①每周至少一次全面清洁车道及收费亭内设备。

②每月对车道设备的各项功能进行检查,保持其运行良好。

(3)收费站监控室设备组成

收费站监控室设备包括监控电脑、查询电脑、云台及矩阵切换器、四画面分割器、有线对讲主机、硬盘录像机、监视器、打印机、服务器、路由器、光端机、光交换机、集线器等。

(4)收费站监控室设备维护

①每周至少一次清洁监控室内设备。

②每月对监控室设备的各项功能进行检查,保持其运行良好。定期对收费数据进行备份。

(5)收费站票务室设备组成

收费站票务室设备,包括票务电脑、打印机、IC 卡读写器、点卡机。

(6)收费站票务室设备维护

①每周至少一次清洁票务室内设备。

②每月对票务室设备的各项功能进行检查,保持其运行良好。

(7)收费数据中心设备组成

收费系统收费中心设备,包括票务电脑、打印机、IC 卡读写器、点卡机、稽查电脑、视频矩阵接换电脑、监视器、路由器等。

(8)收费数据中心设备维护

①每周至少一次清洁收费中心内设备。

②每月对收费中心设备的各项功能进行检查,保持其运行良好。定期对收费数据进行备份。

2. 监控设备维护规定

(1)监控系统设备组成

监控系统设备,主要包括车型检测系统、CCTV 系统、大屏幕显示器、交通监控通信系统、可变情报板及可变速度显示标志系统。

(2)外场设备维护

①保持外场设备的车型检测器检测数据的准确性,每月检测一次。发现故障,立即处理。

②外场设备的防雷地网接地电阻,每一年检测一次。如达不到阻值要求,立即处理。

③外场设备的电源箱的绝缘电阻,每一年检测一次。如达不到阻值要求,立即处理。

④外场设备的交通监控通信通道,每一个月检测一次。如发现异常,根据实际情况对光端

机接头进行清洗。

⑤可变情报板的门架高度及弯度,每六个月检测一次。如高度有变化及弯度达不到要求,根据实际情况进行处理。

⑥可变情报板及可变速度显示标志的电子显示模块的显示灯完好率及电子显示模块的图像效果,每月检测一次。如发现未达到技术合格状态,立即组织维修。

3. 监控中心的控制设备维护规定

(1)检查控制设备信号质量及控制。出故障时,按实际情况马上处理。

(2)CCTV 系统,每月作一次维护。维护内容包括检查画面质量、切换、视频信号情况和摄像枪摄像范围;检查所有监视器,必要时作除尘处理;检查数字录像机各项功能,检查图像质量。

(3)情报板及可变速度显示标志控制系统,每月作一次维护。维护内容,包括检查图像信息发送及发送效果、光端机的传输。

(4)大屏幕显示器,每月作一次维护。

(5)维修各组成系统的控制设备,要区分属于电源故障还是控制设备、交通监控通信通道设备故障,按不同原因分别处理。

4. 通信设备维护规定

(1)通信系统的组成

通信设备,主要包括光纤传输系统、紧急电话系统、程控交换机系统。

(2)光纤传输系统维护

①根据各项设备运行情况,定期登记好通信设备检测表格。

②光纤传输系统涉及收费数据的准确上传,应每月检查一次。发现传输系统报警,须在 24 小时内解决(如因光缆被盗等原因造成通信中断除外)。

③视频光端机,应每 12 个月检测一次。

(3)紧急电话系统维护

①紧急电话系统应每日做例行巡检,发现自检有问题的应立即向营运管理部汇报,原则上 24 小时内对有故障的分机进行检修。

②紧急电话外场接地电阻,应在 12 个月内对全部分机检测一次。如达不到要求,应立刻组织维修。

(4)程控交换机及内线电话系统维护

电话系统是公司指挥系统的重要组成部分,必须确保其正常运行。如出现电话不通的情况,应在 48 小时内修复解决。

5. 供(配)电照明设备运行管理规定

(1)变压器运行管理

运行和备用中的变压器每天检查一次,其检查项目如下:

①在最大负荷期间测三相负荷电流,如发现不平衡电流超过规定值时,应做好记录,以便重新分配负荷。

②变压器运行中的电磁声,有否加大及发生新的响声。

③各环氧制部件,是否清洁,有无放电痕迹。

④各接头,是否有过热现象。

⑤风机已启动运行，还应检查其运行是否正常。

⑥温控仪指示正常，不超过规定值。

⑦变压器室门、窗、门闩防鼠板，应完整、无漏水、渗水现象。

⑧变压器在周围环境温度和负荷不变的情况下，温度不正常升高，应进行下列检查：

a. 检查温控仪是否有毛病；

b. 变压器室通风是否良好；

c. 风机已投入运行，其运行是否良好；

d. 与以往同一负荷环境温度下进行比较。

⑨高低压设备运行管理：

a. 高压配电设备维修后，送电前必须做详细检查，将所有安全措施拆除（包括地线、标示牌）才可送电；

b. 负荷开关只可作额定负荷连接和切断，不得作为切断短路电流之用。

⑩运行和备用中的高压设备，每天应检查一次，检查内容：

a. 开关柜应从柜前玻璃窗观看：环氧制部件，电缆头有无放电痕迹，各接头无氧化变色及过热发红现象，高压熔断器射击保险无射出；

b. 电缆外皮完好，无机械损伤，被挖掘等现象，附近无易燃物；

c. 电缆高负荷运行时，应注意温度上升，电缆外皮温度不宜超过 45℃；

d. 设备外壳接地良好。

⑪高压熔断器熔断后应做一次回路检查，若未发现异常，可拉开开关，更换同容量熔断器；若连续两次熔断时不应再换，必须查明原因，故障消除后才可送电。

⑫各馈线的运行电流不应超过该回路塑壳开关过流定值，否则开关会自动跳开；如需将开关重新合闸，应先将开关复位。

⑬各馈线设备维修后，送电前应将安全措施解除，场地清理干净，无遗留工具杂物等方可送电。

⑭低压配电设备每天检查一次，检查内容包括：

a. 盘面各表计指示应正常；

b. 母线接头无过热烧红；

c. 各馈线电缆接线接触良好，无氧化过热现象；

d. 空气开关位置指示器指示应与开关实际位置相符，开关合闸状态储能弹簧应显示“黄”色；

e. 电容器保护熔断器无烧断，接触器应无电磁声，或响声不大。

（2）稳压器及 UPS 运行管理

①稳压器三相负载不平衡不应超过 20%，否则应调整负载，使其平衡。

②输入线电压不平衡度不应大于 10%，否则应查找原因加以消除。

③UPS 设备发生故障时，可将 UPS 旁路，由稳压器单独向负载供电。

④运行中发现稳压器不稳压，应先检查输入电压是否低于稳压范围，或三相严重不平衡，否则是稳压器故障。

⑤轻负载或空载时能稳压，带载时不稳压，可能是接线处接触电阻过大引起。

⑥UPS 正常应输入市电,经整流、逆变后供电给负载,并对蓄电池浮充电的正常运行方式运行。

⑦市电电源中断,蓄电池可自动代替整流器向逆变器供电,维持负载供电不中断的异常运行方式运行,但时间不宜过长,并应监视蓄电池的放电情况,必要时采取措施限制负荷。

⑧当 UPS 故障,会自动将负载转换至旁路运行,但 UPS 系统不能自动重新转到逆变器供电,须进行逆变器起动操作。

⑨UPS 蓄电池室正常应启动空调机运行,室温控制在 20 ±5℃。当空调机故障停止运行时,室温不应超过 40℃,否则应采取措施加强通风,以免蓄电池自放电过速。

⑩蓄电池正常应处于浮充电运行,浮充电压应稳定,在环境温度为 20 ±10℃时,单台电池电压为 13.65V,总浮充电压为 409.5℃。

⑪UPS 装置不宜带载开机和带载关机,因此开机和关机前应先将负载切除。同时,也不宜频繁地开机和关机。

⑫UPS 及蓄电池每天应抄表记录一次交流输入电压、电流、直流电压、电流、交流输出电压、电流、频率、室温及湿度,看其是否正常。

⑬运行中的 UPS 及蓄电池每月 1 日检查一次,检查项目如下:

a. 设备运行声音是否正常,是否有异味,冷却风扇运转是否正常,零部件是否清洁;

b. 观察变压器、电抗器、可控硅、硅整流元件、电阻等发热元件的发热情况是否有异常,绝缘物的颜色有否变化;

c. 观察液晶显示屏 LCD 运行指示灯和故障指示灯的状态;

d. 检查蓄电池是否有漏液,电池箱是否变形、裂纹。

⑭蓄电池每季度进行一次定期充、放电,核对蓄电池容量。

⑮UPS 发生故障:根据故障的现象和故障代码,从中可确定故障的详细内容,组织维修。

(3)柴油发电机运行管理

①柴油发电机组正常处于双备用状态,主副机互为备用。

②柴油发电机组,应按规范运行。

③运行中主备用机组有故障停机时,副备用机组能立即自动启动、自动投入,但事后应进行全面检查。

④柴油发电机组维修周期及内容如下:

a. 蓄电池每三个月应进行一次充、放电,以核对电池的容量;

b. 如遇特急事故,或机组事故而保护失灵,可按红色急停制,机组立即停机。

(4)设备巡视检查、缺陷管理

①值班电工每天应对室内机电设备全面检查一次,并做好记录;

②每月 1 日、15 日对户外高压电源设备进行检查,刀闸接触是否良好,是否有发热变色,高压电缆是否被挖或受外伤;

③每月 1 日对站场配电设备进行检查,设备是否清洁,接线头是否有发热变色以及乱拉乱接现象;

④每月 1 日、15 日对站场高杆照明电缆、路灯及其控制设备进行检查,电缆是否有被挖、外伤,控制设备是否运行正常、干净、是否有发热现象;

⑤柴油发电机组每月 1 日或每次手动启动前应检查润滑油是否足够,油色是否乳化,并做

好记录。

6. 配电房管理规定

(1)配电房是公司供电系统的关键部位,设巡检制度。未经部门领导的许可,非工作人员不得入内。

(2)值班员必须持证上岗,熟悉配电设备状况、操作方法和安全注意事项。

(3)值班员应密切注意电压表、电流表、功率因素表的指示情况;严禁变压器、空气开关超载运行。

(4)经常保持配电房地面,及设备外表清洁无尘。

(5)配电设备的倒闸操作由值班员单独执行,其他在场人员负责监护,不得插手;严禁两人同时进行倒闸操作,以免发生错误。

(6)因故须停止某部分负荷时,应提前一天向使用该部分负荷的用户发出《停电通知》。

(7)经常保持配电房消防设施的完好齐备,并保证应急灯在停电状况下能正常使用。

(8)做好配电房的防水、防潮工作,堵塞漏洞;严防小动物进入配电房。

(9)值班员应认真做好值班记录和巡查记录,认真执行交接班制度。

7. 机电设备故障应急处理规定

(1)本处理规定所称设备事故,是指在收费站区域内造成局部或大面积的系统故障,包括以下故障类型:

①电力系统故障,收费系统断电;

②系统病毒,收费机死机;

③操作失误,造成系统故障;

④通信链路中断,数据传输错误。

(2)设备事故应急处理工作,应当贯彻统一领导、专业分工、反应及时、措施果断、依靠科学、加强合作的原则。

(3)成立设备事故应急处理现场指挥中心,由营运管理部经理任总指挥,营运管理部机电副经理任副总指挥,相关维修工程师、维修员、站长、班长、监控员为应急事故处理组成员,参与现场应急处理工作。

(4)设备事故发生后,立即组织排查,当指挥长不在时,应按顺序由副指挥长负责组织指挥。

(5)若事故不能立即排除,应马上启动人工售票。若属于封闭式收费路段的,则须在入口发放纸券或预编卡,并知会联网路段。

(6)应急处理工作结束后,应当组织部门相关人员认真进行总结、分析,找出事故发生的原因,从中吸取教训,及时进行整改。

(7)定期组织相关人员开展事故应急处理知识、技能的培训和应急演习。

(8)应定期对关键设备进行日常性维修保养和定期自行检查。如设备出现故障或者发生异常情况后,应当对其进行全面检查,消除事故隐患后,方可重新投入使用。

8. 技术资料和相关书籍管理规定

(1)技术资料是指与机电设备有关的技术文件、图表、程序与数据,包括软件设计方案、安全设计方案、源代码、系统配置参数、技术数据及设备相关技术资料。

(2)机电设备工程安装及重要设备技术资料要一式两份,调试完后一份办理归档,一份留营运管理部维护班使用。

(3)营运管理部设专人或兼职统一保管技术资料和相关书籍,因工作原因需要个人借出使用的资料要明确责任人和使用期限及归还日期,以保证资料的完整。使用期间,使用人要保证资料的完好和清洁,造成破损和丢失的要追究相应的责任。

(4)借阅、复制相关的技术资料,应得到领导的批准。有产权的资料因个人原因导致丢失和泄露的,要追究当事人的相关责任。

(5)重要技术资料,应有副本并异地存放。

(6)报废的技术资料,严格按照销毁和监销制度进行销毁。

(7)人员调离前,要将所使用的技术资料移交,不得带离。

(三)高速公路联网收费管理规定

1. 高速公路联网收费技术规定

(1)基本规定

①高速公路联网收费制式,一般采用封闭式。收费站的设置,应符合国家的有关规定。

②在全国统一的车型分类标准尚未实施前,应当按照各省(自治区、直辖市)确定本省区域内统一的车型分类标准执行。

③联网收费区域内的收费结算中心根据省级人民政府交通主管部门与物价主管部门批准的收费标准,统一制定费率表。

④收费方式,一般采用人工半自动收费和电子不停车收费。

⑤人工半自动收费的付款方式在以现金为主的基础上,积极执行联网收费机构的预付卡(储值卡和记账卡)、一卡通和一卡多用的付款方式,以减少现金收费比例,为用户提供方便。预付卡或电子标签卡(电子不停车收费用)的发行和使用,应具备通用性。

⑥电子不停车收费技术中车辆自动识别系统所采用的专用短程通信频率,使用国家推荐5.8GHz。电子标签,宜采用可读写的“单片式”(可读写智能电子标签)或“两片式”(带IC卡接口的电子标签)。“两片式”电子不停车收费系统,应与人工半自动收费系统兼容。

⑦当新建收费站预留有电子不停车收费车道时,匝道收费站的入、出口收费车道总数不应少于4条。主线收费站的入、出口收费车道总数不应少于6条。

⑧低速专用电子不停车收费车道的设计速度为:主线收费站60km/h;匝道收费站40km/h。高速自由流电子不停车设施的设计速度,一般应大于160km/h(无收费车道)。

⑨同一联网收费区域内,应采用相同类型和数据格式的通行券(卡)。一般条件下,宜选择多次重复使用的非接触式IC卡、一次性使用的纸质磁性券或一次性使用的纸质二维条形码券。

(2)联网收费的软、硬件平台及功能

①联网收费系统总体框架结构,一般由收费结算中心和联网收费区域内各路段的收费系统两部分组成。

②联网收费计算机网络,按照先进性与实用性、可靠性与安全性以及经济性与可扩展性相结合的原则,采用开放式的体系结构,各层局域网应采用高速网络技术。

③各联网收费系统,应对本网计算机IP地址作出规划,以避免发生IP地址冲突。IP地址使用10.0.0.0~10.255.255.255。

④联网收费系统网络必须采取切实可行的措施，以保证系统的可靠性和安全性。收费结算中心和路段收费中心局域网的服务器、电源、网络等，宜采用热备份工作方式；使用公共传输线路的网络出口，应设置防火墙；收费数据的传输必须保证数据的完整性、准确性、真实性、可靠性和一致性，并对信息中敏感的数据单元采取特殊的加密措施。建立健全系统和网络安全规章制度，加强操作人员安全观念、法制观念教育，切实采取计算机防治病毒措施。

⑤收费结算中心的基本功能是：制定和下传联网收费系统运行参数（费率表、时间同步、系统设置参数等）；接收收费站、收费中心上传的所有原始收费数据并对通行费进行拆分和复核，与指定银行进行账目信息交换和通行费结算、账务分割；接收收费中心上传的收费统计等数据；联网收费系统操作、维修人员权限的设置与管理；通行券、票证的管理；数据库、系统维护、网络管理；汇总、统计、查询、打印收费、管理、交通量等报表；数据存储、备份和安全保护。可扩展的主要功能有：预付卡和电子不停车收费的管理；客户服务和抓拍图像的管理等。

⑥各路段收费中心的基本功能是：接收和下传联网收费系统运行参数；准确可靠地收集管辖区内每一收费站上传的原始收费数据与资料；处理收集到的数据与资料，汇总、统计、查询、打印收费、管理、交通量等报表，并上传所有数据和文件给收费结算中心；通行券、票证的管理；联网收费系统中操作、维修人员权限的管理；数据库、系统维护、网络管理等；数据、资料的存储与备份和安全保护；抓拍图像的管理等。

⑦收费站的基本功能是：轮询所有收费车道，实时采集收费车道每一条原始数据；对收费车道的运行状况实施实时检测与监视，具有故障自动检测功能；向收费中心（收费结算中心）传输收费业务数据（收入、交通、管理）；接收收费中心下传的系统运行参数并下传给收费车道；收费员录入班次的收费额；值班员录入欠（罚）款和银行缴款数据；通行券、票证的管理；抓拍图像的管理等。

⑧收费车道的主要功能是：按车道操作流程正确工作，并将收费处理数据实时上传收费站计算机系统；接收收费站下传的系统运行参数；对车道设备的管理与控制，具有设备状态自检功能；可降级使用，但不丢失数据；当通信中断时具有后备独立工作能力；为车辆通行提供控制信息；将各种违章报警信号实时传送到收费控制室。

⑨联网收费系统中收费车道操作流程必须完全相同，对车型、车种的识别标准应一致。

⑩联网收费系统采用的报表格式，应符合交通运输部有关标准规范的规定。对强制性规定的报表格式，不得自行修改。

⑪员工违反操作程序造成公司财产损失者，应按情节及造成损失情况予以相应处罚直至解除劳动关系。

⑫对于收费过程中出现的一些突发事件和特殊的收费处理操作，应通过闭路电视监视系统进行观察和记录。收费广场和出口收费车道，设置摄像机。

⑬联网收费应用软件的开发，应符合国家软件开发标准的有关规定。

⑭联网收费系统中，数据库格式、收费站服务器与车道控制器之间的信息交换方式及格式，应以书面材料形式提交收费结算中心和收费单位保存。

⑮为保证联网收费系统的可靠性和安全性，应同步建设专用通信系统。高速公路专用通信系统的规划、设计与实施，应满足联网收费系统的组网要求。高速公路收费站与省（自治区、直辖市）收费结算中心之间，宜采用数据直传模式。当以高速公路专用通信网络作为数据

传输主要通道时，公用通信网络可作为备份通道。

（3）联网收费的结算模式

①联网收费的结算，宜采用由收费结算中心统一管理收费数据，并按照各收费单位共同确定的原则进行统一拆分与清算。当采用收费中心（或收费站）进行拆分时，应由收费结算中心统一校核。

②联网收费系统的结算模式有以下两种主要形式，各地可根据不同的高速公路建设投资主体和管理体制，因地制宜地予以选择：

a. 统收统分结算模式。即通行费统一收缴，定期按各收费单位投资、建设里程、交通量、养护费用等因素确定分配比例。

b. 按车辆实际行驶里程、各路段实际费率，进行通行费计算并进行拆分。通行费的计算和拆分，应以车辆的实际行驶路径为基础。

2. 通行卡管理规定

本规定适用于并入联网收费的收费公路。

（1）通行卡设备技术规范要求

收费车道技术要求、收费站计算机系统、路段收费中心计算机系统、通行卡片等软硬件设备，均应符合当地的联网收费技术标准［如广东地区应符合《广东省高速公路联网收费系统》（DB44/127—2003）的技术要求］。

（2）通行卡的制作

①选择具备公路通行卡准入资格厂家生产的 IC 通行卡、PSAM 卡；

②提交一定数量的通行卡（应大于预计车流量的 5 倍），由联网收费机构制作发行；

③提交等同车道数量的 PSAM 白卡，交由联网收费机构发行。

（3）申请检测

①公司做好以下准备工作后，以书面申请形式，提请联网收费机构进行系统检测：

a. 备好系统环境，确保各级系统处于就绪状态；

b. 提供通行卡；

c. 安排检测场所（包括车道、收费站、路段收费中心），若有合建站则应优先选择；

d. 提供系统的有关资料，包括系统操作手册、路段的资料（站编码表、广场编码表、车道编码表、费率表等）；

e. 安排人员，包括落实专职协调人员、系统操作人员和交通指挥人员。

②MTC 系统（人工收费）检测车道安排要求：

a. 至少安排 2 个收费站；

b. 每个收费站至少安排 1 条入口车道，2 条出口车道；

c. 所安排的收费站（广场），应有可供检测车辆调头的通道。

③ETC（电子不停车收费系统）系统检测车道安排要求：

a. 至少安排 2 个收费站，若仅有一个收费站建有 ETC 车道，则应将入口车道模拟为另一收费站的入口车道；

b. 每个收费站安排 ETC 入口车道和出口车道各 1 条，及与之相邻的 MTC 入出口车道各 1 条；

c. 所安排的收费站（广场），应有可供检测车辆调头的通道。

(4)接受费率表等参数

公司应将拟开通的收费站名称、车道数量、车道编号、收费标准等报送联网收费机构,待该单位下发费率表、时钟、黑名单等参数至各车道。

(5)通行卡的日常管理

①通行卡的补充:根据本路段车流量增长、通行卡流失情况,计算通行卡的补充量。

②通行卡的平衡:

a. 通行卡的平衡,分为路段内平衡和路段间平衡;

b. 路段内通行卡的平衡,由各路段自行完成;

c. 对跨路段流通通行卡的平衡,由联网收费机构管理中心通过净差额划拨的方式进行平衡;

d. 通行卡平衡操作的具体流程如下:联网收费管理中心根据各路段出口正常交易车流数据(即同时具有正常出入口信息的车流),定期自动生成通行卡平衡报表,再根据区域内 IC 卡分布情况以就近、高效的原则生成调拨指令,各路段根据指令进行通行卡的交接;区域内各路段通行卡相互调配时,由调入方到调出方领取;通常以一周为调拨周期。

③通行卡的注销:确认已经损坏或者不再使用的通行卡,应将该通行卡回收,并将该通行卡资料从系统中删除。通行卡的注销由各路段中心进行,相关信息应报联网管理中心备案。

④通行卡的盘点:为准确统计通行卡的流失情况,每半年进行一次联网区域通行卡的盘点,盘点方法为动态盘点和静态盘点:

a. 动态盘点:盘点前各路段应校准时钟,全区域在规定时间内同时清点。特点:统计存有误差(由于统计中存在重叠点和遗漏点及在途车等因素,最好连续盘点 3 天,可对比分析统计数据的准确性),但此统计法简便易行,花费成本低,每月可进行一次。

b. 静态盘点:用纸卡替代 IC 卡后,将回收的 IC 卡进行清点。特点:统计准确性高,但花费人力和投放纸券成本,并给收费工作带来诸多不便。

⑤通行卡的赔偿:已确认属人为因素造成的通行卡丢失或损坏,应按有关标准进行赔偿。

相关文件详见本书附录二中附表 41 ~ 附表 48。

第五节 路产管理部工作职责及管理规程

一、路产管理部工作职责

(1)按照国家有关法律、法规、行业标准规范,拟订公司公路及附属设施养护维修制度和养护维修计划。

(2)负责组织养护维修工程的招标和工程施工的质量检测、竣工验收、移交工作。

(3)负责公路沿线的绿化和环境保护工作。

(4)负责养护维修费用的预算工作,严格控制养护维修费用的支出,做好费用的核算、汇总和支付计量等工作。

(5)负责公司路产的管理、保护,以及公司辖下商铺、广告位、空地的出租经营工作。

(6)负责受理穿越、跨越公路的工程建设和超限车辆通行,以及占用、利用公路用地申请的审批工作。

(7)负责路产的日常巡查工作,制止侵权行为。

(8)负责路产管理文件、资料、档案的管理工作。

(9)完成公司领导交办的其他工作。

二、路产管理部岗位设置及职责

(一)岗位设置

路产管理部设置经理、道路养护工程师、桥梁养护工程师、合同管理工程师、绿化养护工程师、路产管理员等岗位。

路产管理部的岗位设置,如图 2-9 所示。

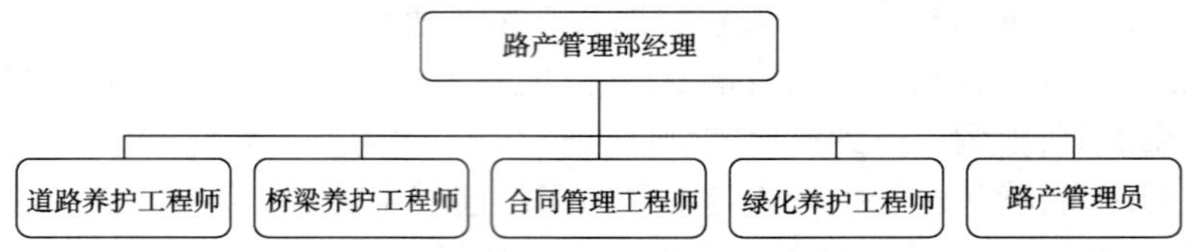

图 2-9　路产管理部的岗位设置

(二)岗位职责及任职条件

1. 路产管理部经理工作职责及任职条件

(1)工作职责

①按照国家有关法律、法规和行业标准,草拟公司维修养护制度;

②负责制定公司辖下的公路、桥梁的检测计划、维修养护计划;

③负责养护维修费用的预算工作,严格控制维修费用的支出;

④负责公司安全生产措施的督促和落实;

⑤负责组织养护、维修工程的招标、工程质量检测、竣工验收工作;

⑥负责受理穿越、跨越公路的工程建设和超限车辆通行,以及占用、利用公路用地申请的审批工作;

⑦负责公司商铺、广告位、空地等物业和资产的出租经营工作;

⑧完成公司领导交办的其他工作。

(2)任职条件

①本科及其以上学历;

②路桥工程或相关专业 5 年以上工作经历,中级工程师以上职称;

③熟悉公路管理、工程管理相关法规与技术规范。

2. 道路养护工程师工作职责及任职条件

(1)工作职责

①负责对公司范围内的道路及附属设备、设施进行维修养护。

②协助部门经理制订维修养护方案,保障公司道路及道路设施的正常安全运行。

③协助部门经理分管道路工程维修养护工作;跟进工程的施工进度、质量监督和项目验收。

④协助部门经理做好公司年度道路工程维修养护项目和预算的修订工作。

⑤协助制订及实施道路的养护计划，对公司范围内的道路及设备、设施进行定期检查与维修保养工作；建立道路及设备、设施的维修养护制度。

⑥管理公司道路及设备的维修养护档案，制定公司道路及设备的中长期养护计划。

（2）任职条件

①大专及其以上学历，路桥工程维修或相关专业，3 年以上工作经历；

②中级工程师以上职称；

③熟悉公路管理、工程管理相关法规与技术规范。

3. 桥梁养护工程师工作职责及任职条件

（1）工作职责

①负责对公司范围内的桥梁及附属设备、设施进行维修养护。

②协助部门经理制定维修养护方案，保障公司桥梁及桥梁设施的正常安全运行。

③协助部门经理分管桥梁工程维修养护工作；跟进工程的施工进度、质量监督和项目验收。

④协助部门经理做好公司年度桥梁工程维修养护项目和预算的修订工作。

⑤协助制订及实施桥梁的养护工作计划，对公司范围内的桥梁及设备设施进行定期检查与维修保养工作；建立桥梁及设备、设施的维修养护制度。

⑥管理公司桥梁及设备的维修养护档案，制订公司桥梁及设备的中长期养护计划。

（2）任职条件

①大专及其以上学历，路桥工程维修或相关专业，3 年以上工作经历；

②中级工程师以上职称；

③熟悉公路管理、工程管理相关法规与技术规范。

4. 合同管理工程师工作职责及任职条件

（1）工作职责

①贯彻执行国家、省、市、区关于工程招投标和经济合同相关的法律、法规，负责编制与项目管理目标及本地区管理经验相适应的合同管理制度、招标制度、招标文件和合同文件范本。

②负责编制工程项目招标计划和实施办法。

③在部门经理的领导下负责组织工程勘查设计、施工、监理和技术服务等的招标、评标、合同谈判、签约工作。

④负责工程量清单的编制和管理工作。

⑤负责制定及解释计量支付原则，审核计量支付报表工作。

⑥负责合同中人员、设备等的履约管理，监督中标单位履行合同规定的投入要求；协助审核中标单位上报的变更申请。

⑦协助工程变更、工期延迟的审核、申报工作。

⑧协助组织审查工程预算，组织编制工程竣工决算，拟定工程结算协议。

（2）任职条件

①本科及其以上学历，路桥工程维修或相关专业，3 年以上工作经历；

②中级工程师以上职称；

③熟悉公路管理、工程管理相关法规与技术规范。

5. 绿化养护工程师工作职责及任职条件

(1)工作职责

①负责公路的绿化养护工作。

②负责公路的保洁工作。

③负责建立公司绿化及设备养护档案。

④协助部门经理制订绿化养护工作计划。

⑤协助部门经理做好公司年度绿化养护预算的修订工作。

⑥协助部门经理做好公司商铺、广告位、物业的出租经营工作。

(2)任职条件

①大专及其以上学历，绿化园林工程或相关专业，3 年以上工作经历；

②中级工程师以上职称；

③熟悉公路管理、工程管理相关法规与技术规范。

6. 路产管理员工作职责及任职条件

(1)工作职责

①在部门经理领导下，全面负责路产的巡查工作。

②检查路产巡查队员的日常工作，审定路产巡查工作计划，合理安排工作任务，发现问题及时跟进处理。

③负责路产、路权管理工作，依法处理侵犯路权、损坏路产的事件。

④负责道路交通标志、标线、安全设施的设置及维护管理工作，以及道路施工现场的安全监督工作。

⑤负责拟订交通设施的维修养护计划，经批准后组织实施。

⑥组织建立完整的路产档案，实行科学化、数据化管理。

⑦熟悉各种车辆、机械设备的操作知识，组织队员学习和交流业务技能，提高服务质量和水平。

(2)任职条件

①大专及其以上学历，具有相关工作经验；

②3 年以上管理工作经历；

③熟悉公路管理相关法律、法规。

三、维修养护和绿化环保的管理规程

(一)维修养护和绿化环保管理工作的基本任务

路产管理部负责公司所辖公路的养护、绿化与环保工作，其对保持公路的完好、安全，营造良好的行车环境具有重要意义，在日常管理和养护工作中，必须具备服务意识、时间意识、质量意识、安全意识、环保意识，贯彻机械化、科学化、规范化和标准化的养护原则。

根据收费公路的特点，维修养护、绿化和环保工作的基本任务有以下几个方面：

1. 做好路况检查，制定科学的养护维修计划

公司应每月组织一次路况检查，并把调查的结果制成电子文档并汇总，用以分析道路的现

状，制定维修养护的计划并组织实施。具体工作内容包括道路保洁工作，沿线设施的维修，绿化除草，排水清淤等。对于因交通事故等原因造成的设施损坏或路面出现的坑洞破损现象，及时安排维修。影响路面畅通和交通安全的，应在24小时内组织维修。

2. 以科学的数字为依据，搞好公路的小修保养工作

经常进行公路的小修保养，对公路及其附属设施进行预防性的保养和对轻微损害部位进行修补，可以保证公路的服务质量和交通畅通，延缓大中修年限，延长公路使用寿命。具体工作包括路面清扫、维修，标志标线的维护、整补、更新，伸缩缝的整修，更换护栏等。

3. 根据交通变化和公路技术状况，有计划地进行设施改造和公路大中修工程

随着经济的发展和交通量的增加，公路需要有计划地进行设施改造，如增加收费站收费车道工程，车道扩建工程等，以适应日益增长的交通需求。每条道路投入使用后，原设计的缺陷将逐渐暴露出来，主体工程也会出现大面积开裂、路基不均匀沉降等问题，需要采取措施进行改造或组织大中修。

4. 搞好公路的绿化和环保，改善行车环境

在收费公路经营管理工作中，应始终把公路的绿化和环保工作作为养护工作的重要组成部分。在公路的日常保养及大中小修项目里，均应强调绿化环保工作的重要性，建立绿化环保工作规范，严格按照国家标准搞好公路的绿化和环保，使行车安全、舒适，减少交通事故的发生。

5. 养护维修作业的分类

一般养护维修作业，可分为直接作业和招标发包两类。直接作业由路产管理部负责执行；招标发包是指采取招标发包方式进行养护维修作业，由路产管理部进行监督检查。公路养护作业执行方式，如图2-10所示。

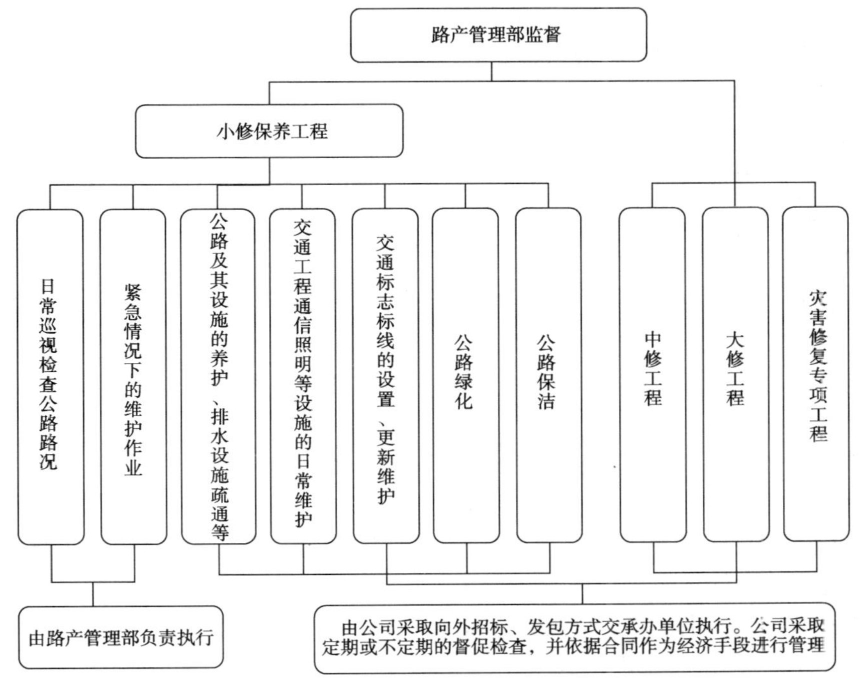

图2-10　公路养护作业的执行方式

（二）公路巡视检查管理规定

本规定根据交通运输部《公路养护工程管理办法》、《公路桥梁养护管理工作制度》等法规和技术规范制定。

1. 检查工作的适用范围

（1）公司所属各收费公路（包括收费站亭）的检查工作；

（2）路产管理部根据公司计划，部署协调检查工作事宜。

2. 检查工作的分类

（1）经常检查：主要指对路基、路面、桥面设施、上部结构、下部结构、附属构造物，以及收费站亭的技术状况进行的检查。

（2）定期检查：对上述经常检查项目的技术状况的全面检查，为评定道路和桥梁的使用功能，制定管理养护计划提供基本数据。

（3）特殊检查：查清道路和桥梁的病害原因、破损程度、承载能力、抗灾能力，确定道路和桥梁的技术状况。特殊检查，分为专门检查和应急检查。

3. 检查工作的实施部门

（1）经常检查工作，由路产管理部组织实施。

（2）定期检查工作，由路产管理部和外聘的专业检测单位共同实施。

（3）特殊检查工作，由公司委托有相应资质和能力的单位承担。

4. 以下五种情况应作专门检查

（1）定期检查中难以判明损坏原因及程度的。

（2）桥梁技术状况为四、五类者。

（3）拟通过加固手段提高荷载等级的桥梁。

（4）在条件许可的情况下，对特别重要的桥梁可周期性进行正常使用状态下的荷载试验。

（5）对桥梁水下基础，可周期性地进行水下探摸及河床检查。

5. 应急检查

桥梁遭受洪水、滑坡、地震、风灾、漂流物或船舶撞击，因超重车辆通过或其他异常情况影响而造成损害时，应进行应急检查。

6. 检查周期

（1）经常检查的周期根据桥梁技术状况而定，一般每月不少于一次，汛期应加强不定期检查。

（2）定期检查（委托检查）的周期，每季度一次。对四、五类状况的定期检查，周期应适当缩短。

（3）特殊检查的周期根据具体情况确定。

7. 检查的要求

（1）经常检查要登记检查项目的缺损类型，估计缺损范围及养护工作量，提出相应的小修保养措施；发现重要部件有明显缺损时，应及时向公司报告。

（2）定期检查应对损坏严重、危及安全运行的桥梁提出限制通行、改建或维修加固的建议；提交定期检查报告、桥梁基本信息卡片。

（3）特殊检查应针对桥梁现场实际，通过特殊检查进行检算和分析，对桥梁结构材料缺损状况、桥梁结构承载能力、桥梁防灾能力等方面作出鉴定,向公司提交桥梁特殊检查报告。

8. 检查评定及养护对策

桥梁评定,分一般评定和适应性评定:

(1)对一般评定划定的各类桥梁,分别采取不同的养护措施:一类桥梁进行正常保养;二类桥梁须进行小修;三类桥梁须进行中修,酌情进行交通管制;四类桥梁须进行大修或改造,及时进行交通管制,如限载、限速通过,当缺损较严重时应封闭交通;五类桥梁须进行改建或重建,及时封闭交通。

(2)对适应性不能满足的桥梁,应采取提高荷载,加宽、加长、基础防护等改造措施。若整个路段有多座桥梁的适应性不能满足,应结合路线改造进行方案比较和决策。

(三)公路养护项目招标工作管理规定

1. 公路养护项目的分类

(1)一类工程(一般指 50 万元以上工程项目)。一类工程经董事会批准实施后,应按照国家的有关规定及行业主管部门的管理规定、当地政府规定进行公开招标;按当地招标及交易管理机构规定的程序进行公开招标后,确定施工单位。

(2)二类工程(一般指 10 万 ~50 万元的工程项目)。二类工程的实施,须经公司领导批准。除特殊情况外,应采用邀请招标的方式实施。主要程序是:工程立项→设计施工图→邀请三家以上施工单位参与投标→公开开标→按中标原则评标→与中标单位签订合同后实施。邀请招标的单位以 3 ~5 家为宜,要求具有相应的施工资质。特殊情况未能招标的工程,应符合上级有关规定并报评标小组审批。

(3)三类工程的实施(一般指 10 万元以下的工程项目)。三类工程的实施,须经公司领导批准。本类工程一般工程量小、数量不定、工期紧,招标的方式应适当简化。主要程序是:路产管理部编制施工方案→确定工程质量标准、工程量及单价→签订施工合同。由施工单位进行施工,按照合同的规定支付工程款。

2. 实施办法

(1)成立评标小组

一类工程的评标小组,一般由股东代表、主管部门的代表、公司主管领导、路产管理部经理、公司道路(桥梁)养护工程师、合同管理工程师、公路养护专家组成。二类、三类工程的评标小组,一般由公司分管领导、路产管理部经理、公司道路(桥梁)养护工程师、合同管理工程师、财务管理部经理、行政人事部经理组成。评标小组,按照招标书及评标书的评标原则进行评标。

(2)评标程序

评标工作一般按以下程序进行:确定最高限价→符合性审查与算术性修正→商务与技术评审→澄清→确定评标价→综合评分→提出评标意见→编写评标报告。

(3)确定中标

确定中标单位后,向中标人发出《中标通知书》,向落标人发出《落标通知书》。

(四)小修保养项目管理规定

小修保养项目的管理规定如下:

(1)小修保养是对公司范围内的公路及其沿线设施,经常进行维护保养和修补其轻微损坏部分的施工作业。小修保养工程须及时进行，以防止病害继续扩大影响其使用功能，尽量使公路及桥梁保持完好的状态。

（2）对新建工程，应在交工验收后，交付通车使用之日起即开始注意调查收集出现的各种问题，每月一小结，每年年底汇总，即可基本掌握或预估第二年小修工程的数量；对已运营多年的公路，则结合以往每年小修保养的情况便可较准确地预估第二年的小修工程数量。以上工作应按照《公路养护技术规范》（JTG H10—2009）的有关规定，调查和预估其工程数量。

（3）小修保养项目大致分为四类：一类对路面，主要为破碎板块处理、灌缝密水（此为混凝土路面），补坑槽、封闭裂缝、平整车辙、处理小范围沉陷（此为沥青路面）；二类是对路基，主要为边坡防护、水沟清理；三类对桥梁，主要为锥坡防护、盖梁及桥台清理，挡墙缺陷处理、防撞护栏维护；四类对交通设施，主要为标志牌、标线、路桩等的修复和补充。

（4）路产管理部，应根据小修项目编制次年度预算。编制时，一方面依据《公路工程预算定额》（JTG/T B06—2007）等规定执行；另一方面还要参考当地信息价及工程现场实际情况和零星工程情况进行编制。对于无法编制预算的项目，可采用市场询价的方式调查各项目的市场综合价，最后采用几家市场报价的平均价，作为各小项目的承包单价。此项工作，每年 12 月初前完成。

（5）路产管理部于每年 12 月底前完成小修保养工程的招标工作，以预算下浮后的总价包干方式或调查到的市场综合平均单价方式，在预估工程数量的前提下，竞得中标人选。此项招标工作按预算金额 10 万元以下采用询价对比方式，10 万 ~ 50 万元采用邀请招标方式进行。邀请前，应了解掌握具备相应资质和能力的施工单位。合同期为一年，于每年 12 日底前签订。

（6）考虑到小修工程的特殊性，可由公司直接委托一家信誉好的监理单位负责监理工作。

（7）路产管理部和监理工程师在日常检查过程中，将需要小修的工程向保养单位开出工程任务单；或保养单位在规定的巡查中发现问题并经路产管理部人员和监理工程师核实，以三方确认的工程项目及工程量按合同要求完成。工程任务单，作为每次发生工程量的结算依据。

（8）路产管理部和监理工程师，须对保养单位的施工工艺、材料质量和交通维护措施进行审查，给予必要的指导并提出相应的要求。

（9）对完成的小修项目，须严格验收并出具验收检查表，及时整理施工资料并建立小修项目台账。

（10）每月底前，路产管理部对当月完成的项目作出计量，待本季度完成计量汇总后进行支付审批。

（11）全年工作完成并作出竣工验收检查后，才支付最后一季度的保养费用，如有不合格工程，则要求保养单位限期整改，直至合格。

（五）公路卫生保洁管理规定

公路卫生保洁的管理规定如下：

（1）卫生保洁的范围，包括公司所属的收费公路、桥梁、收费广场、服务区、人行道、绿化带等。

(2)路面和桥面,采用机械清扫为主、人工清扫为辅的保洁方式。公司委托社会信誉好、机械设备实力强的专业保洁单位承担主要路段范围的清扫工作;人工清扫,采用招标的方式择优选取承包单位。

(3)路面和桥面的保洁工作由路产管理部负责管理,采取跟踪检查或不定期巡视抽查方式,按月考评,年终汇总考评优良率,与支付挂钩;收费广场的保洁监督工作由各收费站负责,每日检查,月度进行考评,季度汇总考评结果,与季度支付挂钩。

(4)清扫工作一般安排在早晨和中午进行,其他清扫时间可根据路段的环境、交通量、卫生状况等灵活确定。

(5)开放式公路全断面每天用机械清扫一遍;服务区、收费广场按城市卫生三类标准($4000m^2$/人)进行清扫保洁。

(6)为保持每天的清洁效果,公司需在收费广场边、车道路外设置数量适当的垃圾筒,以方便收集车辆临时停靠及行驶时产生的垃圾。收费广场值班管理人员,应负责日常的卫生督促检查工作。

(7)清扫出的垃圾必须当天清运完毕,送到指定的垃圾场。

(六)公路沿线设施管理规定

公路沿线设施的管理规定如下:

(1)沿线设施,包括交通安全设施、公路交通标志、公路交通标线、路灯设施等。

(2)路产管理部应按照国家的有关规定和公司《公路养护作业安全管理规定》的要求,做好所辖公路范围内公路沿线设施的管理工作。

(3)路产管理部应在日常巡视中检查护栏是否完好,每季度对所辖公路的护栏进行一次全面检查。

(4)要求养护单位经常清除护栏周围的杂草、杂物等,修补油漆损坏部分,补贴反光膜,对铁锈严重的应安排更换。

(5)对交通事故等原因造成的护栏缺损或变形,须在48小时内修复或更换,对不能及时修复,但对交通安全威胁比较大的地段,应立即设置交通安全标志并用应急材料临时修复。

(6)对公路桥梁的防护栅、遮光栅,除日常巡查外,每季度进行一次全面检查,保证防护栅完好无损。

(7)沿线示警桩每季度检查一次,应保持其位置正确,颜色鲜明、醒目;对歪斜、变形、缺损、反光膜脱落的应及时修补。

(8)沿线的交通标志应保持位置适当、准确、完整、醒目和美观,除日常巡查标志是否受到树木等遮挡及标志牌、支柱是否受损外,每季度还须进行一次定期检查。遇到台风、暴雨等恶劣天气及洪水、地震等自然灾害和交通事故时,应进行重点检查。

(七)公路绿化养护管理规定

公路绿化养护的管理规定如下:

(1)公司原则上要求对所属公路两侧全部用地范围进行绿化,并相应配合道路进行管养。

(2)根据"因地制宜、因路制宜、适地适树"的原则对建设过程中绿化不足部分,在养护管理过程中逐步改善。

(3)公路绿化目的:一是要满足道路绿化美化功能;二是要起到稳固路基边坡的作用。

（4）公司所属道路绿化，根据实际情况选用相应的绿化养护管理标准。

（5）收费广场地段为主道绿化的一部分，应作为一处城市景观或出入口标志位置，重点进行绿化美化，以及养护管理。

（6）绿化养护工程可根据每条路的实际情况，通过招标方式择优选择承包单位。招标工程由路产管理部于每年12月底完成，并签订下年度绿化养护合同。

（7）路产管理部根据绿化养护合同，在每月25日前对绿化养护单位的养护工程进行检查，每个季度验收一次，通过验收后，办理计量支付手续，每次检查须签署验收或整改意见。

（八）大修、加固、改善项目实施管理规定

大修、加固、改善项目实施的管理规定如下：

（1）大修、加固、改善项目是对公路及其沿线设施较大病害进行的综合修理，按《公路养护技术规范》（JTG H10—2009）和《公路桥涵养护规范》（JTG H11—2004）的规定进行大修范围的划分和处理。

（2）路产管理部根据公路或桥梁实际损坏程度和每年检测报告的处理意见，于每年10月底前拟定下一年度大修加固、改善项目计划和费用预算编制，向公司提出立项建议，提交公司审议。

（3）项目建议书，包括项目名称、工程内容、投资估算、现状情况报告、项目实施的必要性和可行性、项目开工的时间、地点及其他有关问题。

（4）设计方案和设计施工图，可按照国家及省市相关规定委托专业的设计单位完成。路产管理部，负责做好图纸审查工作。

（5）正式立项后，还须根据有关规定向政府主管部门提出建设审批手续，或施工封闭（半封闭）交通的申请，批准后即可组织招投标工作。

（6）预算超过50万元的大修项目，须挑选专业招标代理，委托其在公开的交易中心开展招标工作。以上工作须按照公司《公路养护项目招标管理规定》执行。

（7）路产管理部，按照公司《公路养护项目招标管理规定》的有关要求签订施工承包合同。

（8）大修、加固、改善工程项目，要严格按照有关的施工规范和操作规程进行施工，并实行工程监理制和工程监督制。

（9）大修、加固、改善工程实行按月计量报表制，由现场监理和路产管理部逐级上报核审，最后由公司财务管理部核对后提交公司领导审批。

（10）大修与加固工程聘请工程监理，定期提交工程质量、进度、费用、合同管理等方面的报告，及时解决工程中出现的问题。

（11）认真做好施工记录，建立完整、详细的技术档案。

（12）项目的交、竣工验收由路产管理部负责组织，邀请各参建单位、监督单位、交通主管部门参加，出具验收报告。

（九）公路损坏预防实施管理规定

公路损坏预防所实施的管理规定如下：

（1）公司委托专业的桥梁检测单位，每年定期做一次桥梁全面检测。根据检测报告所反映的情况分类处理：对有严重病害的，进行加固维修；对一般的轻微病害，则须加强维修管理。

（2）每半年对桥梁水上部分的墩柱、梁、通航设施等进行详细检查；每3～5年对水下基础及周边河床进行一次探摸检查。对以上检查结果，要有针对性地作出处理安排，并适当增加防护设施。

(3)公司须长年委托经验丰富,善于对桥面、路面修补或生产特殊修补材料的养护单位负责路面、桥面的小修小补,防范出现大的坑洞或桥梁结构发生大的损坏。

(4)要按规范做好路面交通设施、通行标牌的设置工作;经常巡查引桥和桥面上的交通标志、标牌(如限载、限速、限高牌等设施),防止撞击防护栏、收费亭等交通事故。

(5)每年汛期前应对公司所辖公路、桥梁进行一次水毁预防性技术检查,重点检查道路边沟,排水沟有否淤塞,沿河路堤或低位路基边坡是否出现孔洞,路肩排水有否阻碍,桥梁墩台防护设施有无垮塌迹象。

(十)计划外项目实施管理规定

计划外项目实施的管理规定如下:

(1)计划外项目是指未列入年度计划,但根据工作需要必须马上实施的项目,如公路沿线地方政府提出的合理的工程项目或抢修项目。

(2)根据计划外项目的规模大小,路产管理部编制工程预算书提交公司总经理办公会议讨论后报公司董事会,如董事会同意增列该计划外项目,则列入当年计划调整项目。

(3)如需要补办立项报批手续的,应在董事会批准后,及时向政府主管部门办理建设审批手续。

(4)路产管理部根据董事会的批复,按公司《公路养护项目招标管理规定》适时组织投标工作。

(5)项目的管理,应按公司相应规定执行。

(6)此类项目的验收由路产管理部组织,除参建单位参加外,还需要项目提出单位及政府主管部门参加。

(7)当发生路基或桥梁坍塌、船舶碰撞桥梁等紧急情况,需要立刻组织抢修时,公司应首先启动应急预案,按照相关预案快速开展抢修的指挥、协调和情况通报工作。抢修工作完成后,由路产管理部参照本规定补办相应的报批手续。

(十一)养护报表管理规定

养护报表的管理规定如下:

路产管理部负责养护报表的填写和归档工作,归档要分门别类,按时间顺序整理,要求目录清晰,便于查阅。

各种养护报表的填报办法,如下所述:

(1)路况巡查记录及处理意见单

①路产管理部对在每天巡查过程中发现的病害如实记录整理,根据《公路养护技术规范》(JTG H10—2009)的要求确定处理方法及修复时间;

②按照养护单位管养范围分别下达工作指示单,明确修复方法及时间;

③作为养护管理的档案,在养护单位按要求处理后,应在恢复情况一栏中注明;

④表中所报项目在规定时间内未作处理的,在超过处理期限后应继续上报,直到处理完成为止;

⑤每月30日前(2月为28日前,以下相同)将养护情况汇总,并向公司汇报,如遇特殊情况视实际情况及时上报。

（2）养护工作完成情况及下月计划表

路产管理部的养护计划、养护周期性计划、公司领导安排的计划，须定人定任务填写，并在每月 30 日前完成填报。

①养护综合报表和养护路况表。

路产管理部对所辖公路路况在全面调查的基础上，按照表格中的内容如实填写，并对本月的路况变化作出简要说明，于每月 30 日前向公司汇报。

②养护工作完成情况表、养护工作作业计划表。

路产管理部根据年度养护工作计划、养护周期性计划，在所辖公路路况调查的基础上填报日常保养、小修、中修、绿化等养护工作完成情况表及下月工作计划表，要求项目齐全、数量准确，并于每月 30 日前向公司汇报。

③养护机械使用情况表。

路产管理部必须随时掌握养护机械的使用情况，详细填报养护机械的使用情况，于每月 30 日前完成汇总。

④公路养护质量检查记录表。

公路养护质量检查记录表为每月路况检查的原始资料，要详尽、认真填写，留路产管理部备查。

（十二）养护费用管理和使用规定

养护费用的管理和使用规定如下：

（1）养护费用是由日常养护费，大、中、小修费，绿化管养费，改善工程费及水毁预留费组成。

（2）坚持专款专用的原则，严格按照批准的预算进行管理。公司的养护费用支出，必须先经过路产管理部审核、财务管理部核准、分管副总经理批阅、总经理批准后方可支付。

（3）公司日常养护费用按月支付，每月 25 日前由养护承包人提出付款申请，付款申请中列明本月完成的日常养护工程量。路产管理部根据每日巡路记录，核查养护承包人完成的工程量和公路的完好率，提出支付意见，报公司领导审批。

（4）大、中、小修，日常保养，绿化养护和改善项目的招标价，应控制在批准的预算范围内。

（5）路产管理部根据合同和公司的有关规定对工程的质量、进度和费用进行管理，并根据合同工期的长短，确定中间计量的次数。若为一次计量，承包人在工程交工验收后，提交一份付款清单，清单中应列明所完工项目的实际工程量及质量证明文件，报路产管理部审查；路产管理部根据现场的记录签署意见后按制度呈批。若为多次计量，承包人应在合同规定的计量期限内提交一份已完成工程的计量清单并附质量证明文件报路产管理部审核，然后按制度呈批。

（6）路产管理部现场核实后，报公司领导批准。

（7）水毁预留费用为预备资金，只能用于水毁抢修与恢复工程，对于突发性的自然灾害需要马上抢修时，路产管理部应立即组织施工队伍进行施工，并详细记录实际发生的工程数量（包括人工、机械、材料等）。事后确定价格并补签合同，经路产管理部核实后报公司领导或公司董事会批准。

（十三）养护作业安全管理规定

1. 养护施工批准权限

（1）科学合理地安排公司的养护作业，避免在同一路段养护维修施工作业点出现过密过多的现象，把养护维修对路面交通的影响减至最低限度。根据养护维修施工对路面交通影响程度不同，设定养护维修施工审批权限。

①日常养护或小修，如无须封闭行车道或占用紧急停车道，保障单向有两条以上行车道正常通车，当天白天未能完成施工作业，而夜间亮灯前又未能恢复正常交通的，须提前一天报路产管理部批准，并报所在路段的交警部门备案。

②封闭车道超过一条或封闭超车道，未能保障单向有两条车道正常通车的，须提前一天报路产管理部，并经公司主管领导同意，报所在路段的交警部门同意。

③单向封闭两条车道以上，施工期在一天以上的，须制订维修施工方案和交通疏导管制方案，经路产管理部审核，报公司主管领导审批，并报所在路段交警部门同意后，由公司与交警部门联合发布封路或改道通告。

④如果发生紧急情况需要封闭车道进行抢修作业，在未办妥交警同意手续前，可报请公司主管副总经理同意后立即进行抢修。同时，以口头或书面方式知会交警部门，补办批准手续。

⑤如果封闭收费站车道进行养护作业，必须由公司统筹安排，由营运管理部和路产管理部主管领导联合会签后交付工程维修单位施工，如果封闭半幅路以上进行维修的，须报总经理批准后执行。

（2）上述所指的紧急情况，是指公路设施严重损毁，包括边坡崩塌、路基或桥涵沉陷等危及正常交通和行车安全或正常营运，必须及时抢修等情况。

（3）外单位上跨或下穿公路的各项工程，不论施工期长短和对公路正常交通是否有影响，均应事先取得路产管理部批准，缴付占用道路设施补偿费后，按照上述规定送交警部门审批。

2. 交通安全管理措施

（1）凡在公路上进行养护维修施工以及检查、考察、参观道路或其他有关设施的人员，必须穿着反光安全标志服。

（2）养护维修施工作业的车辆必须遵守交通管理的规定，除经交警同意外，不得违章驾驶或违章停放。

（3）养护维修施工的机械设备、器材、工具、材料、废料等物资，应放置在封闭区域内或不妨碍正常交通的路肩上，不得放置在非封闭区域的行车道上，工程完工后必须尽快清理现场，恢复正常交通。严禁将施工设备、器材、工具、剩余材料和废料等物资存留在路面上。

（4）当发生同一方向连续两处封闭车道作业，而两处封闭区域之间的距离小于两公里时，只可封闭任一车道；如果两处封闭区域之间相距小于 500 米时，应连续封闭同一车道，不允许分两段封闭。

（5）在中央隔离带和两侧路肩进行养护维修作业，应在养护作业范围靠近车道上设置路锥，路锥与中央隔离带或防撞栏之间的距离，一般为 1 米左右，视实际需要而定；路锥之间的距离一般不大于 5 米；设置路锥面的长度应大于实际养护维修作业的范围和长度，并且应于来车方向提前 100 米设置路锥。

（6）实施养护维修作业且慢速行驶的车辆，必须亮紧急灯和导向指示排灯。行驶方向指示排灯的箭头，应有效地指示尾随车辆避让行驶方向。

（7）临时停放（不超过两小时）在行车道上作业的车辆，包括清障车、路面补修车、养护维修供电照明设施、监控设施、通信设施、交通标志等的车辆，以及在高速公路上进行检查、考察、参观的车辆，必须在来车方向提前不少于100米处设置行驶方向指示排灯或闪光灯。没有设置行驶方向指示排灯或闪光灯，或者作业时间超过两小时，应按照有关规定设置交通控制标志。

（8）凡封闭车道进行养护维修施工的，应当结合施工的实际情况，参照《道路交通标志和标线》（GB 5769—1999）中道路施工安全设施设置示例图J6、J7、J12、J13、J14、J15设置安全标志。

（9）夜间养护维修施工的作业现场必须有足够照明，除按照上述国家标准第八条规定设置安全标志外，必须在封闭区域界内来车方向的前方及侧面设置行驶方向指示排灯或闪光危险标志灯。

3. 施工现场管理措施

（1）施工期间，要求施工单位向从业人员提供符合国家标准或行业标准的劳动防护用品。作业人员必须按照使用规则佩戴、使用劳动防护用品。

（2）特种作业人员必须经专门的安全作业培训，取得特种作业操作资格证书，方可上岗作业。

（3）严格执行安全生产检查制度，及时发现并消除不安全因素。发现问题和事故隐患，应立即进行整改。按有关规定，对从业人员必须进行安全生产教育培训；未经培训或培训后考核不合格的，不得上岗作业。

（4）施工现场的各种临时设施应进行设计，坚固耐用。施工现场的仓库应采用非燃材料搭建；用于存放易燃易爆及有毒物品仓库，应与其他仓库保持一定距离，并加设安全标志。

（5）施工现场消防重点部位，应按规定配备灭火器材，并配有经过培训的专职或兼职消防人员。

（6）建立治安保卫制度，采取有效防范措施防尘、防噪；不得在施工现场焚烧有毒、有害物质。

（7）临时用电，必须按电力部门的规定架设电力线路。所有电线，禁止裸露和与铁器接触。采用三级配电、两级保护，设置总配电箱、分配电箱、开关箱，实行分级配电。必须实行“一机一箱一闸一漏”制，严禁一个开关电器直接控制两台及以上用电设备（含插座）。配电箱、闸箱必须有门、有锁、有防雨设施。

（8）管道沟槽开挖施工，要设防护栏杆和醒目警示标志。

（9）桥梁施工使用吊装设备应有专人指挥，吊装设备下严禁站人；所有人员均应佩戴安全帽进入作业场地。高处作业要执行相应的安全防护措施。

（10）作业人员严禁酗酒。酒后不得参加任何施工作业。

（11）现场动火要办理动火手续，动火时要设专人监护。

4. 安全责任与监督

（1）建立安全员制度。需在路面作业的单位应设置专职或兼职安全员，在路产管理部备案，由路产管理部进行业务培训。凡需封闭车道施工的作业现场，都必须配备至少一位安全员，负责按照规定设置和维护安全标志，监督施工作业人员穿着反光标志服，在交通拥挤时疏导交通。发包外单位的施工项目，在承包合同或协议上必须明确要求承包单位执行本规定。在《施工审批表》中列明安全员的姓名和联系电话，便于监督落实安全措施。

（2）建立安全责任制度。路产管理部对全线道路施工安全负有检查、监督、纠正的责任，对发包的工程负有安全管理、教育的责任。承包工程、养护的单位，对交通安全和作业人员及财产安全负有直接责任。

（3）路产管理部依据本《规定》对施工现场没有安全员或未按规定采取安全措施的，有权责令其改正，必要时有权责令其停工，待纠正后才允许复工。

（4）施工现场人员，应无条件接受现场交警的指挥。若对交警的指挥有异议，应先执行后再向上级管理部门或路产管理部反映，由路产管理部与交警部门协调。

（5）路产巡查人员应核对作业现场与《施工申请表》内容是否相符，对不相符的应及时纠正或责令停工。若无法按照《施工申请表》所填内容作业的，应重新办理有关手续，不得擅自变更。

（十四）新建公路缺陷责任期养护实施管理规定

新建公路缺陷责任期养护实施的管理规定如下：

（1）新建公路缺陷责任期内管理，是指从新建公路交工验收并开始运营至缺陷责任期结束期间的养护管理、路产管理工作。养护管理工作，是对在运营过程中出现的非施工或设计原因造成的损耗或破坏现象进行修复、并组织日常养护管理工作。路产管理工作，要严格按照《公路法》、《中华人民共和国公路管理条例》保护路产路权不受侵害。

（2）公司接管新建公路时，必须获得以下资料：

①工程的设计图纸、技术规范；

②工程交工证书；

③工程测量控制点，特别是大、中桥和特大桥必须为永久性控制点。

（3）路产管理部接管新建公路后，要全面了解路产的分布状况，建立详实的路产档案，绘制养护图。

（4）在雨季过后或经过一、两场大雨或暴雨后，路产管理部要对公路的技术状态进行全面调查。调查对象包括路基、路面、涵洞、立交范围、防护、排水设施、标志标线、安全高度隔离设施、绿化等公路设施。逐公里对公路及其设施进行全面、细致的检查、登记、拍照。

（5）通过检查，对属于施工缺陷、设计缺陷以及由于此缺陷引发的其他工程遗留问题，正式通报原建设单位，要求尽快予以修复。路产管理部，负责修复的质量检查。

（6）新建公路通车半年后，路产管理部组织对全线桥梁进行普查。普查工作要配备必要的检查仪器及设备，发现问题及时通报建设单位进行处理。根据全线桥梁普查的结果，建立桥梁档案。

（7）根据对公路、桥梁检查的结果，路产管理部确定重点的养护对象，如大中桥梁、高路堤、深路堑，重要排水、防护等设施。

（8）新建公路在雨季容易发生水毁，路产管理部应坚持在恶劣气候巡查，并要求原建设单位准备好水毁抢修工作。发现问题及时摆放交通安全标志、疏导交通，并通知原建设单位及时组织抢修。

(9)路产管理部应按照《公路养护技术规范》(JTG H10—2009)的要求，做好公路日常保养工作，确保公路处于良好的技术状态。坚持路产巡查制度，维护路产、路权不受侵害。发生交通事故时，及时到场协助交警进行处理，并负责路产损失理赔、建档、修复工作。

(10)路产管理部每月定期进行交通量观测，分析交通量的组成及增长趋势。对交通事故多发路段从设计、施工、行车状况等方面进行分析，提出减少交通事故的措施。

(11)路产管理部应针对新建公路养护管理的特点，提出养护管理的模式，正式移交后组织养护工作。在建立路产档案资料和多项外业调查的基础上，进行养护工作量测算，编制年度养护工作计划。

(12)路产管理部应在竣工验收前，会同原建设单位对公路技术状况再进行一次全面的检查，对尚未处理的施工缺陷明确处理时间及责任分工。

(13)工程竣工验收、正式交付公司时，路产管理部必须获得下列资料并做好归档工作：

①工程的竣工资料和图纸；

②路面的检测资料、桥梁验收试验资料；

③缺陷责任期内尚未处理完成项目的明细表；

④工程竣工验收证书；

⑤现场移交永久性测量控制点，竣工图上必须标明的永久性控制检测点的编号、位置(表明距离、高程和地物特征)和竣工测量数据。

四、路产管理规程

(一)路产档案管理规定

路产档案的管理，规定如下：

(1)路产管理部应加强对路产档案的管理，做到分门别类、一案一卷、整洁规范。

(2)路产管理档案的建立，要做到项目齐全、内容完整。

(3)各类档案，应包括的主要内容：

①路产档案：线路的名称、类别、辖区公路的里程及公路设施情况、桥梁名称、桥梁结构、载重、跨径、桥长、建桥时间、桥梁的完好情况；

②许可档案：卷宗目录、申请书(表)、受理(不予受理)通知书、补正通知书、征求意见书面通知、延长期限通知书、许可通知书、不予许可通知等；

③处理档案：卷宗目录、违法行为通知书、事件登记表、调查笔录、证据材料、违法行为通知书、违法行为调查报告、处理通知书、结案报告；

④违法建筑档案：卷宗目录、违章建筑登记表、违章建筑平面图、现场照片、调查笔录；

⑤强制措施类文书档案：滞留证件、责令车辆停驶通知书、限期拆除通知书；

⑥路产赔偿类文书档案：公路赔(补)偿勘验检查笔录、有关证据材料、调查报告、公路赔(补)偿通知书(存根)、结案报告。

(二)路产票据管理规定

路产票据的管理，规定如下：

(1)路产管理票据由专人领用、保管、发放、核销，并设立登记台账。票据的发放与核销，按照公司有关规定办理。

(2)依法收缴的赔(补)偿费,必须使用税务部门规定的票据,同时加盖公司相关财务印章。

(3)赔(补)偿票据使用时,应按票据设立的项目内容填写,做到准确、清晰、规范。

(4)路产管理部收缴的赔(补)偿款,应当及时存入公司专户银行,不得滞留。

(5)严禁下列违规使用票据的行为,一经查实,追究经办人和相关领导的责任:

①路产赔(补)偿收费不开票据的;

②路产赔(补)偿收费不开具指定的专用票据,用其他票据替代的。

(三)装备器材管理规定

装备器材的管理,规定如下:

(1)路产巡查车辆装备器材,是指专门应用于路产巡查管理任务的资产、设备。

(2)路产巡查装备器材的管理责任部门,为路产管理部。

(3)路产巡查车辆装备器材包括:

①交通工具:汽车、摩托车;

②专用工具:检测仪器、摄像机、照相机等;

③通信工具:车载移动电话、对讲机、传真机等;

④办公用具:电脑、打印机、复印机、扫描仪、刻录机等;

⑤公司服装:公司规定的工作服装。

(4)各种类路产巡查车辆装备器材必须由专人负责,按固定资产分类造册登记,载明名称、型号、价值、购入年月。

(5)路产巡查车辆的保管与使用:

①定人驾驶。严禁无证驾驶和非路产管理人员驾驶。

②定点修理。维修保养应指定修理厂家,修理费必须经领导审核报销。

③定位停放。工作结束后,车辆应停放在公司内指定的停放点,不得任意将车停放在外过夜。

④定向使用。仅限于路产巡查管理使用。

(6)驾驶员必须自觉遵守交通法规,文明行车,严禁酒后驾车。

(7)各种装备器材须按规定使用,严禁乱用、滥用或擅自外借他人使用。

(8)要爱护、保护好各类装备器材,如因使用不当或无正当理由造成损坏的,责任者应视情况按价赔偿。

(四)路产巡查管理规定

路产巡查的管理,规定如下:

(1)路产巡查采取专用车辆巡查为主、步行巡查为辅的方式。

(2)路产巡查由路产管理部按划分的巡查线路和区域组织实施,巡查中应有两名以上的路产巡查人员参与。

(3)路产巡查每月有效巡查天数不少于 24 天,每天不少于 2 次。国省道干线公路路产巡查每天不少于 2 次,高速公路实行 24 小时、全天候轮班巡查。

(4)路产巡查人员在辖区收费公路巡查中履行以下职责:

①宣传、贯彻和执行公路管理的法律、法规;

②查处和制止各类损坏公路及其附属设施的行为;

③查处和制止各类损害公路用地及建筑控制区权益的行为;

④检查、监督公路养护作业、施工路段现场秩序;

⑤对突发性的损坏公路路产行为进行及时、有效的处置;

⑥负责勘察各类路产许可项目现场,据实写出勘察报告,并对许可项目实施进程进行全程监控;

⑦接受相关举报;

⑧在巡查过程中,为有困难的驾驶员提供力所能及的帮助;

⑨对公路造成较大损害、当场又不能处理完毕的车辆,责令其停驶并停放于指定场所;

⑩对违法设置的非公路标志或擅自埋设的管(杆)线、电缆等设施,责令当事人自行拆除;

⑪对各类损坏公路路产的行为和各类违反公路管理法律、法规和规章规定的行为进行调查取证;

⑫巡查完毕,必须按规定填写《路产巡查记录》,做好交接班工作。

(5)在巡查中遇有重要情况,应当立即报告公司领导和当地公路路政管理机构,对需要采取紧急措施的,应当进行先期处置。对需要追究经济或刑事责任的,通知公安机关处理。

(6)路产巡查人员,在巡查时必须做到:

①持证上岗、着装规范、举止文明、热情服务;

②恪尽职守,遵守法律和纪律;

③安全行车,停靠示警,加强自身安全防范。

(五)事故现场管理规定

事故现场的管理,规定如下:

(1)事故发生后,路产巡查人员应在接报后迅速赶赴现场组织救援处理。现场处理应遵循安全第一、生命至上,司乘人员财产至上的原则。事故现场处理程序如下:

①向公安交警部门报警;

②现场摆放有关安全标志,开启警示灯;

③抢救事故受伤人员;

④组织滞留人员及车辆撤离,防止危险品及易燃易爆物的侵害;

⑤保护贵重货物及乘客财产;

⑥保护路产,勘查现场;

⑦维护现场秩序、疏导交通。

(2)路产巡查人员到达事故现场后,应迅速了解现场状况、事故性质、涉及范围,确定损害数量等;然后按有关规定程序进行现场勘查处理,绘制“路产损坏勘查(验)图”,并拍摄照片。

(3)对于较大的路产损害事故,路产巡查人员应就肇事经过向当事人提出询问,填写好现场勘查笔录、现场调查笔录和询问笔录,当事人要签认。

(4)对损坏公路路产需要索赔路产损失的,应滞留当事人车辆或相关证件。对无相关证件或交警不立案的应留置车辆,指定位置停放等候处理。

(六)路产索赔处理规定

路产索赔处理,规定如下:

(1)对公路、公路资产及设施造成损(毁)坏的,由公司按其管辖范围,向有关当事人收取公路路产损失赔(补)偿费。

(2)有下列行为之一,造成公路路产损失的,应收取赔(补)偿费:

①设置电杆、变压器、地下管线及其他类似设施;

②燃料、化学物品污染路面及其他类似情况;

③履带车、铁轮车及类似运输机具在铺有路面的公路上行驶;

④兴建铁路、机场、电站、水库、交叉道口、水渠、采矿、取石或其他建设工程而挖掘公路或占用、利用公路、公路用地和公路设施;

⑤砍伐、损坏公路行道树和花草;

⑥超重车辆行驶公路;

⑦拆散、拆除、污染、毁坏公路标线、标志、碑桩、防护、隔离、监控、通信、养护服务及其他附属设施;

⑧其他原因损坏公路及附属设施的行为。

(3)公司应制定相应的赔(补)偿标准,由路产管理人员根据实际情况收取赔(补)偿款。

(4)凡发生路产损失事件时,路产管理人员应首先向当事人出示有效证件,然后按序办理索赔手续。

(5)路产索赔的处理程序如下:发生路产损失事件→路产巡查人员勘查现场,收集相关证据→计算路产损失→向当事人(损坏者)索赔→收取赔偿款,开具相关票据→上交公司→汇总索赔资料,存入档案。如当事人不服或拒不赔偿的,向法院提出起诉,履行法律程序。

(七)非公路标志设施管理规定

非公路标志设施主要指广告设施、标牌设施。广告设施是指可用于承载、支撑商业性广告的各种载体;标牌设施,是指可用于承载、支撑除公路标志以外的各种非商业性标示、标识的各种载体。

(1)在公路及两侧设置广告、标牌设施,应当由交通主管部门规划,其设计和施工应当经公路管理机构和公司批准。

(2)下列地方不得设置广告、标牌设施:

①公路路肩外缘线以内范围不得设置广告设施,但收费站广场除外;

②公路标志前后各100米、公路隧道口上方不得设置广告、标牌设施;

③其他影响交通安全、公路安全的地方。

(3)公路两侧设置的广告、标牌设施,其外缘线的水平距离不得小于该广告、标牌设施的净高度。高速公路两侧只可设置T型广告、标牌设施。

(4)在公路两侧设置广告设施,应先由交通主管部门统一规划。

(5)广告设施设置规划,应当不妨碍行车安全,符合公路净化、美化的要求,做到数量适当、间距合理、美观大方、不妨碍公路安全畅通,与公路景观相协调。

(6)广告、标牌设施的设置者,应当依法给予公司经济补偿;造成路产损失的,应依法承担赔偿责任。

(7)广告、标牌设施设计和制作,必须符合下列要求:

①设置广告、标牌应当做到整齐、美观,与公路自然景观相协调并符合公路净化、绿化、美

观建设的要求；

②广告、标牌设施的设计、制作和安装，应当符合有关的技术、质量标准；

③广告、标牌的设计图案和颜色应与公路标志有明显区别，不得混淆和干扰公路标志的使用；

④不得使用对驾驶员产生眩目影响的材料和设备制做广告、标牌；

⑤设置的广告、标牌，应当悬挂公路管理机构发出的管理编号牌。

（8）管理责任：

①设置者应对其广告、标牌设施进行定期检查、保养，对脱色、破损、陈旧的广告要及时维修、翻新或拆除，确保安全和整洁。对存在安全隐患或由于自然灾害、意外事件等造成广告、标牌设施损坏，妨碍公路通行或者影响行车安全的，公司和公路管理机构可以先行处理再通告设置者在限期内予以清理或者修复；逾期不清理或者修复的，由公司拆除，其费用由设置者承担。

②广告、标牌设施因维护不力或者其他原因而造成车辆损坏、人员伤亡等事故的，设置者应承担相应的民事责任。

③广告、标牌设施设置期满，设置者应当自行拆除；确需延期设置的，应在期满前 1 个月征得公路管理机构和公司同意，办理延期设置手续。

④有下列行为之一的，由公司责令设置者限期拆除，并按有关法律、法规予以处理；拒不拆除的，由公路管理机构和公司强制拆除，拆除费用由设置者承担：

a. 擅自设置广告、标牌设施的；

b. 擅自改变批准的位置设置的；

c. 广告、标牌设施设置，不符合要求的；

d. 广告、标牌设施设置期满，没有办理延期手续的。

（八）路产许可规定

路产许可，规定如下：

（1）路产许可程序是指公司根据公路管理法律法规的规定，准许申请人从事某一项活动的许可程序。

（2）许可的条件：

①申请人必须具有法定资格；

②申请事项必须符合法定许可范围；

③申请条件必须符合法律规定；

④申请必须符合法定程序。

（3）许可的范围：

①占用、挖掘公路；

②修建、跨越、穿越公路，或者架设、埋设管线等设施的，以及在公路用地范围内架设、埋设管线、电缆等设施；

③在规定范围内修筑堤坝，压缩或者拓宽河床；

④铁轮车、履带车行驶公路；

⑤超限运输车辆行驶公路；

⑥设置非公路交通标志；

⑦增设公路平面交叉道口；

⑧在建筑控制区内埋设管线、电缆等设施。

（4）许可的程序：

①占用、挖掘公路许可：

a. 提出申请。当事人向公司提出申请，填写占用、挖掘公路申请表，建设单位还须提供与项目有关的文件、施工计划和施工平面图等。

b. 审核。属暂缓批准或不予批准项目的，公司在接到申请后 15 日内向当事人作出书面答复；属二级审批项目（国、省干线或县乡公路挖掘、占用超过规定面积）的，由公司在接到申请后 3 日内提出初审意见，并移送当地路政管理机构联合审批。

c. 颁发许可证，并与申请单位签订协议，明确权利、义务，并监督检查许可行为执行情况。

②埋设管线、电缆等设施许可：

跨越、穿越公路，修建桥梁、渡槽，以及在公路用地范围内或建筑控制区范围内架设、埋设管线、电缆等设施的，经对施工图设计审查后，参照占用、挖掘公路许可要求办理。

③压缩或拓宽河床以及铁轮车、履带车行驶公路许可：

压缩或拓宽河床以及铁轮车、履带车行驶公路，均需事先提出申请，经批准后才能实施许可行为。

④超限运输车辆行驶公路许可：

a. 超限运输车辆行驶公路前，其承运人应申请行驶日期前 15 天前提出申请。除提交书面申请外，还应提供下列资料和证件：货物名称、重量、外廓尺寸及必要的总体轮廓图；运输车辆的厂牌型号、自载质量、轴载质量、轴距、轮数、轮胎单位压力、载货时总的外廓尺寸等有关资料；货物运输的起讫点、拟经过的路线和运输时间；车辆行驶证。

b. 公司在接到承运人的书面申请后，应在 15 日内进行审查并提出书面答复意见。公司在审批超限运输时，应根据实际情况，对途经路线进行勘测，选定运输路线，计算公路、桥梁承载能力，制定通行与加固方案，并与承运人签订有关协议。

c. 公司对批准超限运输车辆行驶公路的，签发《超限运输车辆通行证》。承运人必须持有效《通行证》，并悬挂明显标志，按核定的时间、路线和时速行驶公路。

⑤非公路交通标志设置许可：

a. 提出申请。在普通公路沿线设置的，由公司前期受理设置，然后移交当地路政管理机构受理；在高速公路沿线设置的，由省级交通行政主管部门受理。申请单位和个人须提交：《广告登记证》、《经营许可证》。

b. 市、县路政管理机构审查后二级审批。

c. 签订协议，明确双方权利、义务，申请方承担非公路交通标志日常维护的管理职责，服从公路建设、养护、管理需要，遇有公路拓宽、改造、管理需要时，必须无条件拆除等。

d. 颁发许可证。

⑥增设公路平面交叉道口许可：

a. 提出申请。连同平面图、纵断面图等相关技术文件和资料，由公司前期受理，然后报送当地路政管理机构和公安交通管理机关审批。

b. 审查。对设计符合《公路路线设计规范》（JTG D20—2006）有关规定的新增公路平面交叉道口的，经二级审批后予以批准；涉及规划、土地等部门的还须征得规划、土地等部门的同意，与申请人签订协议，明确必须按《公路工程技术标准》（JTG B01—2003）建设。同时，必须符合交通运输部《关于路政管理若干问题的复函》[（91）交函工字 767 号]中关于增设公路道口的要求。

c. 增设公路平面交叉道口实行年审制，对道口使用发生变化的，重新办理手续或予以封闭。

d. 申请人在道口增设施工期间，负责施工现场管理、规范施工、文明管理。施工结束后，邀请路政管理机构参与验收，经验收合格后，方可交付使用。

第三章 年度预算编制

第一节 预算编制原则及要求

一、财务预算编制原则

(1)财务预算是指公司在预测和决策的基础上,围绕战略规划,对预算年度内公司各类经济资源和经营行为合理预计、测算,并进行财务控制和监督的活动。

(2)公司建立财务预算管理制度,组织开展内部财务预算编制、执行、监督和考核工作,完善财务预算工作体系,推进实施全面预算管理。

(3)公司财务预算管理机构履行以下主要职责:

①组织公司财务预算的编制、审核、汇总及报送工作;

②组织下达财务预算,监督公司财务预算执行情况;

③制订公司预算调整方案;

④协调解决公司财务预算编制和执行中的有关问题;

⑤分析和考核公司内部各业务机构财务预算完成情况。

(4)公司编制财务预算以战略规划为导向,正确分析判断市场形势和政策走向,科学预测年度经营目标,合理配置内部资源,应当将单位所属的全部经营活动纳入财务预算编制范围,全面预测财务收支和经营成果等情况。

(5)公司编制财务预算以资产、负债、收入、成本、费用、利润、资金为核心指标,合理设计基础指标体系,注重预算指标相互衔接。

(6)公司根据不同的预算项目,合理选择固定预算、弹性预算、滚动预算、零基预算、概率预算等方法编制财务预算,并积极开展与行业先进公司、国际先进水平的对比。

二、财务预算报告

(一)财务预算报告的概念

财务预算报告,是指反映公司预算年度内公司资本运营、经营效益、现金流量及重要财务事项等预测情况的文件。

(二)财务预算报告的组成

公司财务预算报告,由以下几部分组成:

(1)预算封面,应标明编制预算的单位、时间、预算年度、编制人、审核及审批人;

(2)年度财务预算报表;

(3)预算编制说明,要求文字简明扼要,对每个预算项目说明预算编制的主要依据及测算方法;

(4)其他相关资料,包括重要的预算项目,如公路养护大修、公路设施改(扩)建、专项机电维修预算等以工程作业项目为对象编制专项预算文本,作为预算相关文件。

三、财务预算报告的内容

(一)财务预算报告应重点反映的内容

公司年度财务预算报告重点反映以下内容:

(1)公司预算年度内预计资产、负债及所有者权益的规模、质量及结构。

(2)公司预算年度内预计实现经营成果及利润分配情况。

(3)公司预算年度内为组织经营、投资、筹资活动,预计发生的现金流入和流出情况。

(4)预算年度内预计达到的生产或者营业规模,及其带来的各项收入、发生的各项成本和费用。

(5)预算年度内预计发生的产权并购、长短期投资,以及固定资产投资的规模及资金来源。

(6)预算年度内预计对外筹资总体规模与分布结构。

(二)财务预算编制说明应反映的内容

应当对年度财务预算报告编制及财务预算管理有关情况进行分析说明。公司年度财务预算编制说明应当反映以下内容:

(1)预算年度内经营主要预算指标分析说明。

(2)预算编制基础、基本假设,及采用的重要会计政策和估计。

(3)预算执行保障措施,以及可能影响预算指标事项的说明。

(4)其他需说明的情况。

四、财务预算编制要求

公司建立财务预算编制制度,公司内部财务、营运、工程管理、行政人事等职能部门进行配合,按照"上下结合、分级编制、逐级汇总"的程序,依据财务管理关系,组织做好财务预算编制工作。

(一)年度收入预算编制

年度收入预算,包括年度通行费收入预算和其他收入预算。其他收入,指除主业收入外的其他经营收入(包括租赁、开发、广告等)。其中,通行费收入计划由营运管理部负责编制,其他收入预算由财务管理部负责编制。收入计划编制,应提供相应的计算依据和说明。通行费收入计划制定,应以车流量预测结果及通行费标准为依据。

(二)成本费用预算编制

编制财务预算应当规范成本费用开支标准,严格控制成本费用开支范围和规模,加强投入产出水平的预算控制。

（三）投资预算编制

由有关的管理部门提出投资项目或者购建计划，由财务管理部汇总编制，重大的投资计划必须经公司董事会批准，如有必要应当以投资或者购建项目单独编制预算。

（四）资金预算编制

由财务管理部负责正确预测年度现金收支、结余与缺口，合理规划现金收支与配置，加强应收应付款项的预算控制，增强现金保障和偿债能力，提高资金使用效率。

公司编制财务预算应当注重防范财务风险，严格控制担保、抵押和金融负债等规模。

在预算总收入、总直接成本费用支出的同时，根据公司章程、合同、业务计划等测算预期资产、债务变动引起的现金流动，编制预算年度现金流量表、资产负债表、损益表，实行全面预算管理。

第二节　收入预测方法

一、车流量预测

收费车流量与所在地区（包括周边地区）社会经济发展、收费公路与非收费公路路网布局，及其负荷、车辆通行费标准与服务水平以及车辆通行限制等因素相关。

（一）车流量预测应考虑的因素

在预测下一年度车流量时，应考虑以下主要因素：

1. 车流量变化趋势

已开通营运的收费公路，可以分析近年车流量变化趋势，利用趋势预测法，推算下一年度车流量的增长（减少）幅度。新开通收费公路可参考可行性研究报告的 OD 调查统计数据及预测结果。

2. 所在地区社会经济发展

所在地区（包括周边地区）社会经济发展（主要是国内生产总值 GDP 增长率）、产业结构调整以及沿线大型公司、开发区建设等，都会对收费车流量产生根本性影响。周边地区指收费公路车流的主要来源地区和去向地区，可根据日常观测车牌号或者交通量 OD 调查数据确定。

3. 路网布局

地区相关公路（竞争公路或互惠公路）的建设改造，以及收费站的设置、撤销和移址等新情况，必然对收费车流量产生一定的正面或负面影响。

4. 车辆通行费标准和服务水平

车辆通行费标准或车型分类标准调整，会给收费车流量带来不同程度的影响。公司服务水平，包括公路质量、行驶时间、负荷程度、安全设施、收费站服务水平等方面，也都对收费车流量产生影响。

5. 车辆出行限制与选择

车辆出行限制，主要指道路交通管制措施的实施或调整。车辆出行选择，主要指客货运集散地（如海关、客货运站等）的新建、搬迁或撤销，也都会对收费车流量产生影响。

（二）车流量预测程序

对于已开通营运的收费公路，年度收费车流量预测，一般采用历年实际车流量和影响因素分析相结合的趋势外推预测法。主要程序如下：

1. 历年车流量分析整理

历年（尤其是近三年）实际车流量，是趋势外推预测的重要依据。预测时，应对近三年车流量增长或下降变化趋势进行分析，剔除偶然因素引起的非正常增减的车流量。

2. 地区经济社会发展趋势外推预测

根据收费公路历年收费车流量基数和所在地区（含周边地区）预测年度国内生产总值（GDP）增长率，预测下年度收费公路车流量调整系数和基本车流量。

3. 新建公路诱增系数修正

由于人们对新建公路的适应性和新公路沿线经济发展等诱增效应，通常收费公路开通2～5年内为车流量快速增长期；开通6～10年内车流量增长逐渐放缓，进入成熟增长期；在开通约10年，车流量增长趋于稳定，进入稳定增长期。根据收费公路不同的开通年限，采用不同的诱增系数修正预测车流量。

4. 其他影响因素修正

由于不便于量化计算或无精确的计算公式，在趋势外推预测中难以完全考虑其他影响因素，如路网布局的变化、车辆通行费标准的调整、车辆出行限制的变动、特定道路进出口贸易额影响等，需要选择其中的1～2个主要因素，间接采用相关系数等方法，对基本车流量进行二次修正。车流量预测程序，如图3-1所示。

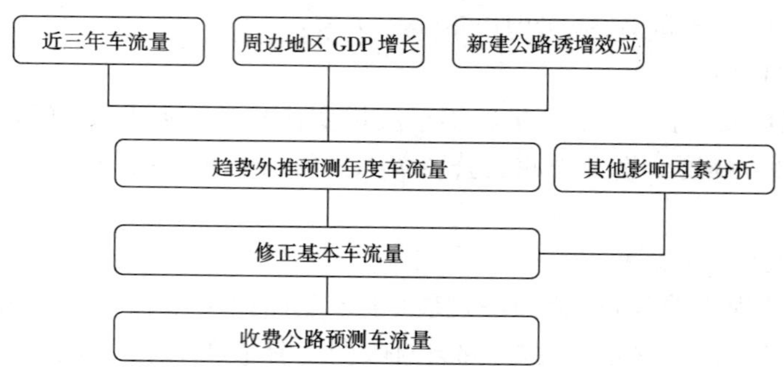

图3-1　车流量的预测程序

（三）车流量预测模型

预测车流量计算公式为：

$$Y_{t+1} = Y_G \cdot A \cdot a_t$$

式中：Y_{t+1}——预算年度的车流量（t为本年度）；

Y_G——由过去历史年份车流量数据确定的车流量基数；

A——由过去历史年份车流量数据确定的车流量调整系数；

a_t——新建公路营运初期诱增系数。

有关Y_G、A、a_t的具体计算取值分析如下：

1. 车流量基数Y_G

（1）新开通不足三年的收费公路。

第一年：$$Y_G = Y_0$$

其中：Y_0 根据该收费公路可行性研究报告（或评估报告）的车流量预测结果，并考虑其他类似收费公路开通初期车流量历史数据等因素，由公司营运管理部研究确定。

第二年：$$Y_G = Y_t$$

其中：Y_t 为开通第一年实际车流量。

第三年：$$Y_G = (Y_{t-1} + 7Y_t)/8$$

其中：Y_{t-1}、Y_t 分别为开通第一、二年实际车流量。

（2）开通三年以上的收费公路。

$$Y_G = (3Y_t + 2Y_{t-1} + Y_{t-2})/6$$

2. 车流量调整系数 A

$$A = 1 + (3\Delta_1 + \Delta_2)/4$$

其中：Δ_1、Δ_2 分别为地区经济社会发展修正系数、外贸进出口发展修正系数。

（1）地区经济社会发展修正系数 Δ_1

$$\Delta_1 = V_G \times K_1$$

式中：V_G——预算年度地区国内生产总值（GDP）增长率，依据所在地区政府计划统计部门公布的预测数据。当收费公路出行和来源的车流量与多个地区经济社会发展相关时，应计算综合增长率。综合增长率为这些地区 GDP 增长率的加权平均值，加权系数为该收费公路 OD 调查中各地区车辆出行和来源比例。

K_1——地区 GDP（综合）增长率，与车流量增长之间的相关系数。根据交通运输部公路规划设计院《国家干线公路交通量汇编》中统计数据显示，近十年我国干线公路交通量增长率与 GDP 增长率基本同步，交通量增长与 GDP 增长的比值为 0.74。一般地，取相关系数 K_1 为 0.74。

（2）地区外贸进出口修正系数 Δ_2

引入进出口修正系数 Δ_2，一般适用于沿海开放地区或边境口岸地区。由于 Δ_2 是在 Δ_1 修正后的第二次修正，因此 Δ_2 对车流量修正的幅度较小。

$$\Delta_2 = V_w \times K_2$$

式中：V_w——预算年度收费公路所在地区外贸进出口增长率（依据政府有关部门公布数据）。

K_2——地区进出口贸易相关系数。它由近三年地区公路客货运输量平均增长率与对应的进出口贸易额平均增长率的比值确定。即：

$$K_2 = (\theta_h \times R_h)/R_w$$

式中：R_w——近三年地区进出口贸易额平均增长率；

R_h——近三年地区公路货运量平均增长率；

θ_h——近三年地区公路货运量占总客货运量的比重。

3. 诱增系数（a_t）

$$a_t = 1 + (Z_t + Z_{t-1})/T$$

式中：Z_t、Z_{t-1}——分别为本年度和上年车流量增长率；

T——收费公路开通年限。

当收费公路处于开通第一年，a_t 取 1.0。

二、车辆通行费收入预测

要准确地预测车辆通行费收入，首先应按照本节第一项的预测方法，对下年度各月份、各车型、各出入口（开放式收费公路相当于一个出入口）路段的车流量分别进行预测，再按照收费标准计算各月的通行费收入，最后汇总各月收入即为下年度的车辆通行费预测收入。

为简化计算，也可以按照本节第一项的预测方法，预测下年度收费公路的车流量，再按照以下公式综合计算车辆通行费收入。

$$T_{t+1} = Y_{t+1} \times C_R \times C_F$$

式中：T_{t+1}——下年度车辆通行费收入；

Y_{t+1}——下年度收费公路车流量；

C_R——收费公路路段折算系数；

C_F——收费公路加权费率。

收费公路路段折算系数，是收费公路折算车流量（将各出入口车流量折算到全程的车流量）与自然车流量之比。

$$C_R = (2Z_t/Y_t + Z_{t-1}/Y_{t-1})/2$$

式中：Z_t、Z_{t-1}——分别是本年度和上年度折算车流量统计值；

Y_t、Y_{t-1}——分别是本年度和上年度自然车流量统计值。

收费公路加权费率，是指各类车辆收费标准的加权平均值。

$$C_f = (F_i \sum_{i=1}^{n} \times R_i)$$

式中：n——收费公路车辆分类数目（一般分为五类车）；

F_i——各类车辆的全程费率；

R_i——各类车流量占总车流量的比例（取本年度和上年度比例的平均值）。

车辆通行费收入的预测程序，如表 3-1 所示。

车辆通行费收入预测程序表 表 3-1

<table>
<tr><td>第一步</td><td>第二步</td><td>第三步</td><td>第四步</td><td>第五步</td></tr>
<tr><td rowspan="2">下年度预测车流量 Y_{t+1}</td><td>本年、去年的折算车流量</td><td>本年、去年的自然车流量</td><td>各类车辆的全程费率 F_i</td><td>各类车辆在总车流中的比例 R_i</td></tr>
<tr><td colspan="2">计算收费路段折算系数 C_R</td><td colspan="2">计算公路加权费率 C_F</td></tr>
<tr><td colspan="5">计算下年度车辆通行费收入：$T_{t+1} = Y_{t+1} \times C_R \times C_F$</td></tr>
</table>

三、其他收入预测

其他收入包括广告收入、房地产出租收入、各类资产设备出租（出售）收入、路产设施损坏赔偿收入和投资收入等。预测下年度其他收入应参照本年度实际收入，并考虑下年度主要变动因素后测定。

第三节　费用和投资预算编制

一、工资薪酬预算编制

工资薪酬预算，由行政人事部负责编制。该预算项目由员工人数、岗位基本工资、加班工资、绩效奖、工资调整额、经营奖励金等构成。预算编制，根据员工定岗定编人数和相应岗位的工资标准计算确定基本薪金。加班工资，按照国家规定法定节假日所必需的收费业务用工及加班工资标准计算确定；绩效奖，参考上年发放额、人员和效益增长等因素确定；工资调整额，根据公司董事会确定的工资方案计算确定。

二、社保费、住房公积金等福利预算编制

社保费、住房公积金等福利的预算项目，由财务管理部和行政人事部负责编制。该预算项目，由社保费、住房公积金、高温补贴等构成。该预算根据比例法、定额法和国家相关政策、公司制度编制，同时编制福利开支预算。

三、公司行政经费预算编制

公司行政经费预算，由行政人事部负责编制。行政经费预算，由办公费、水电费、通信费、车辆使用费、业务招待费、日常维修费、差旅费、员工教育培训费等组成。该费用预算，主要根据定额法、历年开支、预计经营状况等因素编制。

四、其他专项管理费用预算编制

专项管理费用，由财务管理部会同有关部门编制。专项管理费用预算，由物价年审费、审计费、房产税、印花税、土地使用税、广告费等专项管理费项目构成。该预算根据历年开支、定额法、比例法等编制。

五、收费业务物料消耗成本预算编制

收费业务物料消耗成本预算，由营运管理部负责编制。该预算由收费发票工本费、工作服费、低值易耗物品开支等构成。收费发票工本费预算，根据预测车流量及税务发票工本费单价计算确定；其他项目根据工作需要编制确定。

六、机电设备维修成本预算编制

公司营运管理部，负责机电维修开支预算编制。维修项目按耗用材料、备件的单价、数量等编制。

七、公路维修养护成本预算编制

（一）公路日常维修养护成本的预算编制

公路日常维修养护成本预算编制，由路产管理部负责。该预算应提供计算依据或单项费

用定额标准。

日常养护维修费用依照交通运输部《公路养护技术规范》（JTG H10—2009）编制，按照所辖路段的实际情况及需要，如地理位置、路面种类、路面宽度、交通量、有无非机动车道、原工程建设质量、涵洞数量、明沟、暗沟等情况，在实践、摸索的基础上，按照相关定额、市场规律及市场行情编制。

（二）公路大中修养护工程成本的预算编制

公路大中修养护工程成本预算编制，由路产管理部负责。编制大中修养护工程费用预算，应符合公路设计、养护施工技术规范。养护工程费用预算，依据有关公路养护维修预算定额标准和交通运输部《公路工程基本建设项目概算预算编制办法》（JTG B06—2007）及有关规定进行编制。大、中修养护工程费用预算明细应作为预算文件的附件，主要包括：建设项目的依据、计划项目缘由、采用的定额、费用标准、人工材料、机械台班单价的依据或来源、补充定额必要说明等。另外，还应注明预算总造价，主要材料的总需求量以及编制中存在的问题。如有必要，预算文件应附工程设计图纸或工程草图。

公路大中修工程费用预算编制时，应明确如下几方面的具体事项：

（1）大中修工程费用预算应符合公路设计、养护施工技术规范，根据施工图设计的工程量和施工方法，依照定额、工资单价、材料、机械设备价格、取费标准及程序编制。做到结合实际、经济合理、计算正确、字迹清晰、装订整齐。

（2）预算编制应按照交通运输部《公路工程建设项目概算预算编制办法》（JTG B06—2007）、《公路工程预算定额》（JTG/T B06-2—2007）、《公路工程机械台班费用定额》（JTG/T B06-3—2007）、《公路工程概、预算定额基价表》及相关规定进行编制。

（3）文件组成：

①编制说明；

②大中修费用汇总表；

③大中修分项费用组成（分项费用计算表、工程图纸、单价分析、单价构成表、询价报价表）。

（三）公路维修养护成本预算编制时的其他事项

1. 公路养护费用的组成

（1）日常保养费；

（2）大、中、小修工程费；

（3）改善工程费；

（4）绿化管养费；

（5）水毁预留费；

（6）专项检测、试验费；

（7）委托设计费；

（8）交通安全维护标志；

（9）专项基础设施维修费。

2. 公路养护费用文件的组成

（1）封面；

(2)编制总说明;

(3)年度计划预算费用汇总表;

(4)上年度计划执行一览表;

(5)年度计划实施横道图;

(6)各项目年度计划预算表(编制说明、各项目费用清单、设计图纸、单价分析表、单价构成表或询价表);

(7)批准的项目建议书(另册,项目建议书计划汇总表、各项目的项目建议书、各项目清单及估算费用)等。

3. 绿化管养费

(1)公路绿化管养费,是指公路绿化管理养护、补种、更新改造的费用。该费用由路产管理部参照交通运输部《公路养护技术规范》(JTG H10—2009)有关公路绿化管养的规定及参考有关绿化工程费用定额,结合本地的有关办法,如《广东省园林建筑绿化工程费用定额》、《广东省园林建筑绿化工程预算定额》、当地的价格信息等编制。

(2)公路的绿化管养,采用在摸清成本的基础上以对外招标的方式进行。

(3)公路绿化管养费的组成:

①编制说明;

②绿化管养费用汇总表;

③绿化管养费用分项计算表(含劳保及保险的年人工费用、绿化维护设备的使用费、辅助材料费、水电费、燃料费、化肥农药费、预留费等);

④酬金。

4. 专项检测、试验费

(1)专项检测、试验费用,是指按照交通运输部《公路养护技术规范》(JTG H10—2009)、《公路桥梁养护管理工作制度》、《公路旧桥承载能力鉴定方法》的要求,对公路、桥梁进行专项检测、试验所发生的费用。

(2)专项检测、试验费根据规定及实际需要,在进行专项检测、试验的年度内编制。

(3)专项检测、试验费编制时,应向超过三家以上具备交通运输部颁发的甲级检测、试验资质的单位进行询价;以三家以上单位报价的平均值编制预算。

(4)询价时必须详细说明工程情况,检测、试验目的、内容、要求,检测、试验的时间、组织协调工作等。必要时要分开进行现场考察,对询价单位应保密。

5. 委托设计费

(1)委托设计费,是指改善工程、大修工程及部分中修工程方案设计、施工图设计所发生的费用。该费用由路产管理部列入年度预算。

(2)改善工程、大修工程及部分中修工程方案设计、施工图设计费用,按照相关行业的取费标准进行编制。

6. 交通安全维护标志费

交通安全维护标志费,是指在路产管理工作中为保证安全所需要的装备或配置的费用,以及根据交通运输部《公路养护技术规范》(JTG H10—2009)、公安部《关于贯彻执行行业标准〈道路作业交通安全标志〉的通知》精神,及《道路作业交通安全标志》(GA—1998)的规定所制

作、购买的交通安全标志费用。

八、固定资产折旧及摊销费用预算编制

固定资产折旧及摊销费用预算，由财务管理部编制。该费用根据国家有关规定和公司执行的会计政策，结合预算期固定资产待摊费用的增减变动和折旧、摊销方法计算确定。

九、其他业务支出

其他业务支出为与其他业务收入相对应的支出，根据收支配比原则计算编制。编制时，以项目为单位并结合收入进行，如公路交通设施被车辆冲撞损坏的修复开支等。该项开支的来源为相应的冲撞赔偿款收入。

十、财务费用预算编制

财务费用预算编制，由财务管理部负责。该费用按存贷款资金额和利率计算确定。

（一）利息收入

利息收入，根据年度平均存款额、适用利率计算编制。

（二）利息支出及其他

贷款利息支出，根据贷款额度、贷款利率计算编制；其他支出，主要为银行结算、票据费用等。

财务费用预算与上年度实际情况对比，分析说明增减变动的原因。

十一、营业税金及附加预算编制

路费收入营业税及附加，根据预算路费收入、适用税率和附加费比例计算确定。其他业务收入的税金，根据相应收入、税率计算，并计入其他业务支出。

十二、企业所得税预算编制

企业所得税，是根据预算利润总额和应纳税调整计算确定的应纳税所得额和适用所得税率计算确定。

十三、预算财务指标的分析

（一）财务指标绝对值的分析

财务指标，包括以下三个方面：

（1）营业收入指标；

（2）成本费用指标；

（3）净利润指标。

预算期财务指标总额和本年度实际发生的总额对比，分析说明财务指标的增减变化及主要增减项目。

（二）财务指标相对值分析

1. 成本费用利润率

成本费用利润率系成本费用和利润之比，它反映成本费用占利润的比例。分析时，用预算年度、本年、上年的成本费用率进行对比，分析成本费用率变动的原因和趋势，反映公司的效率、效益发展趋势。

2. 净资产收益率

净资产收益率系净利润和净资产之比，它反映净利润总额占净资产的比例。分析时，用预算年度、本年、上年的净资产收益率进行对比，分析净资产收益率变动的原因和趋势，反映公司的效率、效益发展趋势。

十四、预算的分解落实

年度预算经公司董事会批准后，财务管理部分解落实年度预算目标：

(1)按月度对预算项目进行分解；

(2)按责任部门分解落实预算项目；

(3)按定额分解落实预算项目。

第四节　年度预算控制与管理

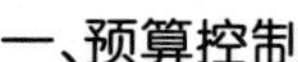

一、预算控制

(1)预算审核及审批：

①公司各职能部门在财务管理部规定的时间内，负责编制本部门相应预算。

②公司财务管理部，汇总编制年度预算。

③公司总经理办公会议，讨论通过年度预算。

④公司董事会，审议批准年度预算。

(2)预算执行和控制。

预算执行和控制由公司总经理负责，由财务管理部组织对财务预算执行和控制情况进行跟踪监测，及时分析预算执行差异原因，及时采取相应的解决措施。

(3)将已批准的预算指标层层分解，落实到相关的各部门、各环节。

(4)按照授权审批程序严格执行各项预算，及时分析预算执行差异原因，解决财务预算执行中存在的问题。

(5)及时总结分析财务预算编制和执行情况，做好公司预算的综合平衡。

二、预算管理

(一)年度预算执行情况报告规定

年度预算执行情况报告，注意以下三个方面的规定：

(1)预算执行情况检查考核采取动态管理方式，定期提交执行情况报告。财务管理部每月编制实际开支对比分析表，对于实际开支与预算差异较大的项目应作出说明。

(2)公司定期编写预算执行情况报告，分门别类进行预算与实际完成情况对比，分析原因，及时反映存在的问题，并提出改进预算意见和建议。

(3)凡属于预算外审批项目或超支预算项目，必须先填写审批表报公司董事会批准方可开支。

(二)年度预算执行情况检查考核规定

公司建立财务预算执行结果考核制度，将财务预算目标执行情况纳入考核及奖惩范围。

1. 年度预算执行情况检查规定

对公司年度预算执行情况的检查考核，采取以下形式进行：

(1)定期检查：每年7月份及年终对预算执行情况进行全面检查。

(2)不定期检查：对实际开支与预算差异较大的项目及某些敏感性项目，随时进行抽查。

2. 预算执行情况检查的内容

(1)通行费收入预算完成情况：

①车流量预测与实际情况对比分析；

②通行费收入预算与实际完成情况；

③存在的问题及改进措施。

(2)路产日常养护及大中修费用预算执行情况：

①日常养护维修费用支出预算与实际对比分析；

②大、中修工程费用支出预算与实际对比分析；

③存在的问题及改进措施。

(3)管理费用预算执行情况：

①工资福利及奖金总额预算与实际对比分析；

②行政办公费用支出预算与实际对比分析。

(4)固定资产购置费支出预算完成情况。

(5)其他费用预算执行情况。

(6)存在问题及改进措施分析报告。

3. 年度预算执行情况检查的分析办法

年度预算执行情况检查，主要采取预算与实际指标对比分析以及造成差异的因果分析办法，重点如下：

(1)预算与实际开支对比分析，分析各项目及总体预算完成情况(节约或超支)。

(2)在保证公司正常运转的前提下，分析节约或超支的原因及合理的弹性范围。

(3)预算执行过程中采取措施的情况及相关制度建立与落实情况。

(4)执行预算报告制度及有关规定的情况。

第四章 安全生产应急预案

第一节 基本规定

（一）制定安全生产应急预案的依据和目的

公司应根据《中华人民共和国安全生产法》、《国务院关于重特大安全事故行政责任追究的规定》等法律法规制订安全生产应急预案，确保出现重大安全生产事故时能高效有序地进行处理，最大限度地减轻事故灾害。

（二）适用应急预案的诸种情况

凡公司出现以下情况，均适用应急预案：

(1)发生公司员工死亡（含失踪）1 人以上、重伤 2 人以上、轻伤（或集体受伤）5 人以上、危急 10 人以上；

(2)人为或非人为造成的火灾事故；

(3)维稳事故；

(4)工程事故；

(5)造成人员重大伤亡，或交通严重堵塞的重大交通事故；

(6)桥梁、建筑、电梯等固定资产发生的倒塌、坠落、碰撞、开裂、出现重大安全隐患、需要封桥（路）或暂停营运的事故；

(7)食物中毒事故；

(8)经济损失达 3 万元以上的重大营运事故；

(9)直接及间接经济损失达 50 万元以上的事故；

(10)性质特别严重，产生重大影响的其他事故。

（三）结合安全生产应急预案适时展开应急救援工作

1. 制订应急救援实施预案

公司应结合预案，制订相应的应急救援实施预案，实行在公司的统一指挥下，分级管理，分级实施，对各辖区内发生的重（特）大安全事故实施紧急救援工作。

2. 成立应急工作领导小组

公司必须建立重（特）大安全事故的应急救援指挥工作领导小组（以下简称应急工作领导小组），其基本架构如图 4-1 所示。

3. 应急工作领导小组的工作职责

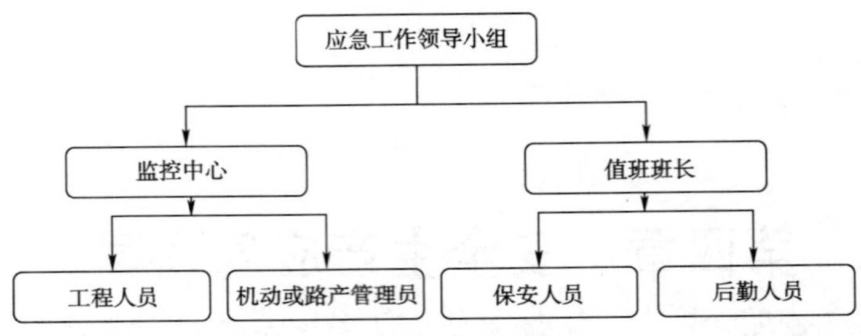

图 4-1　应急工作领导小组的基本架构

重(特)大安全事故的应急救援指挥工作领导小组须履行以下职责:

(1)服从政府和相关事故应急指挥中心的指挥,并负责对本公司的安全事故应急救援预案的制订和修改;

(2)负责建立健全本公司的应急救援队伍,组织实施演习;

(3)检查、督促各部门及员工严格执行预案;

(4)发生重(特)大事故时负责指挥事故的救援和善后处理,并及时向上级主管部门报告安全事故情况;

(5)配合上级有关部门对事故进行勘查分析,调查事故发生原因,依法追究有关责任人的法律责任。

4. 对应急工作领导小组的要求

对应急工作领导小组的要求,有如下两个方面:

(1)接到安全事故报告后,应以最快速度组织人员赶赴现场,快速组织指挥现场抢险工作,积极采取有效措施自救,争取公安、消防、交通、公路、建设、卫生等力量的支援,努力避免事故扩大,减少伤亡和损失,并及时向主管部门报告。

(2)当上级有关部门到达后,配合上级领导现场指挥,组织实施抢险救灾工作。

5. 报告事故时应包括的内容

报告事故应当包括以下内容:

(1)事故发生的时间、地点及事故现场情况;

(2)事故的简要经过;

(3)事故已造成或可能造成的伤亡人数(包括下落不明的人数),以及初步估计的直接经济损失;

(4)已采取的措施;

(5)其他应当报告的情况;

(6)事故报告后出现新情况的,应当及时补报。

(四)预警预防机制

1. 事故灾难监控与信息报告

(1)重(特)大安全生产事故灾难发生后,事故现场有关人员应立即报告单位负责人。单位负责人接到报告后,应在事发 2 小时以内,逐级上报上级主管部门及当地人民政府,紧急情况下,可越级上报。

(2)事发单位要及时、主动、真实地向上级有关部门报告事故情况、伤亡及损失情况、已采取的有效措施、碰到的困难等信息。

(3)各单位有发生重(特)大安全生产事故的苗头时,也应及时向上级主管部门报告。

2. 预警行动

应急工作领导小组在接到可能导致安全生产事故灾难的信息后,要按照应急预案及时研究确定应对方案,并通知有关单位、部门及人员采取相应的行动,预防事故的发生。

(五)应急响应

1. 分级响应

(1)一级响应:出现特大事故,有人员死亡,直接经济损失严重,社会影响极大,存在较大的社会不稳定因素,须向区一级以上人民政府及职能部门报告的事故。

(2)二级响应:出现重大事故,有 2 人以上受重伤,直接经济损失较大,社会影响很大,存在一定的社会不稳定因素,须向当地乡镇一级人民政府及职能部门报告的事故。

(3)三级响应:出现一般事故,没有出现或只有(不超过)1 人受重伤,直接经济损失轻微,但有相当的社会影响,存在一定的社会不稳定因素,须向政府相关部门报告的事故。

(4)四级响应:出现一般事故,没有出现重伤以上的人员,没有或只有轻微的直接经济损失,社会影响较小,不存在社会不稳定的因素,公司内部可以解决的事故。

2. 指挥和协调

(1)进入三级响应后,公司应组织协调公司内的应急救援力量,实施应急救援。

(2)进入二级响应以后,应急工作领导小组会同各单位、有关部门的相关人员共同指挥应急救援工作。事发单位和先期到达的应急救援队伍必须迅速、有效地实施先期处置,全力控制事故灾难发展态势,防止次生、衍生和耦合事故(事件)发生,果断控制或切断事故灾害链。

3. 紧急处置

现场处置,主要依靠公司内的应急处置力量。如果事态发展严峻,出现急剧恶化的特殊险情时,应急工作领导小组应在充分考虑专家和有关方面意见的基础上,依法及时采取紧急处置措施,并寻求其他有关部门的协助。

4. 医疗卫生救助

公司应成立自己的医疗卫生救助队伍,平时加强简易的医疗救助培训。事故发生后医疗卫生救助队应立即投入工作,并向上级卫生行政主管部门报告有关医疗卫生救助的情况。如事态严重,现场的医疗卫生救助工作应交由随后赶到的专业医疗卫生队伍进行,公司的医疗卫生救助队伍全力协助。

5. 应急人员安全防护

现场应急救援人员应根据需要携带相应的专业防护装备,采取安全防护措施,严格执行应急救援人员进入和离开事故现场的相关规定;应急工作领导小组应根据需要具体协调、调集相应的安全防护装备。

6. 群众、员工安全防护

应急工作领导小组负责安排群众(含事发公司的其他员工)的安全防护工作,主要是:

(1)确定保护群众安全需要采取的防护措施;

(2)决定应急状态下群众疏散、转移和安置的方式、范围、路线、程序;

(3)指定有关部门、人员负责实施疏散、转移工作;

(4)启用、协调应急避难场所;

(5)开展医疗救护和疾病预防控制工作;

(6)负责治安管理。

7. 现场检测与评估

(1)应急工作领导小组应根据实际情况综合分析和查找事故原因,评估事故发展趋势,预测事故后果,为制订现场抢救方案和事故调查提供参考。

(2)检测与评估报告要及时报送上级主管部门。

8. 信息发布

灾难事故的信息发布工作一律由应急工作领导小组负责,未经应急工作领导小组第一领导的批准,任何人(包括事故调查小组成员)都不得擅自发布有关事故的信息。

事故发生后,若有新闻媒体采访,一律由应急工作领导小组指定专人负责接洽。

9. 应急结束

遇险人员得到妥善解救,事故现场得以控制,相应的应急方案已启动并运作正常,环境符合有关标准,导致次生、衍生事故的隐患得以消除后,经应急工作领导小组确认和批准,现场应急处置工作结束,应急救援队伍可以撤离现场。

应急工作结束后,应由公司或当地人民政府宣布应急救援工作结束。

(六)后期处置

1. 善后处置

根据事故响应的不同级别,相应的负责单位应组织进行善后处置工作,包括人员安置、补偿、征用物资补偿、灾后重建、污染物收集清理与处理等事项。尽快消除事故影响,妥善安置和慰问受害及受影响的人员,保证社会稳定,尽快恢复正常的生产和生活秩序。

2. 保险索赔

事故应急结束后,事发单位应及时开展保险索赔工作。

3. 事故调查报告、经验教训总结及改进建议

(1)二级响应以上的事故,应由事发单位协助政府有关部门展开事故调查;三、四级响应事故,由事发单位自行组织调查。

(2)事故发生后,有关单位和人员应当妥善保护事故现场以及相关证据,任何单位和个人不得破坏事故现场,毁灭相关证据;如因抢救人员、防止事故扩大以及疏通交通等原因,需要移动事故现场物件的,应当做出标志,照相、绘图并做出书面记录,妥善保存现场重要痕迹、物证。

(3)事故调查应本着公正、客观的态度开展工作,不得徇私舞弊。

(4)调查报告应包括以下内容:事故发生的经过、原因、人员伤亡情况及直接经济损失;认定事故的性质和事故责任;提出对事故责任者的处理建议;总结事故教训,提出防范和整改措施;总结应急救援行动的经验与教训,并提出改进建议。

(5)事故调查报告应在事故发生之日起 30 天内提交,如遇特殊情况,可适当延长,但延长期最长不能超过 60 天。

(七)保障措施

1. 信息保障

公司要建立、健全信息报送平台,节假日、特殊情况期间要有领导值班机制。单位领导要

注意收集、分析和处理各类安全报告的信息，要规范本单位的信息获取、分析、发布、报送格式和程序。

2. 应急队伍及救援装备保障

公司要成立相应的应急救援队伍，并根据其实际情况和需要配备必要的应急救援装备。应急工作领导小组应当掌握本公司的各种应急、救援装备的数量、储备及使用情况。

3. 交通疏导保障

应急工作领导小组应对如何进行交通疏导有指引，要在事故发生后能及时开通应急救援特别通道，道路受损时应快速组织抢修，以满足应急处置工作的需要。

4. 医疗卫生保障

公司内部应成立一定规模的医疗卫生保障队伍，采取必要的培训，以提高对事故的快速反应能力。

5. 物资保障

公司应建立应急救援设备、救治药品和医疗器械等储备制度，储备必要的应急物资和装备。

6. 资金保障

公司应当做好事故应急救援必要的资金准备。安全生产事故灾难应急救援资金，应由事故责任单位承担。

7. 应急避难场所保障

公司平时要设定相应的事故避难场所，并保障该场所的畅通。

8. 宣传、培训、演习保障

要加强对防范安全事故的宣传教育工作，加强对安全事故处理的培训，每年至少要组织一次安全生产事故的应急救援演习。演习结束后，应及时进行总结与整改。

第二节　应急预案

一、重大设施及交通事故处理应急预案

(1)重大的设施事故，包括桥梁被撞、房屋倒塌、收费站(场)建筑损毁或被撞等事故。重大交通事故，包括运载易燃、易爆、剧毒、剧腐蚀等物品车辆发生事故，中型以上(含中型)客车发生人员伤亡或起火等事故，重伤3人以上(含3人)的交通事故，死亡1人以上的交通事故等事故。

(2)处理上述事故，应遵循“确保安全、抑制二次事故、救治伤员、及时处理、减少损失”的原则。

(3)事故发生后，相关部门应立即将事故的情况(包括事故的地点、事故的车辆数、人员的伤亡)报告公司应急工作领导小组成员、辖区公安交警、收费站值班人员。并根据事故情况通知医疗卫生、消防、路政、紧急救援等相关部门。

(4)应急工作领导小组在接到报警后，应在45分钟之内至少要有2名以上的主要领导赶

到现场处理。在未赶到现场之前，应及时通过电话指定现场临时指挥人员。

（5）如有可能，监控中心的监控员应及时用可变情报板或移动告知牌向其他驾驶员发送相关的警示语句，并用摄像枪对事故现场进行录像。

（6）路产管理值班人员或收费站（场）的机动人员（以下简称“现场处理人员”）在接到通知后，应在5～15分钟内迅速赶到现场，保护事故现场，并根据现场情况设置交通安全标志，疏导其他车辆安全通过事故现场。

（7）如属桥梁被撞事故，现场处理人员则应及时将情况反馈回监控中心，由监控中心向应急工作领导小组、交警等部门报告。应急工作领导小组应根据事态的严重程度，及时安排对桥梁进行半封闭或全封闭：

①若桥梁主桥墩严重被撞，或是桥梁主跨、斜拉索、悬索等重要部位被严重撞损（或焚烧）、有塌桥的隐患，应立即对桥梁进行全封闭。

②若桥梁被撞部分非主桥墩、桥梁主跨、斜拉索、悬索等重要部位，或是被撞击部分损坏不很严重，则应先封闭被撞击方向的车道，并由现场处理人员（或交警）指挥车辆缓慢、分批次通过事故地段。

③无论桥梁被撞击的部分损坏是否严重，应急工作领导小组都应在2小时之内，组织专家实地勘测，以判断问题的严重程度，及时决定道路（桥梁）封闭的方式及时间。

④如桥梁全封闭或半封闭达4小时以上的，应急工作领导小组都应立即通知交通、安监等政府部门，如有需要，还应及时向媒体发布封桥信息。

（8）现场如有人员伤亡要及时抢救，并根据现场情况决定进行现场急救或送就近医院抢救。

（9）如果有损坏路产的，现场处理人员应认真对损坏的情况进行细致勘察，对当事人发出处理通知书。

（10）一线收费人员在接到公司领导指示后，应马上组织人员打开应急车道，设置交通安全标志，指挥车流进行改线分道行驶，直到道路解封以后才能关闭应急车道。

（11）车流改线分道封路方法：

①高速公路需改道时，应在进行改道前800米处开始设立警示牌（800米、400米、300米）、前方600米处设立限速标志（每100米一个），提供行车状况改变提示；若属地方公路或桥梁需要改道时，应在进行改道前300米处开始设立警示牌（300米、200米、100米）、前方300米处设立限速标志。

②进入改道渐变区，设置禁止驶入标志（视情况需要）、指向标志、限速标志、渠化分离标志（即反光锥行标志，高速公路每隔10米一个、地方公路每隔5米一个），引导车辆安全驶入改道路段或驶回正常路线。

③正式改道后，要在分离车道处设置渠化分离标志（即反光锥行标志，高速公路每隔20米一个、地方公路每隔10米一个）、限速标志（双向，高速公路每1公里一个、地方公路每100米一个）、禁止超车标志（双向，高速公路每1公里一个、地方公路每100米一个）。

④在两段改道渐变区内，要分别停放箭头标志车、警示车，设立交通指挥员，派员巡查分离车道设置的渠化分离标志。

⑤分离车道：路肩加慢车道为一边，中间主车道加超车道为一边。

（12）道路（桥梁）解封后，应由公司监控中心通知原来已通知的相关领导和部门。

二、长假期间的收费营运应急预案

(一)适用时间及组织领导

(1)长假期间的收费营运应急适用于国家规定的长假期间。

(2)组织领导:

①长假期间的收费营运应急工作,由应急工作领导小组领导。其组长可由节日期间的公司值班领导担任;副组长由收费站值班站长及监控中心值班班长担任;成员由各收费班长、监控员、路产管理员等组成。

②应急工作领导小组具体负责整个长假期间的收费营运安全管理工作,实行以收费营运作为中心,统一指挥领导、统一协调配合的管理原则。

③监控中心负责加大对全路段的监控力度,及时掌握路面车流量行车秩序等重要情况并及时向应急工作领导小组组长报告,协调处理好预案实施期间各相关职能部门与单位之间的联系,确保预案各项措施的顺利实施。

④收费站作为一线生产部门是实施预案的主要单位,在长假到来之前必须充分做好各项前期准备工作(包括收费站设备的检测、电脑及手工票据的准备、后备电源的检测与准备、人员调配与预留等)。当预案启动后,各岗位人员必须依时准确到位,所有配置了设备的收费通道应全部开通启用。同时,加大收费广场交通疏导的管理力度,积极配合其他相关职能部门落实各项预案措施,做到安全顺畅与收费两不误。

(二)应急预案的具体措施

(1)每逢放长假开始的前一天上午 8 时整,应正式启动本预案,直至长假结束为止。例如,“国庆”长假期间,预案应于“十一”长假的前一天(如果长假从 9 月 29 日开始,则于9 月 28 日)上午 8 时启动。

(2)预案启动后,领导小组组长、副组长以及成员必须按时在岗到位。节日期间公司所有值班人员(包括行政、监控、设备维修、养护、路产管理、收费系列人员等)必须全部到位,应急预备人员也应在公司指定地点范围之内待命。

(3)监控中心实行对所属路段,尤其是收费站(场)24 小时全程监控;路产管理人员上路巡查的密度,要在平时的基础上每天增加 2 ~3 次。

(4)如属交通流量较大的路段,或地处交通要道的收费站,公司应根据该收费站实际可以开放收费亭(含复式亭)、采用临时收费机、发卡机的预定位置的数量,原则上按 1 个单边收费亭(收费点)配置 1.5 ~2 人的比例,安排收费人员值班。收费员在当班期间必须全部到岗,但具体在何时段开放多少条车道,应按公司的实际情况而定。未上收费岗位轮值的人员应在收费站管理中心内小休,随时待命,以便随时上岗。

(5)当出现车流较大有可能造成塞车预兆时,收费站应及时调派预备人员加开收费车道。若在加开完所有收费车道后仍未能疏导交通,可在确保车辆安全、快速通行的前提下,采取开放复式收费亭以及采用流动票据打印机进行人工收费,或直接用人工售卖定额票等形式,避免因收费车道开通不足或收费速度慢而造成塞车现象的发生。对在收费车道发生故障的车辆要及时与救援队(或救援单位)联系进行清理。如采取一切方法后,车流排队长度仍超过国家或地方政府规定的应堵极限距离(如排队待交费车队)。

(6)当班监控员要做好收费广场、匝道的监控工作,对发生车流剧增或影响车流通行的情况,要立即与班长沟通或向站值班领导汇报,做好充分的准备工作以便及时支援。

(7)票务人员要做好备用金和票据的准备工作,以适应收费工作的需要。

(8)当班机动人员,要做好广场以及军警车道的管理工作。对发生在收费车道、广场的突发事件,要及时报告和维护现场秩序。对发生的危险情况,要按公司制定的快速处理办法进行妥善、快速的处理。

(9)要建立汇报制度。当班期间,坚持“谁当班、谁负责”的制度,遇到突发事件,应及时按规定给予处理,不能处理的要立刻上报应急工作领导小组。

(10)实行值班检查制度。在长假期间由公司领导小组对收费运作、收费设施、广场车流、夜间巡逻等进行督促检查,发现问题及时处理。

三、收费站突发性事件处置规定

(1)突发性事件,主要指火灾、自然灾害(如台风、地震等)、盗窃、抢劫、破坏、打架斗殴、聚众闹事、交通事故等。

(2)遇突发性事件,当班收费系列人员应坚持“统一指挥、密切配合”的原则,灵活机智、迅速果断、妥善处置,其具体措施如下:

①值班站长(或营运管理部经理,可根据公司的实际管理架构来确定,下同)任指挥,负责现场指挥、协调,组织人员抢救、排险,保护现场等。站长因事离开时,班长代行其职,并尽快通知站长。

②值班站长必须及时将所遇突发事件情况上报公司领导,请求指示。

③班长在协助营运主管领导的同时,主要负责维持交通及收费运作秩序。

④监控员负责通信联络和对主要事件进行录像、监视。

⑤机动收费员、电工、保安、后勤人员及其他一切公司员工必须服从指挥,参与抢救,不得袖手旁观。

(3)突发性事件的处置,要求紧急报警、组织抢救、保护现场、维持秩序,做到处置和运作两不误。

(4)突发性事件的目击者,应立即使用通信设备(手提式或亭内对讲机、电话)呼叫站内监控员,报告事件类型,发生时间、地点、现场情况等。监控员应先通知站长、班长,然后向更高一级的公司领导或部门(如高速公路公司的监控中心等)报警。报警动作要迅速,语言清晰、准确。匝道如果发生抢劫、盗窃等治安案件,就应触动亭内报警器发出报警信号。

(5)获悉报警信息后,班长应立即组织人员赶赴现场,按站长指示采取措施处理,尽可能把事件平息或控制在始发期。其具体措施如下:

①火灾发生后,应使用就近、足量的消防器材灭火(包括站场消防栓),控制火势蔓延,同时迅速转移现场设备、设施等物品。

②盗窃、抢劫、破坏行为发生时,应及时制止,并设法稳住、控制或抓获犯罪分子;当员工人身安全受到威胁或侵犯时,应适时向公安机关报警。

③打架斗殴、聚众闹事行为发生时,应采取先隔离、后处置的方法,劝散围观群众、闹事群体,将肇事者双方带离现场再行处理。必要时要报当地公安机关处理,防止事态恶化。

④自然灾害(如台风袭击等)来临前,应关闭所有门窗,加固设备设施或进行必要的转移安置。灾害发生时,要注意观察各种设施的安全状况。

⑤交通事故发生时,通知公安部门协助疏导交通、保护现场。与此同时,联络交管部门等前来处置。

(6)若在处理突发性事件过程中遇到自身力量不足、无法控制事态发展时,监控员应向有关部门发出请求增援的信息,等待公安、交管、消防部门等来处置或公司组织人员支援。

(7)突发事件中出现受伤或患病人员,应通知医院派救护人员到场救治;在伤病严重危及生命或时间紧迫的情况下,可以在确信不会给伤病者带来更大伤害的前提下,采取派车运送、或拦截过往车辆运送伤病人员入院急救的方法处理。

(8)做好现场保护工作。突发性事件得以控制后,应安排人员负责保护现场,划定、封锁警戒区域,禁止无关人员或车辆进入。并协助事件处理部门做好现场勘查、调查取证、技术分析鉴定工作,在及时清理现场的同时,要尽快恢复正常工作秩序。

(9)突发性事件未影响收费营运时,员工应坚守工作岗位,提高警惕,防止不法分子趁机破坏。

四、处置危险化学品事故应急救援预案

(一)应急救援预案的适用时间及"危险化学品事故"的概念

(1)在公司所辖的桥梁、道路上发生危险化学品事故时,适用危险化学品事故应急救援预案。

(2)预案所称"危险化学品事故",是指运输危险化学品车辆由于自然、人为、技术、设备或其他意外的原因,引发交通事故,并伴随火灾、爆炸、毒物泄露,影响到人身安全或环境安全的事故。

(二)应急救援的主要任务

危险化学品事故应急救援工作的主要任务,如下所述:

(1)及时通知公安、消防等专业部门处理事故;

(2)尽最大努力确保人员生命安全,抢救受害人员,维护救援现场秩序;

(3)组织消防灭火,尽最大可能控制和减少事故危害;

(4)协调救援的指挥通信、交通运输、设备器材,协助转移危险化学品及物资设备;

(5)查明具体危害情况,估算经济损失;

(6)抢修公路设施,消除危害后果,恢复正常交通秩序。

(三)应急救援的处理原则

危险化学品事故的处理原则如下:

(1)报警(交警、火警);

(2)坚持"抢救和保护人员生命安全第一,尽量控制事态的进一步发展"的原则;

(3)在未分清易燃、易爆、剧毒等危险化学品的类型之前,禁止盲目实施扑救、抢救,禁止进入事故现场;

(4)在场人员必须坚持"服从指挥、密切配合"的原则,在专业人员的指挥下,迅速果断地抢救人员、物资,及时撤离事故危险地带。

(四)应急救援的处理措施与程序

危险化学品事故的应急救援处理措施与程序如下:

(1)应急救援预案启动后,各有关部门应当根据预案规定的职责要求立即投入预案响应的各项准备工作。人员、物质、设备等必须到达指定地点,听从应急工作领导小组的统一指挥和调遣。

(2)发现事故要首先报警,报警人员需说明起火地点、单位、火灾燃烧物品。

(3)积极协助公安交警,画出事故危险警戒区域,禁止无关车辆、人员进入警戒区域。同时,协助将事故现场内的车辆和人员尽快疏散到安全地点。

(4)事故若未引起火灾时,要组织抢救事故受伤人员,禁止无关车辆、人员进入事故警戒区域,指挥后续车辆(即将进入广场的车辆)远离警戒区域行驶。可燃液体大量漏出的,应设置简易拦油堤,禁止一切明火、车辆靠近警戒区域。同时,尽可能将易燃液体转移到安全地方并派专人看管。

(5)事故引起火灾时:

①坚持以抢救人员生命安全为第一原则,积极协助组织撤离事故附近有危险的人员,引导、指挥存在危险的车辆和人员向安全地带疏散。

②拆除事故附近可燃建筑物,设置防火带,防止火势蔓延和扩散。

③在保证生命安全的前提下,组织员工使用干粉、二氧化碳型灭火器进行扑救,用水对油罐体进行冷却,以防爆炸。

④对有可能引起爆炸的危险品,应及时撤离抢救人员、附近的收费员,将后续车辆、人员截停在安全地带,禁止车辆和明火接近警戒区域。在专业部门的指挥下,协助转移危险品到有专人看管的安全地带(若属危险化学用品、剧毒品、燃烧可产生毒素的易燃易爆物品,转移危险品时必须由特种专业部门,如消防、防化部队等实施),采取防火、防爆措施,并进行现场巡视。

(6)事故产生毒气、毒烟的,应及时将有关车辆和人员疏散到上风的安全地带,将后续车辆、人员截停在安全路段。当火场有剧毒气体扩散时,及时通知有关部门采取安全措施,必要时派人配合疏散火场附近的居民群众。

(7)遇水易燃物品产生火灾时,禁止用水扑救。

(8)发现违法运载毒品的,设法稳住驾驶员,拖延时间,及时拨打“110”报警。

(9)专业机构赶到后将指挥权上交,协助做好相关工作。

(五)事故善后处理及恢复道路交通的措施

危险化学品事故的善后处理及恢复道路交通所采取的措施如下:

(1)事故处理完毕后,收费站在接到应急工作领导小组的通知后,应有序开放车道或站口,放行车辆。

(2)应及时对损坏的路产设施进行维修或更换,保证公路设施的正常使用。

(3)要对事故现场进行清理、修复,恢复公路原貌。

(4)路产管理部要估算事故造成的损失,并形成专门报告上报事故应急工作领导小组,并依法向事故车主索赔。

五、自然灾害应急处置预案

(一)启动预案的适用情况及其遵循的方针和原则

当出现了以下情况时,可以启动自然灾害应急处置预案:

(1)气象部门发出了台风黄色或以上的预警(即本地未来12小时内可能受热带气旋影响,平均风力可达8级以上,或已经受热带气旋影响,平均风力为8～9级,风速17米/秒以上);暴雨红色或以上的预警(即在刚过去的3小时内,本地部分地区降雨量已达50毫米以上,且雨势可能持续);寒冷黑色预警(即当地气温有可能降到5℃以下);发生能见度低于50米的大雾;出现5级或5级以上的中强地震。

(2)重大自然灾害,是指气象部门发出了红色台风警报(本地受热带气旋影响,未来12小时内平均风力可达10级以上,或已经受热带气旋影响,平均风力为10～11级,风速24米/秒以上)、黑色暴雨信号(在刚过去的3小时内,本地部分地区降雨量已达100毫米以上,且雨势可能持续)等预警信号,或高边坡发生泥石流、山体滑坡,或发生能见度低于50米的大雾,或出现5级以上的中强地震。

为了做好自然灾害应急处置工作,应当遵循预防为主、常备不懈的方针,贯彻统一领导、分工负责、反应及时、措施果断、依靠科学、加强合作的原则。

(二)自然灾害的划分及应急措施

自然灾害的划分及应急措施如下:

(1)一般自然灾害:即指气象部门发出了黄色台风信号、红色暴雨信号或黑色寒冷信号等预警信号。出现一般自然灾害,应急工作领导小组应有针对性地做好以下工作:

①领导要坚守岗位,采取措施紧固门窗、围板、棚架、临时搭建物等,将户外可能被风吹走或损坏的物品移入室内;

②暂停在空旷地方的户外作业;

③除极特殊情况外,尽量暂停公司车辆外出,若确需因公驾车外出时,要提醒驾驶员注意道路可能出现严重水淹及交通拥挤、管制;

④及时疏通沟渠等;

⑤做好员工,尤其是一线员工的防暑、防寒工作。

(2)重大自然灾害:指气象部门悬挂了红色台风信号等预警信号、发生了山体滑坡及泥石流、能见度在50米以下的大雾天气或出现了5～7级的中强地震。出现重大自然灾害,应急工作领导小组应有针对性地做好以下工作:

①当出现红色台风预警信号时,应进入现场指挥状态,做好管制交通准备(原则上当气象仪测得风速大于28米/秒时,则应对桥梁进行交通管制),并落实下列措施:进入防风状态,关紧办公室、宿舍门窗,移走可能遭受破坏的物品;停止高空和户外养护作业;切断危险的室外电源;除极特殊情况外,停止外派车辆;在岗员工要做好安全防风措施,不在岗员工应到安全场所避风。

②当出现黑色暴雨预警信号时,应进入防雨指挥状态。具体落实下列措施:关紧办公室、宿舍门窗,停止在空旷地方的路面、桥梁养护等户外作业,通知过往驾驶员慢速驾驶车辆,加强路面巡查。

③当出现黑色寒冷预警信号时,应进入防寒指挥状态。加强员工的防寒保暖工作,进一步做好员工特别是一线员工的防霜冻和冰冻措施,尽量减少寒害损失。

④当出现能见度低于50米的大雾时,应进入防雾指挥状态。根据路面的实际状态确认必须全线或局部管制交通的,要进行封路部署。在封闭路段或收费站设置好警示标志,维持好车辆行驶秩序,做好车辆分流工作。

⑤当发生5~7级中强地震时，应进入抗震指挥状态。并视情况在小组长的指挥下做好停工、停业准备。

⑥当发生山体滑坡时，应进入防泥石流状态。根据路面的实际状态确认必须全线或局部管制交通的，要进行封路部署。在封闭路段或收费站设置好警示标志，维持好车辆行驶秩序，做好车辆分流工作。

(3)特大自然灾害：即指气象部门发出了黑色台风预警信号或发生了7级以上大地震。应急工作领导小组组长要立即进入灾情现场指挥，将情况及时报告给公司相关部门和公司主要领导，并采取以下措施：

①在应急工作领导小组组长的指挥下，视情况做好管制交通和停止一切工作的准备，安置员工到安全的地方避风或防震。

②停止一切外派车辆。正在执行任务的，通知当事人就地寻找安全地方避风或防震。

③当台风中心经过时，风力有可能会减小到很小或静止一段时间，切记强风可能会转向突然吹袭，应继续留在安全处避风，直到气象部门解除或降低预警信号；当遇到大地震时，震后可能会平静一段时间，切记会有余震发生，应继续留在安全处避震，直到震灾结束。

(4)较大损失：即指重大自然灾害造成公司员工受伤或出现较大经济损失时，应急工作领导小组应立即调动临时应急救援抢险队伍，视自然灾害类型，由组长带领赶赴灾害现场组织应急救援抢险工作。

(5)重大损失：即指重大自然灾害造成公司员工重伤、死亡或出现重大经济损失时，应急工作领导小组应立即召集临时应急救援抢险队伍，由组长率领赶赴现场组织应急救援抢险工作，并及时向有关部门汇报情况。

（三）应急处置响应的工作程序

自然灾害应急处置响应的工作程序如下：

1. 应急工作领导小组

(1)接到气象部门的自然灾害预警后，公司行政人事部向应急工作领导小组正副组长报告，并发出预警通知，通报进行防灾部署。

(2)重大自然灾害出现时，应急工作领导小组组长负责主持应急处置工作；各分管副组长负责实施具体应急指挥；公司行政人事部必须制定临时应急处置措施，及时组织人、财、物进行救援、抢险工作，最大限度地减轻损失。

(3)重大自然灾害造成人员受伤或较大经济损失时，应急工作领导小组组长应亲自组织人员、设备、物资进行紧急救援、抢险和处置工作，并随时向上级部门报告救援、抢险和处置工作情况。

(4)灾情(除寒灾和雾灾)过后，应急工作领导小组应及时收集经济损失情况上报有关部门。

2. 监控中心

(1)接到预警后，按灾情的级别或应急工作领导小组指令，协调相关部门组织救援队伍和物资进行抢险工作。

(2)在处置应急事故过程中，负有指挥、协调和监督的责任。所有工作人员应听从应急工作领导小组正、副组长的统一指挥。

(3)利用监控设备,监督、跟踪相关部门、单位对应急事故的处置情况,做好相关资料的收集。

(4)及时向应急工作领导小组反馈灾情实时情况和救援、抢险等进展情况。

3. 公司其他部门及员工

(1)出现人员伤亡、较大或重大经济损失时,各部门要如实向应急工作领导小组和组长报告,并积极协助有关部门采取有效措施进行全方位的救援、抢险和处置,及时抢救人员、财产,尽力防止灾情蔓延、扩大。

(2)全体员工应以高度的政治责任感和人道主义精神积极投入到灾情应急救援、抢险和处置工作之中去,积极配合、协助灾害的处置工作,不得以任何方式逃避、阻碍、干涉灾害处置工作的正常进行。

六、消防及人员疏散预案

(一)本预案的适用情况及各部门的工作职责

(1)本预案适用于火灾、建筑物倒塌、地震等灾害发生后的人员疏散流程。

(2)各部门及其有关人员的工作职责:

①监控中心:

a. 负责通知应急工作领导小组各成员,由应急工作领导小组组长根据火警的严重程度决定是否通知消防队,并决定是否暂时封闭桥梁或道路(如领导外出,应尽量与其电话联系上,在未取得联系之前,可由留守公司的其他应急工作领导小组成员代为决定)。

b. 根据指示拨打"119"报警。

c. 根据指示,通知各部门启动消防、人员疏散预案,即消防及其他人员疏散预案基本流程(见图4-2)。

d. 通知电工回守电房,根据需要及时切断电源。

e. 调动摄像机对火警现场进行录像。

f. 通告全体当值人员戒备。

g. 与火警现场的现场指挥人员保持联系,并及时向应急工作领导小组组长报告一切有关火警的进展情况。

②当值站长或班长:

a. 组织人员疏散。

b. 保持与监控中心联系并适时汇报火警的进展情况。

c. 根据领导的指示或监控中心的通知,关闭危险车道或所有车道。

d. 指挥车辆暂停靠在安全地段,或改道驶离危险路段。

e. 在收费广场预留一条安全车道,以便消防车、救护车快速畅通地抵达现场。

f. 消防单位的人员赶到后,协助有关人员维持秩序及灭火。

g. 灭火后,清理现场并尽快恢复正常秩序。

③其他人员:

a. 服从现场指挥,保持情绪稳定。

b. 对受伤人员施行急救,协助组织人员疏散。

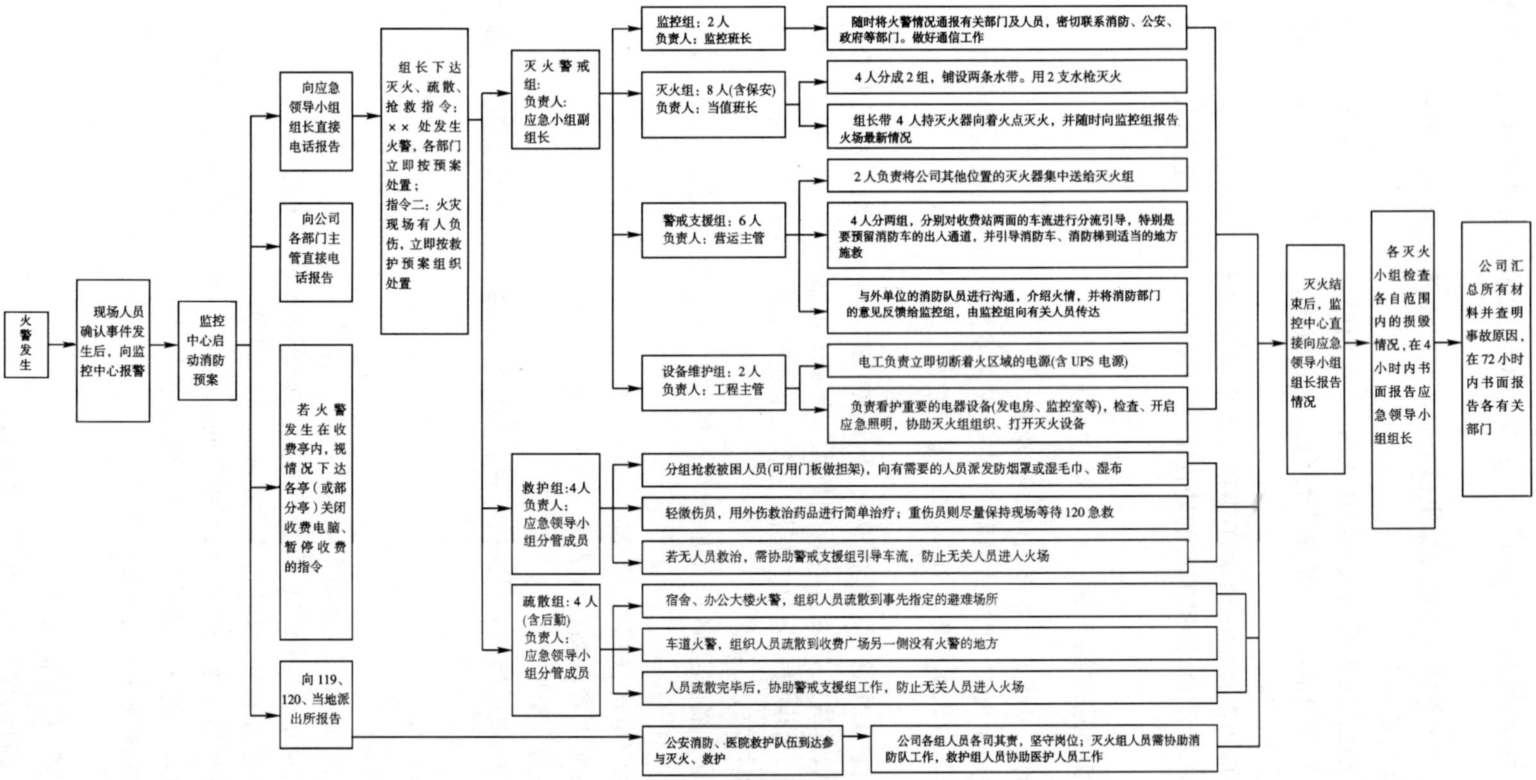

火警发生

现场人员确认事件发生后，向监控中心报警

监控中心启动消防预案

向应急领导小组组长直接电话报告

向公司各部门主管直接电话报告

若火警发生在收费亭内，视情况下达各亭（或部分亭）关闭收费电脑、暂停收费的指令

向119、120、当地派出所报告

组长下达灭火、疏散、抢救指令：××处发生火警，各部门立即按预案处置；指令二：火灾现场有人负伤，立即按救护预案组织处置

灭火警戒组：负责人：应急小组副组长

监控组：2人 负责人：监控班长

随时将火警情况通报有关部门及人员，密切联系消防、公安、政府等部门。做好通信工作

灭火组：8人(含保安) 负责人：当值班长

4人分成2组，铺设两条水带。用2支水枪灭火

组长带4人持灭火器向着火点灭火，并随时向监控组报告火场最新情况

警戒支援组：6人 负责人：营运主管

2人负责将公司其他位置的灭火器集中送给灭火组

4人分两组，分别对收费站两面的车流进行分流引导，特别是要预留消防车的出入通道，并引导消防车、消防梯到适当的地方施救

与外单位的消防队员进行沟通，介绍火情，并将消防部门的意见反馈给监控组，由监控组向有关人员传达

设备维护组：2人 负责人：工程主管

电工负责立即切断着火区域的电源(含UPS电源)

负责看护重要的电器设备(发电房、监控室等)，检查、开启应急照明，协助灭火组组织、打开灭火设备

救护组：4人 负责人：应急领导小组分管成员

分组抢救被困人员(可用门板做担架)，向有需要的人员派发防烟罩或湿毛巾、湿布

轻微伤员，用外伤救治药品进行简单治疗；重伤员则尽量保持现场等待120急救

若无人员救治，需协助警戒支援组引导车流，防止无关人员进入火场

疏散组：4人(含后勤) 负责人：应急领导小组分管成员

宿舍、办公大楼火警，组织人员疏散到事先指定的避难场所

车道火警，组织人员疏散到收费广场另一侧没有火警的地方

人员疏散完毕后，协助警戒支援组工作，防止无关人员进入火场

公安消防、医院救护队伍到达参与灭火、救护

公司各组人员各司其责，坚守岗位；灭火组人员需协助消防队工作，救护组人员协助医护人员工作

灭火结束后，监控中心直接向应急领导小组组长报告情况

各灭火小组检查各自范围内的损毁情况，在4小时内书面报告应急领导小组组长

公司汇总所有材料并查明事故原因，在72小时内书面报告各有关部门

图4-2 消防及其他人员疏散预案基本流程

注：图中人员配备可视情况而定。

c. 负责车辆改道、倒车、调头等的指挥工作,协助站长或班长疏导车流。

(二)灾情结束后的有关工作

(1)火警扑灭火后,所有参与灭火的人员都要参与现场的清理工作。如火警发生在桥梁或车道内,收费班长要尽快组织人手清理现场,疏通车道,以便尽早恢复通车。

(2)如车道上有因火警受损无法自行驶离的机动车,则需等待交警部门把损坏车辆拖走,并保证路面已清理完毕后才能恢复通车。

(3)灾情结束后,要及时向保险公司报案出险。

(4)行政人事部尽快更换及补充已使用过的灭火器具。

七、收费站遭劫处理预案

(一)收费站遭劫时的处理程序

1. 遇持枪械抢劫时

如遇持枪械抢劫时,被劫人员必须遵循如下程序:

(1)如遭劫地点在收费亭内,应立即触动亭内报警开关。

(2)按劫匪的要求,可将钱交予对方。

(3)应尽量观察劫匪的特征。

(4)不可试图反抗,也不能用言语激怒对方,但可尽量与之对话以拖延时间。

(5)记下劫匪逃跑之方向。

(6)在劫匪离开、确认安全的情况下,才能大声呼叫。

2. 遇持攻击性器械抢劫时

如遇持攻击性器械抢劫时,被劫人员必须遵循如下程序:

(1)如遭劫地点在收费亭内,应立即触动亭内报警开关。

(2)试图与犯罪分子对话。

(3)当员工已处于劫匪的攻击范围内,不要试图反抗,可以按劫匪要求慢慢地将钱交出。

(4)观察劫匪特征。

(5)记下劫匪逃跑的方向。

(6)在劫匪离开、确认安全的情况下,才能大声呼叫。

3. 监控员接到警报后

监控员接到警报后应做好如下工作:

(1)首先应尽量确认该警报是否属实。

(2)如警报属实,立即拨打“110”报警。

(3)监控员尽可能利用各种通信手段(如无线对讲机),通知遇劫人员附近之其他人员密切注视事态的发展。

(4)不论警报真假,监控员都要尽量调整摄像机对报警点进行录像。

(5)若警报属实,监控员在向“110”报警后应立即通知公司应急领导小组。

(二)收费站遭劫后的处理流程

收费站遭劫后,应该采取如下处理流程:

(1)如属收费亭内遭劫,当劫匪离开后,现场交由班长处理。班长要暂时关闭该车道,停止收费员的售票工作，并封存其钱箱（袋）及其他一切现金、票据，然后与该收费员一同到办公楼内接受调查。

（2）如遭劫地点在办公大楼或财务室、票房、缴款室等地方，相关案发现场要保护好。应急工作领导小组要指定其他地方作为临时的缴款点，并安排合适的方法将当日的收益送交银行，如无法送交银行，应急工作领导小组应采取其他有效的方法暂存现金。

（3）财务人员要对遭劫收费员的现金、票据进行清点；监控员要立即打印该收费员的收费金额进行复核，以便尽快核算损失。如属财务管理部或财务人员遭劫，应急工作领导小组应指派其他无利益相关的人员监督或直接对财务人员的各项现金进行清点。

（4）监控员要将遭劫过程的所有音像数据备份好，长期保存。有关音像数据在经公司领导同意后，可提供给公安、保险等单位。

（5）事件发生后，遭劫收费站应积极与公安机关密切配合，认真、翔实地向公安机关录制口供。

（6）应急工作领导小组，要在24小时之内向公司有关部门及主管领导报告。

（7）公司应将有关劫匪及其车辆等信息下发到收费站，以期利用收费站录像设备，在嫌疑人员、车辆再次路过收费站时，能及时发现。如有需要，也可通过协调区域内其他收费站一同帮助协查。

（8）应急领导小组应指派专人在24小时之内向保险公司报案，并备齐有关资料准备办理索赔事宜。

（9）遇劫事件发生后，遇劫人员、监控员、目击人等有关人员均要以书面的形式，分别向公司详细报告情况。

（10）如有必要，应急工作领导小组可安排遭劫人员暂时休假，或对其进行心理辅导。

八、打击肇事逃逸事件预案

（一）何谓“肇事逃逸事件”

肇事逃逸事件，分为“与本公司有直接关系的事件”及“与本公司无直接关系的事件”两类。前者指肇事事件涉及到本公司的财物、人员，肇事者肇事后逃逸的事件；后者指肇事事件与本公司财物、人员无关，但肇事者在逃逸时有可能经过了本公司所辖的收费站，公司有责任与义务协助公安机关等部门搜集资料的事件。

（二）与本公司有直接关系的肇事逃逸事件

与本公司有直接关系的肇事逃逸事件：

（1）事件发生后，监控中心应立即将事件的情况（包括出事的地点、事件过程、肇事车车牌或人员特征、公司的人员伤亡及财物的损失情况等）报告公司应急工作领导小组有关成员。如有需要，还须向“110”、辖区的公安交警、当班的其他工作人员、急救中心、消防中心、路产管理部、拯救单位等部门报告，请求支援。

（2）现场如有人员伤亡要及时抢救，应根据现场情况及本公司人员的实际能力，选择进行现场急救或送就近医院抢救。

（3）发现肇事事故的现场工作人员，要首先保护好现场。若事故发生在收费站车道内，要关闭相关的车道；若事故发生在辖区路段内，应根据实际情况，选择是否要用反光锥封闭现场。

(4)现场人员在上报监控中心、救治伤员、保护好现场后,如非亲眼目睹事故的过程,则要积极寻找其他现场目击证人,要向目击证人问明发案的时间、经过、肇事车辆或人员的特征,并问清目击证人的身份、住址、联系电话。

(5)应急工作领导小组在接报后,应有专人到现场领导和指挥勘察工作:

①线索较清楚的,应当立即向辖区内的公安机关发出协查请求。

②勘查肇事逃逸案件现场必须细致、周密,应当首先寻找证人(包括受害人、过路人等),并根据现场遗留的各种痕迹、印迹,判断肇事车辆的类型、逃逸方向。

③肇事逃逸案件现场遗留的具有明显特征的证据,必须采用多种手段固定、提取和保存,并按有关规定和标准制作现场勘查记录等文书;对暂不能确定为逃逸案件的,也要认真勘查现场,调查了解情况,会同有关部门进行鉴定。

④对暂无线索的逃逸事故,应尽量做好现场取证,照相留存。

⑤对肇事现场的保护期限,如条件允许,原则上应在各有关单位(如公安、保险公司等)全部取证完毕后才可解封。

(6)运用收费站的现代化科技设备,如路段、车道的监控影音设备(现场和非现场的)进行翻查,寻找可疑车辆或人员。

(7)若公安机关已介入调查的,应将公司所掌握的所有资料转给办案人员。

(8)监控员应将肇事逃逸事件的有关数据资料另行保存,保存期为长期,即使在肇事案件已破案,相关数据也应长期保存。

(9)要将肇事逃逸的车辆或人员信息下发到收费站,以便肇事车辆或人员在下次路过收费站时,能充分利用收费站的各种先进的稽查手段(如车牌自动识别系统等)及时发现。如有需要,也可协调区域内其他收费站协查。

(10)应急工作领导小组应指定专人在 24 小时之内向保险公司报案,并备齐有关资料准备办理索赔事宜。

(11)若事件产生的影响较大,应急工作领导小组应按本章第一节《基本规定》中的有关规定,向公司有关部门及领导报告。

(12)在各方取证完毕后,应急工作领导小组应派工程人员尽快修复受损设备、设施,以保证营运工作的顺利进行。

(三)与本公司无直接关系的肇事逃逸事件

与本公司无直接关系的肇事逃逸事件:

(1)与本公司无直接关系的事件,公司在有关部门的请求下,有责任和义务帮助协查。

(2)帮助协查时,公司有关人员应要求申请单位(或个人)出具相关的证明文件(如介绍信、工作证等),并登记在案。

(3)经本公司分管领导同意,可以允许要求协查的部门人员进入收费站监控室查阅录像,但应做好相关登记手续。

(4)如要求协查的单位需要公司提供某些证据时,可以在征得公司分管领导同意的情况下,提供有关的影音资料数据给对方,并将相关的资料从数据库中备份后另行存档。

(5)监控员应将肇事逃逸事件的有关数据资料另行保存,保存期至少 2 年,或至有关要求协查单位通知案件已破获为止。

(四)肇事逃逸人员或车辆再次途经收费站时的处置办法

如肇事逃逸人员或车辆再次路经收费站时被发现(含公安机关等政府部门要求收费站协助拦截其他车辆、人员),原则上只能在确保公司人员、财物安全的前提下,有策略地滞留车辆或人员,并及时向有关单位报告,要求有关单位迅速前来处理。严禁采用简单、粗暴,或不文明的滞留方式;在有关单位到达处理之前,尽量避免泄露收费站滞留目标的真正目的。

第五章　工作评价及考核

为建立科学有效的激励和约束机制，充分调动公司员工的工作积极性和创造性，推动公司可持续性发展，公司应建立有效、完善的工作评价和考核体系，客观、公正地评价经营班子以及各级管理层的工作实效。

第一节　考核原则和形式

一、考核的原则

考核的原则如下：

1. 公开公正原则

公开公正原则，即公开考核标准、内容、考核程序和评价方法，让被考核单位充分了解考核的程序、内容、方法和时间等，提高透明度。在考核过程中，以事实为依据进行评价与考核，避免受主观因素的影响。

2. 沟通促进原则

沟通促进原则，即考核结果须及时反馈给被考核公司经营班子，肯定成绩，指出不足，提出改进意见。在考核双方沟通协调中，相互促进，不断完善考核的方法。

3. 连续性原则

连续性原则，即考核是一个持续管理、持续改进的过程，是日常管理的常规工作。以考核促进管理提高的原则，贯穿经营管理的全过程。

4. 差别原则

差别原则，即考核要实事求是、坚持公平，评定等级应体现差距，考核结果必须和奖惩措施挂钩。

二、考核的形式

考核形式可分为分项考核、年终考核。

(1)分项考核以日常考核为主，以管理过程作为主要的考核内容，以半年为一个考核周期，是年终考核的重要指标。

(2)年终考核以结果考核指标为主，是评价被考核公司全年工作绩效表现的综合结果，以一年为一个考核周期。

考核工作由考核领导小组组织，半年考核或年终考核进行前，被考评公司先按考核的内容进行自评；下半年分项考核和年终考核拟安排在年终同时进行。

第二节　考核组织和流程

一、考核的组织

（1）成立考核工作领导小组，负责审定绩效考核办法及评价指标，监督考核执行过程并审定考核结果。成员由董事会和被考核公司的股东代表组成。

（2）考核工作领导小组下设考核办公室作为绩效考核的日常工作机构，成员由公司领导及相关职能部门主要干部组成。

二、考核的流程

考核工作的流程，可按照图5-1所示进行。

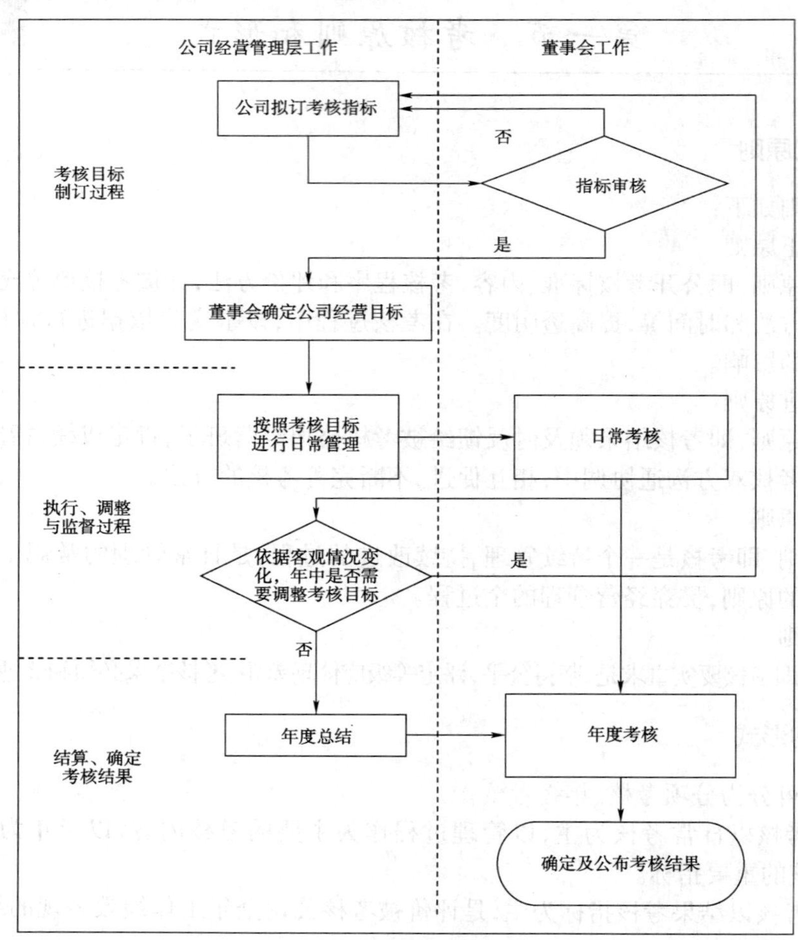

图5-1　考核工作的流程

第三节　分项考核内容

分项考核以半年为一个周期，以业绩目标为导向，以管理过程和效果作为考核的重要因素。评价的内容，包括营运管理、行政人事管理、财务管理、路产管理4大类37项指标。

一、营运管理工作的分项考核

营运管理工作分项考核（可参照本书附录二中附表49），由16项指标组成，各细项分数扣完即止，不设负分，满分为100分。

二、行政人事工作的分项考核

行政人事工作的分项考核（可参照本书附录二中附表50），由日常行政管理、文档管理、后勤管理、人事管理、安全管理5部分组成，不设负分，满分为100分。

三、财务管理工作的分项考核

财务管理工作的分项考核（可参照本书附录二中附表51），由11项指标组成，不设负分，满分为100分。

四、路产管理工作的分项考核

路产管理工作的过程考核（可参照本书附录二中附表52），由工作程序管理、工作计划管理、施工管理、路况效果、路产管理等5部分组成，不设负分，满分为100分。

第四节　公司年度绩效考核

一、公司年度绩效考核

公司年度工作评价，由营业收入完成率、营运管理分项考核、行政人事管理分项考核、财务管理分项考核、路产管理分项考核等五部分组成，每年年底组织一次考核。

相关文件详见本书附录二中附表53。

二、考核结果应用

（1）根据考核分数对公司评定绩效管理等级。例如：考核分数≥90，为优秀；80≤考核分数＜90，为良好；70≤考核分数＜80，为一般；60≤考核分数＜70，为较差；考核分数＜60，为不合格。

（2）公司年度综合考核结果作为被考核公司的当年绩效考核结果，是管理人员任用、晋升、薪酬管理的重要依据，同时作为公司薪酬管理的依据。

第五节 绩效考核与激励挂钩

为建立和健全公司的激励与约束机制，公司的绩效考核结果应连同经济效益指标直接与公司激励奖挂钩。

（1）经济效益指标，包括营业收入指标、净利润指标，按同期可比值计算。

（2）营业收入指标、净利润指标、激励奖金等内容，应由公司董事会在年初通过年度预算时确定。

（3）绩效考核结果、营业收入指标、净利润指标与公司员工（包括总经理、副总经理、总经理助理）年度激励奖金直接挂钩。具体办法可由公司董事会确定。

附录一　收费公路相关法律法规

中华人民共和国公路法

1997年7月3日第八届全国人民代表大会常务委员会第二十六次会议通过，根据1999年10月31日第九届全国人民代表大会常务委员会第十二次会议《关于修改〈中华人民共和国公路法〉的决定》第一次修正，根据2004年8月28日第十届全国人民代表大会常务委员会第十一次会议《关于修改〈中华人民共和国公路法〉的决定》第二次修正。

第一章　总　　则

第一条　为了加强公路的建设和管理，促进公路事业的发展，适应社会主义现代化建设和人民生活的需要，制定本法。

第二条　在中华人民共和国境内从事公路的规划、建设、养护、经营、使用和管理，适用本法。

本法所称公路，包括公路桥梁、公路隧道和公路渡口。

第三条　公路的发展应当遵循全面规划、合理布局、确保质量、保障畅通、保护环境、建设改造与养护并重的原则。

第四条　各级人民政府应当采取有力措施，扶持、促进公路建设。公路建设应当纳入国民经济和社会发展计划。

国家鼓励、引导国内外经济组织依法投资建设、经营公路。

第五条　国家帮助和扶持少数民族地区、边远地区和贫困地区发展公路建设。

第六条　公路按其在公路路网中的地位分为国道、省道、县道和乡道，并按技术等级分为高速公路、一级公路、二级公路、三级公路和四级公路。具体划分标准由国务院交通主管部门规定。

新建公路应当符合技术等级的要求。原有不符合最低技术等级要求的等外公路，应当采取措施，逐步改造为符合技术等级要求的公路。

第七条　公路受国家保护，任何单位和个人不得破坏、损坏或者非法占用公路、公路用地及公路附属设施。

任何单位和个人都有爱护公路、公路用地及公路附属设施的义务，有权检举和控告破坏、损坏公路、公路用地、公路附属设施和影响公路安全的行为。

第八条 国务院交通主管部门主管全国公路工作。

县级以上地方人民政府交通主管部门，主管本行政区域内的公路工作；但是，县级以上地方人民政府交通主管部门对国道、省道的管理、监督职责，由省、自治区、直辖市人民政府确定。

乡、民族乡、镇人民政府，负责本行政区域内的乡道的建设和养护工作。

县级以上地方人民政府交通主管部门，可以决定由公路管理机构依照本法规定行使公路行政管理职责。

第九条 禁止任何单位和个人在公路上非法设卡、收费、罚款和拦截车辆。

第十条 国家鼓励公路工作方面的科学技术研究，对在公路科学技术研究和应用方面做出显著成绩的单位和个人给予奖励。

第十一条 本法对专用公路有规定的，适用于专用公路。

专用公路是指由企业或者其他单位建设、养护、管理，专为或者主要为本企业提供运输服务的道路。

第二章 公路规划

第十二条 公路规划应当根据国民经济和社会发展以及国防建设的需要编制，与城市建设发展规划和其他方式的交通运输发展规划相协调。

第十三条 公路建设用地规划应当符合土地利用总体规划，当年建设用地应当纳入年度建设用地计划。

第十四条 国道规划由国务院交通主管部门会同国务院有关部门并商国道沿线省、自治区、直辖市人民政府编制，报国务院批准。

省道规划由省、自治区、直辖市人民政府交通主管部门会同同级有关部门并商省道沿线下一级人民政府编制，报省、自治区、直辖市人民政府批准，并报国务院交通主管部门备案。

县道规划由县级人民政府交通主管部门会同同级有关部门编制，经本级人民政府审定后，报上一级人民政府批准。

乡道规划由县级人民政府交通主管部门协助乡、民族乡、镇人民政府编制，报县级人民政府批准。

依照第三款、第四款规定批准的县道、乡道规划，应当报批准机关的上一级人民政府交通主管部门备案。

省道规划应当与国道规划相协调。县道规划应当与省道规划相协调。乡道规划应当与县道规划相协调。

第十五条 专用公路规划由专用公路的主管单位编制，经其上级主管部门审定后，报县级以上人民政府交通主管部门审核。

专用公路规划应当与公路规划相协调。县级以上人民政府交通主管部门发现专用公路规划与国道、省道、县道、乡道规划有不协调的地方，应当提出修改意见，专用公路主管部门和单位应当作出相应的修改。

第十六条 国道规划的局部调整，由原编制机关决定。国道规划需要作重大修改的，由原编制机关提出修改方案，报国务院批准。

经批准的省道、县道、乡道公路规划需要修改的，由原编制机关提出修改方案，报原批准机关批准。

第十七条　国道的命名和编号，由国务院交通主管部门确定；省道、县道、乡道的命名和编号，由省、自治区、直辖市人民政府交通主管部门按照国务院交通主管部门的有关规定确定。

第十八条　规划和新建村镇、开发区，应当与公路保持规定的距离并避免在公路两侧对应进行，防止造成公路街道化，影响公路的运行安全与畅通。

第十九条　国家鼓励专用公路用于社会公共运输。专用公路主要用于社会公共运输时，由专用公路的主管单位申请，或者由有关方面申请，专用公路的主管单位同意，并经省、自治区、直辖市人民政府交通主管部门批准，可以改划为省道、县道或者乡道。

第三章　公路建设

第二十条　县级以上人民政府交通主管部门应当依据职责维护公路建设秩序，加强对公路建设的监督管理。

第二十一条　筹集公路建设资金，除各级人民政府的财政拨款，包括依法征税筹集的公路建设专项资金转为的财政拨款外，可以依法向国内外金融机构或者外国政府贷款。

国家鼓励国内外经济组织对公路建设进行投资。开发、经营公路的公司，可以依照法律、行政法规的规定发行股票、公司债券筹集资金。

依照本法规定出让公路收费权的收入，必须用于公路建设。

向企业和个人集资建设公路，必须根据需要与可能，坚持自愿原则，不得强行摊派，并符合国务院的有关规定。

公路建设资金，还可以采取符合法律或者国务院规定的其他方式筹集。

第二十二条　公路建设，应当按照国家规定的基本建设程序和有关规定进行。

第二十三条　公路建设项目，应当按照国家有关规定实行法人负责制度、招标投标制度和工程监理制度。

第二十四条　公路建设单位应当根据公路建设工程的特点和技术要求，选择具有相应资格的勘查设计单位、施工单位和工程监理单位，并依照有关法律、法规、规章的规定和公路工程技术标准的要求，分别签订合同，明确双方的权利义务。

承担公路建设项目的可行性研究单位、勘查设计单位、施工单位和工程监理单位，必须持有国家规定的资质证书。

第二十五条　公路建设项目的施工，须按国务院交通主管部门的规定报请县级以上地方人民政府交通主管部门批准。

第二十六条　公路建设，必须符合公路工程技术标准。

承担公路建设项目的设计单位、施工单位和工程监理单位，应当按照国家有关规定建立健全质量保证体系，落实岗位责任制，并依照有关法律、法规、规章以及公路工程技术标准的要求和合同约定进行设计、施工和监理，保证公路工程质量。

第二十七条　公路建设使用土地依照有关法律、行政法规的规定办理。

公路建设应当贯彻切实保护耕地、节约用地的原则。

第二十八条　公路建设需要使用国有荒山、荒地或者需要在国有荒山、荒地、河滩、滩涂上挖砂、采石、取土的，依照有关法律、行政法规的规定办理后，任何单位和个人不得阻挠或者非法收取费用。

第二十九条 地方各级人民政府对公路建设依法使用土地和搬迁居民,应当给予支持和协助。

第三十条 公路建设项目的设计和施工,应当符合依法保护环境、保护文物古迹和防止水土流失的要求。

公路规划中贯彻国防要求的公路建设项目,应当严格按照规划进行建设,以保证国防交通的需要。

第三十一条 因建设公路影响铁路、水利、电力、邮电设施和其他设施正常使用时,公路建设单位应当事先征得有关部门的同意;因公路建设对有关设施造成损坏的,公路建设单位应当按照不低于该设施原有的技术标准予以修复,或者给予相应的经济补偿。

第三十二条 改建公路时,施工单位应当在施工路段两端设置明显的施工标志、安全标志。需要车辆绕行的,应当在绕行路口设置标志;不能绕行的,必须修建临时道路,保证车辆和行人通行。

第三十三条 公路建设项目和公路修复项目竣工后,应当按照国家有关规定进行验收;未经验收或者验收不合格的,不得交付使用。

建成的公路,应当按照国务院交通主管部门的规定设置明显的标志、标线。

第三十四条 县级以上地方人民政府,应当确定公路两侧边沟(截水沟、坡脚护坡道,下同)外缘起不少于一米的公路用地。

第四章 公路养护

第三十五条 公路管理机构应当按照国务院交通主管部门规定的技术规范和操作规程对公路进行养护,保证公路经常处于良好的技术状态。

第三十六条 国家采用依法征税的办法筹集公路养护资金,具体实施办法和步骤由国务院规定。

依法征税筹集的公路养护资金,必须专项用于公路的养护和改建。

第三十七条 县、乡级人民政府对公路养护需要的挖砂、采石、取土以及取水,应当给予支持和协助。

第三十八条 县、乡级人民政府应当在农村义务工的范围内,按照国家有关规定组织公路两侧的农村居民履行为公路建设和养护提供劳务的义务。

第三十九条 为保障公路养护人员的人身安全,公路养护人员进行养护作业时,应当穿着统一的安全标志服;利用车辆进行养护作业时,应当在公路作业车辆上设置明显的作业标志。

公路养护车辆进行作业时,在不影响过往车辆通行的前提下,其行驶路线和方向不受公路标志、标线限制;过往车辆对公路养护车辆和人员应当注意避让。

公路养护工程施工影响车辆、行人通行时,施工单位应当依照本法第三十二条的规定办理。

第四十条 因严重自然灾害致使国道、省道交通中断,公路管理机构应当及时修复;公路管理机构难以及时修复时,县级以上地方人民政府应当及时组织当地机关、团体、企业事业单位、城乡居民进行抢修,并可以请求当地驻军支援,尽快恢复交通。

第四十一条 公路用地范围内的山坡、荒地,由公路管理机构负责水土保持。

第四十二条 公路绿化工作,由公路管理机构按照公路工程技术标准组织实施。

公路用地上的树木,不得任意砍伐;需要更新砍伐的,应当经县级以上地方人民政府交通主管部门同意后,依照《中华人民共和国森林法》的规定办理审批手续,并完成更新补种任务。

第五章 路政管理

第四十三条 各级地方人民政府应当采取措施,加强对公路的保护。

县级以上地方人民政府交通主管部门应当认真履行职责,依法做好公路保护工作,并努力采用科学的管理方法和先进的技术手段,提高公路管理水平,逐步完善公路服务设施,保障公路的完好、安全和畅通。

第四十四条 任何单位和个人不得擅自占用、挖掘公路。

因修建铁路、机场、电站、通信设施、水利工程和进行其他建设工程需要占用、挖掘公路或者使公路改线的,建设单位应当事先征得有关交通主管部门的同意;影响交通安全的,还须征得有关公安机关的同意。占用、挖掘公路或者使公路改线的,建设单位应当按照不低于该段公路原有的技术标准予以修复、改建或者给予相应的经济补偿。

第四十五条 跨越、穿越公路修建桥梁、渡槽或者架设、埋设管线等设施的,以及在公路用地范围内架设、埋设管线、电缆等设施的,应当事先经有关交通主管部门同意;影响交通安全的,还须征得有关公安机关的同意。所修建、架设或者埋设的设施,应当符合公路工程技术标准的要求。对公路造成损坏的,应当按照损坏程度给予补偿。

第四十六条 任何单位和个人不得在公路上及公路用地范围内摆摊设点、堆放物品、倾倒垃圾、设置障碍、挖沟引水、利用公路边沟排放污物或者进行其他损坏、污染公路和影响公路畅通的活动。

第四十七条 在大中型公路桥梁和渡口周围二百米、公路隧道上方和洞口外一百米范围内,以及在公路两侧一定距离内,不得挖砂、采石、取土、倾倒废弃物,不得进行爆破作业及其他危及公路、公路桥梁、公路隧道、公路渡口安全的活动。

在前款范围内因抢险、防汛需要修筑堤坝、压缩或者拓宽河床的,应当事先报经省、自治区、直辖市人民政府交通主管部门会同水行政主管部门批准,并采取有效的保护有关的公路、公路桥梁、公路隧道、公路渡口安全的措施。

第四十八条 除农业机械因当地田间作业需要在公路上短距离行驶外,铁轮车、履带车和其他可能损害公路路面的机具,不得在公路上行驶。确需行驶的,必须经县级以上地方人民政府交通主管部门同意,采取有效的防护措施,并按照公安机关指定的时间、路线行驶。对公路造成损坏的,应当按照损坏程度给予补偿。

第四十九条 在公路上行驶的车辆的轴载质量,应当符合公路工程技术标准要求。

第五十条 超过公路、公路桥梁、公路隧道或者汽车渡船的限载、限高、限宽、限长标准的车辆,不得在有限定标准的公路、公路桥梁上或者公路隧道内行驶,不得使用汽车渡船。超过公路或者公路桥梁限载标准确需行驶的,必须经县级以上地方人民政府交通主管部门批准,并按要求采取有效的防护措施;运载不可解体的超限物品的,应当按照指定的时间、路线、时速行驶，并悬挂明显标志。

运输单位不能按照前款规定采取防护措施的，由交通主管部门帮助其采取防护措施，所需费用由运输单位承担。

第五十一条 机动车制造厂和其他单位不得将公路作为检验机动车制动性能的试车场地。

第五十二条 任何单位和个人不得损坏、擅自移动、涂改公路附属设施。

前款公路附属设施，是指为保护、养护公路和保障公路安全畅通所设置的公路防护、排水、养护、管理、服务、交通安全、渡运、监控、通信、收费等设施、设备以及专用建筑物、构筑物等。

第五十三条 造成公路损坏的，责任者应当及时报告公路管理机构，并接受公路管理机构的现场调查。

第五十四条 任何单位和个人未经县级以上地方人民政府交通主管部门批准，不得在公路用地范围内设置公路标志以外的其他标志。

第五十五条 在公路上增设平面交叉道口，必须按照国家有关规定经过批准，并按照国家规定的技术标准建设。

第五十六条 除公路防护、养护的需要以外，禁止在公路两侧的建筑控制区内修建建筑物和地面构筑物；需要在建筑控制区内埋设管线、电缆等设施的，应当事先经县级以上地方人民政府交通主管部门批准。

前款规定的建筑控制区的范围，由县级以上地方人民政府按照保障公路运行安全和节约用地的原则，依照国务院的规定划定。

建筑控制区范围经县级以上地方人民政府依照前款规定划定后，由县级以上地方人民政府交通主管部门设置标桩、界桩。任何单位和个人不得损坏、擅自挪动该标桩、界桩。

第五十七条 除本法第四十七条第二款的规定外，本章规定由交通主管部门行使的路政管理职责，可以依照本法第八条第四款的规定，由公路管理机构行使。

第六章 收费公路

第五十八条 国家允许依法设立收费公路，同时对收费公路的数量进行控制。

除本法第五十九条规定可以收取车辆通行费的公路外，禁止任何公路收取车辆通行费。

第五十九条 符合国务院交通主管部门规定的技术等级和规模的下列公路，可以依法收取车辆通行费：

（一）由县级以上地方人民政府交通主管部门利用贷款或者向企业、个人集资建成的公路；

（二）由国内外经济组织依法受让前项收费公路收费权的公路；

（三）由国内外经济组织依法投资建成的公路。

第六十条 县级以上地方人民政府交通主管部门利用贷款或者集资建成的收费公路的收费期限，按照收费偿还贷款、集资款的原则，由省、自治区、直辖市人民政府依照国务院交通主管部门的规定确定。

有偿转让公路收费权的公路，收费权转让后，由受让方收费经营。收费权的转让期限由出让、受让双方约定并报转让收费权的审批机关审查批准，但最长不得超过国务院规定的年限。

国内外经济组织投资建设公路，必须按照国家有关规定办理审批手续；公路建成后，由投资者收费经营。收费经营期限按照收回投资并有合理回报的原则，由有关交通主管部门与投资者约定并按照国家有关规定办理审批手续，但最长不得超过国务院规定的年限。

第六十一条　本法第五十九条第一款第一项规定的公路中的国道收费权的转让，必须经国务院交通主管部门批准；国道以外的其他公路收费权的转让，必须经省、自治区、直辖市人民政府批准，并报国务院交通主管部门备案。

前款规定的公路收费权出让的最低成交价，以国有资产评估机构评估的价值为依据确定。

第六十二条　受让公路收费权和投资建设公路的国内外经济组织，应当依法成立开发、经营公路的企业（以下简称公路经营企业）。

第六十三条　收费公路车辆通行费的收费标准，由公路收费单位提出方案，报省、自治区、直辖市人民政府交通主管部门会同同级物价行政主管部门审查批准。

第六十四条　收费公路设置车辆通行费的收费站，应当报经省、自治区、直辖市人民政府审查批准。跨省、自治区、直辖市的收费公路设置车辆通行费的收费站，由有关省、自治区、直辖市人民政府协商确定；协商不成的，由国务院交通主管部门决定。同一收费公路由不同的交通主管部门组织建设或者由不同的公路经营企业经营的，应当按照"统一收费、按比例分成"的原则，统筹规划，合理设置收费站。

两个收费站之间的距离，不得小于国务院交通主管部门规定的标准。

第六十五条　有偿转让公路收费权的公路，转让收费权合同约定的期限届满，收费权由出让方收回。

由国内外经济组织依照本法规定投资建成并经营的收费公路，约定的经营期限届满，该公路由国家无偿收回，由有关交通主管部门管理。

第六十六条　依照本法第五十九条规定受让收费权或者由国内外经济组织投资建成经营的公路的养护工作，由各该公路经营企业负责。各该公路经营企业在经营期间，应当按照国务院交通主管部门规定的技术规范和操作规程做好对公路的养护工作。在受让收费权的期限届满，或者经营期限届满时，公路应当处于良好的技术状态。

前款规定的公路的绿化和公路用地范围内的水土保持工作，由各该公路经营企业负责。

第一款规定的公路的路政管理，适用本法第五章的规定。该公路路政管理的职责，由县级以上地方人民政府交通主管部门或者公路管理机构的派出机构、人员行使。

第六十七条　在收费公路上从事本法第四十四条第二款、第四十五条、第四十八条、第五十条所列活动的，除依照各该条的规定办理外，给公路经营企业造成损失的，应当给予相应的补偿。

第六十八条　收费公路的具体管理办法，由国务院依照本法制定。

第七章　监督检查

第六十九条　交通主管部门、公路管理机构，依法对有关公路的法律、法规执行情况进行监督检查。

第七十条　交通主管部门、公路管理机构负有管理和保护公路的责任，有权检查、制止各种侵占、损坏公路、公路用地、公路附属设施及其他违反本法规定的行为。

第七十一条 公路监督检查人员依法在公路、建筑控制区、车辆停放场所、车辆所属单位等进行监督检查时，任何单位和个人不得阻挠。

公路经营者、使用者和其他有关单位、个人，应当接受公路监督检查人员依法实施的监督检查，并为其提供方便。

公路监督检查人员执行公务，应当佩戴标志，持证上岗。

第七十二条 交通主管部门、公路管理机构应当加强对所属公路监督检查人员的管理和教育，要求公路监督检查人员熟悉国家有关法律和规定，公正廉洁，热情服务，秉公执法；对公路监督检查人员的执法行为应当加强监督检查，对其违法行为应当及时纠正，依法处理。

第七十三条 用于公路监督检查的专用车辆，应当设置统一的标志和示警灯。

第八章 法律责任

第七十四条 违反法律或者国务院有关规定，擅自在公路上设卡、收费的，由交通主管部门责令停止违法行为，没收违法所得，可以处违法所得三倍以下的罚款，没有违法所得的，可以处二万元以下的罚款；对负有直接责任的主管人员和其他直接责任人员，依法给予行政处分。

第七十五条 违反本法第二十五条规定，未经有关交通主管部门批准擅自施工的，交通主管部门可以责令停止施工，并可以处五万元以下的罚款。

第七十六条 有下列违法行为之一的，由交通主管部门责令停止违法行为，可以处三万元以下的罚款：

（一）违反本法第四十四条第一款规定，擅自占用、挖掘公路的；

（二）违反本法第四十五条规定，未经同意或者未按照公路工程技术标准的要求修建桥梁、渡槽或者架设、埋设管线、电缆等设施的；

（三）违反本法第四十七条规定，从事危及公路安全的作业的；

（四）违反本法第四十八条规定，铁轮车、履带车和其他可能损害路面的机具擅自在公路上行驶的；

（五）违反本法第五十条规定，车辆超限使用汽车渡船或者在公路上擅自超限行驶的；

（六）违反本法第五十二条、第五十六条规定，损坏、移动、涂改公路附属设施或者损坏、挪动建筑控制区的标桩、界桩，可能危及公路安全的。

第七十七条 违反本法第四十六条的规定，造成公路路面损坏、污染或者影响公路畅通的，或者违反本法第五十一条规定，将公路作为试车场地的，由交通主管部门责令停止违法行为，可以处五千元以下的罚款。

第七十八条 违反本法第五十三条规定，造成公路损坏、未报告的，由交通主管部门处一千元以下的罚款。

第七十九条 违反本法第五十四条规定，在公路用地范围内设置公路标志以外的其他标志的，由交通主管部门责令限期拆除，可以处二万元以下的罚款；逾期不拆除的，由交通主管部门拆除，有关费用由设置者负担。

第八十条 违反本法第五十五条规定，未经批准在公路上增设平面交叉道口的，由交通主管部门责令恢复原状，处五万元以下的罚款。

第八十一条 违反本法第五十六条规定，在公路建筑控制区内修建建筑物、地面构筑物或者擅自埋设管线、电缆等设施的，由交通主管部门责令限期拆除，并可以处五万元以下的罚款。逾期不拆除的，由交通主管部门拆除，有关费用由建筑者、构筑者承担。

第八十二条　除本法第七十四条、第七十五条的规定外，本章规定由交通主管部门行使的行政处罚权和行政措施，可以依照本法第八条第四款的规定由公路管理机构行使。

第八十三条　阻碍公路建设或者公路抢修，致使公路建设或者抢修不能正常进行，尚未造成严重损失的，依照治安管理处罚条例第十九条的规定处罚。

损毁公路或者擅自移动公路标志，可能影响交通安全，尚不够刑事处罚的，依照治安管理处罚条例第二十条的规定处罚。

拒绝、阻碍公路监督检查人员依法执行职务未使用暴力、威胁方法的，依照治安管理处罚条例第十九条的规定处罚。

第八十四条　违反本法有关规定，构成犯罪的，依法追究刑事责任。

第八十五条　违反本法有关规定，对公路造成损害的，应当依法承担民事责任。

对公路造成较大损害的车辆，必须立即停车，保护现场，报告公路管理机构，接受公路管理机构的调查、处理后方得驶离。

第八十六条　交通主管部门、公路管理机构的工作人员玩忽职守、徇私舞弊、滥用职权，构成犯罪的，依法追究刑事责任；尚不构成犯罪的，依法给予行政处分。

收费公路管理条例

2004年8月18日国务院第61次常务会议通过,2004年9月13日国务院令第417号公布,自2004年11月1日起施行。

第一章　总　　则

第一条　为了加强对收费公路的管理,规范公路收费行为,维护收费公路的经营管理者和使用者的合法权益,促进公路事业的发展,根据《中华人民共和国公路法》(以下简称公路法),制定本条例。

第二条　本条例所称收费公路,是指符合公路法和本条例规定,经批准依法收取车辆通行费的公路(含桥梁和隧道)。

第三条　各级人民政府应当采取积极措施,支持、促进公路事业的发展。公路发展应当坚持非收费公路为主,适当发展收费公路。

第四条　全部由政府投资或者社会组织、个人捐资建设的公路,不得收取车辆通行费。

第五条　任何单位或者个人不得违反公路法和本条例的规定,在公路上设站(卡)收取车辆通行费。

第六条　对在公路上非法设立收费站(卡)收取车辆通行费的,任何单位和个人都有权拒绝交纳。

任何单位或者个人对在公路上非法设立收费站(卡)、非法收取或者使用车辆通行费、非法转让收费公路权益或者非法延长收费期限等行为,都有权向交通、价格、财政等部门举报。收到举报的部门应当按照职责分工依法及时查处;无权查处的,应当及时移送有权查处的部门。受理的部门,必须自收到举报或者移送材料之日起10日内进行查处。

第七条　收费公路的经营管理者,经依法批准有权向通行收费公路的车辆收取车辆通行费。

军队车辆、武警部队车辆,公安机关在辖区内收费公路上处理交通事故、执行正常巡逻任务和处置突发事件的统一标志的制式警车,以及经国务院交通主管部门或者省、自治区、直辖市人民政府批准执行抢险救灾任务的车辆,免交车辆通行费。

进行跨区作业的联合收割机、运输联合收割机(包括插秧机)的车辆,免交车辆通行费。联合收割机不得在高速公路上通行。

第八条　任何单位或者个人不得以任何形式非法干预收费公路的经营管理,挤占、挪用收费公路经营管理者依法收取的车辆通行费。

第二章　收费公路建设和收费站的设置

第九条　建设收费公路,应当符合国家和省、自治区、直辖市公路发展规划,符合本条例规定的收费公路的技术等级和规模。

第十条　县级以上地方人民政府交通主管部门利用贷款或者向企业、个人有偿集资建设的公路(以下简称政府还贷公路),国内外经济组织投资建设或者依照公路法的规定受让政府还贷公路收费权的公路(以下简称经营性公路),经依法批准后,方可收取车辆通行费。

第十一条　建设和管理政府还贷公路,应当按照政事分开的原则,依法设立专门的不以营利为目的的法人组织。

省、自治区、直辖市人民政府交通主管部门对本行政区域内的政府还贷公路,可以实行统一管理、统一贷款、统一还款。

经营性公路建设项目应当向社会公布,采用招标投标方式选择投资者。

经营性公路,由依法成立的公路企业法人建设、经营和管理。

第十二条　收费公路收费站的设置,由省、自治区、直辖市人民政府按照下列规定审查批准:

(一)高速公路以及其他封闭式的收费公路,除两端出入口外,不得在主线上设置收费站。但是,省、自治区、直辖市之间确需设置收费站的除外。

(二)非封闭式的收费公路的同一主线上,相邻收费站的间距不得少于50公里。

第十三条　高速公路以及其他封闭式的收费公路,应当实行计算机联网收费,减少收费站点,提高通行效率。联网收费的具体办法,由国务院交通主管部门会同国务院有关部门制定。

第十四条　收费公路的收费期限,由省、自治区、直辖市人民政府按照下列标准审查批准:

(一)政府还贷公路的收费期限,按照用收费偿还贷款、偿还有偿集资款的原则确定,最长不得超过15年。国家确定的中西部省、自治区、直辖市的政府还贷公路收费期限,最长不得超过20年。

(二)经营性公路的收费期限,按照收回投资并有合理回报的原则确定,最长不得超过25年。国家确定的中西部省、自治区、直辖市的经营性公路收费期限,最长不得超过30年。

第十五条　车辆通行费的收费标准,应当依照价格法律、行政法规的规定进行听证,并按照下列程序审查批准:

(一)政府还贷公路的收费标准,由省、自治区、直辖市人民政府交通主管部门会同同级价格主管部门、财政部门审核后,报本级人民政府审查批准。

(二)经营性公路的收费标准,由省、自治区、直辖市人民政府交通主管部门会同同级价格主管部门审核后,报本级人民政府审查批准。

第十六条　车辆通行费的收费标准,应当根据公路的技术等级、投资总额、当地物价指数、偿还贷款或者有偿集资款的期限和收回投资的期限以及交通量等因素计算确定。对在国家规定的绿色通道上运输鲜活农产品的车辆,可以适当降低车辆通行费的收费标准或者免交车辆通行费。

修建与收费公路经营管理无关的设施、超标准修建的收费公路经营管理设施和服务设施,其费用不得作为确定收费标准的因素。

车辆通行费的收费标准需要调整的,应当依照本条例第十五条规定的程序办理。

第十七条　依照本条例规定的程序审查批准的收费公路收费站、收费期限、车辆通行费收费标准或者收费标准的调整方案,审批机关应当自审查批准之日起10日内将有关文件向国务院交通主管部门和国务院价格主管部门备案;其中属于政府还贷公路的,还应当自审查批准之日起10日内向国务院财政部门备案。

第十八条 建设收费公路，应当符合下列技术等级和规模：

（一）高速公路连续里程30公里以上。但是，城市市区至本地机场的高速公路除外。

（二）一级公路连续里程50公里以上。

（三）二车道的独立桥梁、隧道，长度800米以上；四车道的独立桥梁、隧道，长度500米以上。

技术等级为二级以下（含二级）的公路不得收费。但是，在国家确定的中西部省、自治区、直辖市建设的二级公路，其连续里程60公里以上的，经依法批准，可以收取车辆通行费。

第三章 收费公路权益的转让

第十九条 依照本条例的规定转让收费公路权益的，应当向社会公布，采用招标投标的方式，公平、公正、公开地选择经营管理者，并依法订立转让协议。

第二十条 收费公路的权益，包括收费权、广告经营权、服务设施经营权。

转让收费公路权益的，应当依法保护投资者的合法利益。

第二十一条 转让政府还贷公路权益中的收费权，可以申请延长收费期限，但延长的期限不得超过5年。

转让经营性公路权益中的收费权，不得延长收费期限。

第二十二条 有下列情形之一的，收费公路权益中的收费权不得转让：

（一）长度小于1000米的二车道独立桥梁和隧道；

（二）二级公路；

（三）收费时间已超过批准收费期限2/3。

第二十三条 转让政府还贷公路权益的收入，必须缴入国库，除用于偿还贷款和有偿集资款外，必须用于公路建设。

第二十四条 收费公路权益转让的具体办法，由国务院交通主管部门会同国务院发展改革部门和财政部门制定。

第四章 收费公路的经营管理

第二十五条 收费公路建成后，应当按照国家有关规定进行验收；验收合格的，方可收取车辆通行费。

收费公路，不得边建设边收费。

第二十六条 收费公路经营管理者应当按照国家规定的标准和规范，对收费公路及沿线设施进行日常检查、维护，保证收费公路处于良好的技术状态，为通行车辆及人员提供优质服务。

收费公路的养护应当严格按照工期施工、竣工，不得拖延工期，不得影响车辆安全通行。

第二十七条 收费公路经营管理者应当在收费站的显著位置，设置载有收费站名称、审批机关、收费单位、收费标准、收费起止年限和监督电话等内容的公告牌，接受社会监督。

第二十八条 收费公路经营管理者应当按照国家规定的标准，结合公路交通状况、沿线设施等情况，设置交通标志、标线。

交通标志、标线，必须清晰、准确、易于识别。重要的通行信息，应当重复提示。

第二十九条　收费道口的设置，应当符合车辆行驶安全的要求；收费道口的数量，应当符合车辆快速通过的需要，不得造成车辆堵塞。

第三十条　收费站工作人员的配备，应当与收费道口的数量、车流量相适应，不得随意增加人员。

收费公路经营管理者，应当加强对收费站工作人员的业务培训和职业道德教育；收费人员应当做到文明礼貌，规范服务。

第三十一条　遇有公路损坏、施工或者发生交通事故等影响车辆正常安全行驶的情形时，收费公路经营管理者应当在现场设置安全防护设施，并在收费公路出入口进行限速、警示提示，或者利用收费公路沿线可变信息板等设施予以公告；造成交通堵塞时，应当及时报告有关部门并协助疏导交通。

遇有公路严重损毁、恶劣气象条件或者重大交通事故等严重影响车辆安全通行的情形时，公安机关应当根据情况，依法采取限速通行、关闭公路等交通管制措施。收费公路经营管理者应当积极配合公安机关，及时将有关交通管制的信息向通行车辆进行提示。

第三十二条　收费公路经营管理者收取车辆通行费，必须向收费公路使用者开具收费票据。政府还贷公路的收费票据，由省、自治区、直辖市人民政府财政部门统一印（监）制。经营性公路的收费票据，由省、自治区、直辖市人民政府税务部门统一印（监）制。

第三十三条　收费公路经营管理者对依法应当交纳而拒交、逃交、少交车辆通行费的车辆，有权拒绝其通行，并要求其补交应交纳的车辆通行费。

任何人不得为拒交、逃交、少交车辆通行费而故意堵塞收费道口、强行冲卡、殴打收费公路管理人员、破坏收费设施或者从事其他扰乱收费公路经营管理秩序的活动。

发生前款规定的扰乱收费公路经营管理秩序行为时，收费公路经营管理者应当及时报告公安机关，由公安机关依法予以处理。

第三十四条　在收费公路上行驶的车辆不得超载。

发现车辆超载时，收费公路经营管理者应当及时报告公安机关，由公安机关依法予以处理。

第三十五条　收费公路经营管理者不得有下列行为：

（一）擅自提高车辆通行费收费标准；

（二）在车辆通行费收费标准之外，加收或者代收任何其他费用；

（三）强行收取或者以其他不正当手段按车辆收取某一期间的车辆通行费；

（四）不开具收费票据，开具未经省、自治区、直辖市人民政府财政、税务部门统一印（监）制的收费票据或者开具已经过期失效的收费票据。

有前款所列行为之一的，通行车辆有权拒绝交纳车辆通行费。

第三十六条　政府还贷公路的管理者收取的车辆通行费收入，应当全部存入财政专户，严格实行收支两条线管理。

政府还贷公路的车辆通行费，除必要的管理、养护费用从财政部门批准的车辆通行费预算中列支外，必须全部用于偿还贷款和有偿集资款，不得挪作他用。

第三十七条　收费公路的收费期限届满，必须终止收费。

政府还贷公路在批准的收费期限届满前已经还清贷款、还清有偿集资款的，必须终止收费。

依照本条前两款的规定，收费公路终止收费的，有关省、自治区、直辖市人民政府应当向社会公告，明确规定终止收费的日期，接受社会监督。

第三十八条 收费公路终止收费前6个月，省、自治区、直辖市人民政府交通主管部门应当对收费公路进行鉴定和验收。经鉴定和验收，公路符合取得收费公路权益时核定的技术等级和标准的，收费公路经营管理者方可按照国家有关规定向交通主管部门办理公路移交手续；不符合取得收费公路权益时核定的技术等级和标准的，收费公路经营管理者应当在交通主管部门确定的期限内进行养护，达到要求后，方可按照规定办理公路移交手续。

第三十九条 收费公路终止收费后，收费公路经营管理者应当自终止收费之日起15日内拆除收费设施。

第四十条 任何单位或者个人不得通过封堵非收费公路或者在非收费公路上设卡收费等方式，强迫车辆通行收费公路。

第四十一条 收费公路经营管理者应当按照国务院交通主管部门和省、自治区、直辖市人民政府交通主管部门的要求，及时提供统计资料和有关情况。

第四十二条 收费公路的养护、绿化和公路用地范围内的水土保持及路政管理，依照公路法的有关规定执行。

第四十三条 国务院交通主管部门和省、自治区、直辖市人民政府交通主管部门应当对收费公路实施监督检查，督促收费公路经营管理者依法履行公路养护、绿化和公路用地范围内的水土保持义务。

第四十四条 审计机关应当依法加强收费公路的审计监督，对违法行为依法进行查处。

第四十五条 行政执法机关依法对收费公路实施监督检查时，不得向收费公路经营管理者收取任何费用。

第四十六条 省、自治区、直辖市人民政府应当将本行政区域内收费公路及收费站名称、收费单位、收费标准、收费期限等信息向社会公布，接受社会监督。

第五章 法律责任

第四十七条 违反本条例的规定，擅自批准收费公路建设、收费站、收费期限、车辆通行费收费标准或者收费公路权益转让的，由省、自治区、直辖市人民政府责令改正；对负有责任的主管人员和其他直接责任人员依法给予记大过甚至开除的行政处分；构成犯罪的，依法追究刑事责任。

第四十八条 违反本条例的规定，地方人民政府或者有关部门及其工作人员非法干预收费公路经营管理，或者挤占、挪用收费公路经营管理者收取的车辆通行费的，由上级人民政府或者有关部门责令停止非法干预，退回挤占、挪用的车辆通行费；对负有责任的主管人员和其他直接责任人员依法给予记大过直至开除的行政处分；构成犯罪的，依法追究刑事责任。

第四十九条 违反本条例的规定，擅自在公路上设立收费站（卡）收取车辆通行费或者应当终止收费而不终止的，由国务院交通主管部门或者省、自治区、直辖市人民政府交通主管部门依据职权，责令改正，强制拆除收费设施；有违法所得的，没收违法所得，并处违法所得2倍以上5倍以下的罚款；没有违法所得的，处1万元以上5万元以下的罚款；负有责任的主管人员和其他直接责任人员属于国家工作人员的，依法给予记大过直至开除的行政处分。

第五十条　违反本条例的规定，有下列情形之一的，由国务院交通主管部门或者省、自治区、直辖市人民政府交通主管部门依据职权，责令改正，并根据情节轻重，处5万元以上20万元以下的罚款：

（一）收费站的设置不符合标准，或者擅自变更收费站位置的；

（二）未按照国家规定的标准和规范，对收费公路及沿线设施进行日常检查、维护的；

（三）未按照国家有关规定合理设置交通标志、标线的；

（四）道口设置不符合车辆行驶安全要求，或者道口数量不符合车辆快速通过需要的；

（五）遇有公路损坏、施工或者发生交通事故等影响车辆正常安全行驶的情形，未按照规定设置安全防护设施或者未进行提示、公告，或者遇有交通堵塞不及时疏导交通的；

（六）应当公布有关限速通行或者关闭收费公路的信息而未及时公布的。

第五十一条　违反本条例的规定，收费公路经营管理者收费时不开具票据，开具未经省、自治区、直辖市人民政府财政、税务部门统一印（监）制的票据，或者开具已经过期失效的票据的，由财政部门或者税务部门责令改正，并根据情节轻重，处10万元以上50万元以下的罚款；负有责任的主管人员和其他直接责任人员属于国家工作人员的，依法给予记大过直至开除的行政处分；构成犯罪的，依法追究刑事责任。

第五十二条　违反本条例的规定，政府还贷公路的管理者未将车辆通行费足额存入财政专户或者未将转让政府还贷公路权益的收入全额缴入国库的，由财政部门予以追缴、补齐；对负有责任的主管人员和其他直接责任人员，依法给予记过直至开除的行政处分。

违反本条例的规定，财政部门未将政府还贷公路的车辆通行费或者转让政府还贷公路权益的收入用于偿还贷款、偿还有偿集资款，或者将车辆通行费、转让政府还贷公路权益的收入挪作他用的，由本级人民政府责令偿还贷款、偿还有偿集资款，或者责令退还挪用的车辆通行费和转让政府还贷公路权益的收入；对负有责任的主管人员和其他直接责任人员，依法给予记过直至开除的行政处分；构成犯罪的，依法追究刑事责任。

第五十三条　违反本条例的规定，收费公路终止收费后，收费公路经营管理者不及时拆除收费设施的，由省、自治区、直辖市人民政府交通主管部门责令限期拆除；逾期不拆除的，强制拆除，拆除费用由原收费公路经营管理者承担。

第五十四条　违反本条例的规定，收费公路经营管理者未按照国务院交通主管部门规定的技术规范和操作规程进行收费公路养护的，由省、自治区、直辖市人民政府交通主管部门责令改正；拒不改正的，责令停止收费。责令停止收费后30日内仍未履行公路养护义务的，由省、自治区、直辖市人民政府交通主管部门指定其他单位进行养护，养护费用由原收费公路经营管理者承担。拒不承担的，由省、自治区、直辖市人民政府交通主管部门申请人民法院强制执行。

第五十五条　违反本条例的规定，收费公路经营管理者未履行公路绿化和水土保持义务的，由省、自治区、直辖市人民政府交通主管部门责令改正，并可以对原收费公路经营管理者处履行绿化、水土保持义务所需费用1～2倍的罚款。

第五十六条　国务院价格主管部门或者县级以上地方人民政府价格主管部门对违反本条例的价格违法行为，应当依据价格管理的法律、法规和规章的规定予以处罚。

第五十七条 违反本条例的规定，为拒交、逃交、少交车辆通行费而故意堵塞收费道口、强行冲卡、殴打收费公路管理人员、破坏收费设施或者从事其他扰乱收费公路经营管理秩序活动，构成违反治安管理行为的，由公安机关依法予以处罚；构成犯罪的，依法追究刑事责任；给收费公路经营管理者造成损失或者造成人身伤害的，依法承担民事赔偿责任。

第五十八条 违反本条例的规定，假冒军队车辆、武警部队车辆、公安机关统一标志的制式警车和抢险救灾车辆逃交车辆通行费的，由有关机关依法予以处理。

第六章 附 则

第五十九条 本条例施行前在建的和已投入运行的收费公路，由国务院交通主管部门会同国务院发展改革部门和财政部门依照本条例规定的原则进行规范。具体办法由国务院交通主管部门制定。

第六十条 本条例自2004年11月1日起施行。

路政管理规定

《路政管理规定》已于2002年11月26日经第12次部务会议通过，现予公布，自2003年4月1日起施行。

第一章 总 则

第一条 为加强公路管理，提高路政管理水平，保障公路的完好、安全和畅通，根据《中华人民共和国公路法》（以下简称《公路法》）及其他有关法律、行政法规，制定本规定。

第二条 本规定适用于中华人民共和国境内的国道、省道、县道、乡道的路政管理。

本规定所称路政管理，是指县级以上人民政府交通主管部门或者其设置的公路管理机构，为维护公路管理者、经营者、使用者的合法权益，根据《公路法》及其他有关法律、法规和规章的规定，实施保护公路、公路用地及公路附属设施（以下统称“路产”）的行政管理。

第三条 路政管理工作应当遵循“统一管理、分级负责、依法行政”的原则。

第四条 交通部根据《公路法》及其他有关法律、行政法规的规定主管全国路政管理工作。

县级以上地方人民政府交通主管部门，根据《公路法》及其他有关法律、法规、规章的规定主管本行政区域内路政管理工作。

县级以上地方人民政府交通主管部门设置的公路管理机构，根据《公路法》的规定或者根据县级以上地方人民政府交通主管部门的委托负责路政管理的具体工作。

第五条 县级以上地方人民政府交通主管部门，或者其设置的公路管理机构的路政管理职责如下：

（一）宣传、贯彻执行公路管理的法律、法规和规章；

（二）保护路产；

（三）实施路政巡查；

（四）管理公路两侧建筑控制区；

（五）维持公路养护作业现场秩序；

（六）参与公路工程交工、竣工验收；

（七）依法查处各种违反路政管理法律、法规、规章的案件；

（八）法律、法规规定的其他职责。

第六条 依照《公路法》的有关规定，受让公路收费权或者由国内外经济组织投资建成的收费公路的路政管理工作，由县级以上地方人民政府交通主管部门或者其设置的公路管理机构的派出机构、人员负责。

第七条 任何单位和个人不得破坏、损坏或者非法占用路产。

任何单位和个人都有爱护路产的义务，有检举破坏、损坏路产和影响公路安全行为的权利。

第二章　路政管理许可

第八条　除公路防护、养护外，占用、利用或者挖掘公路、公路用地、公路两侧建筑控制区，以及更新、砍伐公路用地上的树木，应当根据《公路法》和本规定，事先报经交通主管部门或者其设置的公路管理机构批准、同意。

第九条　因修建铁路、机场、电站、通信设施、水利工程和进行其他建设工程需要占用、挖掘公路或者使公路改线的，建设单位应当按照《公路法》第四十四条第二款的规定，事先向交通主管部门或者其设置的公路管理机构提交申请书和设计图。

本条前款规定的申请书，包括以下主要内容：

（一）主要理由；

（二）地点（公路名称、桩号及与公路边坡外缘或者公路界桩的距离）；

（三）安全保障措施；

（四）施工期限；

（五）修复、改建公路的措施或者补偿数额。

第十条　跨越、穿越公路，修建桥梁、渡槽或者架设、埋设管线等设施，以及在公路用地范围内架设、埋设管（杆）线、电缆等设施，应当按照《公路法》第四十五条的规定，事先向交通主管部门或者其设置的公路管理机构提交申请书和设计图。

本条前款规定的申请书，包括以下主要内容：

（一）主要理由；

（二）地点（公路名称、桩号及与公路边坡外缘或者公路界桩的距离）；

（三）安全保障措施；

（四）施工期限；

（五）修复、改建公路的措施或者补偿数额。

第十一条　因抢险、防汛需要在大中型公路桥梁和渡口周围二百米范围内修筑堤坝、压缩或者拓宽河床，应当按照《公路法》第四十七条第二款的规定，事先向交通主管部门提交申请书和设计图。

本条前款规定的申请书，包括以下主要内容：

（一）主要理由；

（二）地点（公路名称、桩号及与公路边坡外缘或者公路界桩的距离）；

（三）安全保障措施；

（四）施工期限。

第十二条　铁轮车、履带车和其他可能损害公路路面的机具需要在公路上行驶的，应当按照《公路法》第四十八条的规定，事先向交通主管部门或者其设置的公路管理机构提交申请书和车辆或者机具的行驶证件。

本条前款规定的申请书，包括以下主要内容：

（一）主要理由；

（二）行驶路线及时间；

（三）行驶采取的防护措施；

（四）补偿数额。

第十三条　超过公路、公路桥梁、公路隧道或者汽车渡船的限载、限高、限宽、限长标准的车辆，确需在公路上行驶的，按照《公路法》第五十条和交通部制定的《超限运输车辆行驶公路管理规定》的规定办理。

第十四条　在公路用地范围内设置公路标志以外的其他标志，应当按照《公路法》第五十四条的规定，事先向交通主管部门或者其设置的公路管理机构提交申请书和设计图。

本条前款规定的申请书，包括以下主要内容：

（一）主要理由；

（二）标志的内容；

（三）标志的颜色、外廓尺寸及结构；

（四）标志设置地点（公路名称、桩号）；

（五）标志设置时间及保持期限。

第十五条　在公路上增设平面交叉道口，应当按照《公路法》第五十五条的规定，事先向交通主管部门或者其设置的公路管理机构提交申请书和设计图或者平面布置图。

本条前款规定的申请书，包括以下主要内容：

（一）主要理由；

（二）地点（公路名称、桩号）；

（三）施工期限；

（四）安全保障措施。

第十六条　在公路两侧的建筑控制区内埋设管（杆）线、电缆等设施，应当按照《公路法》第五十六条第一款的规定，事先向交通主管部门或者其设置的公路管理机构提交申请书和设计图。

本条前款规定的申请书，包括以下主要内容：

（一）主要理由；

（二）地点（公路名称、桩号及与公路边坡外缘或公路界桩的距离）；

（三）安全保障措施；

（四）施工期限。

第十七条　更新砍伐公路用地上的树木，应当依照《公路法》第四十二条第二款的规定，事先向交通主管部门或者其设置的公路管理机构提交申请书。

本条前款规定的申请书，包括以下主要内容：

（一）主要理由；

（二）地点（公路名称、桩号）；

（三）树木的种类和数量；

（四）安全保障措施；

（五）时间；

（六）补种措施。

第十八条　除省级人民政府根据《公路法》第八条第二款就国道、省道管理、监督职责作出决定外，路政管理许可的权限如下：

（一）属于国道、省道的，由省级人民政府交通主管部门或者其设置的公路管理机构办理；

（二）属于县道的，由市（设区的市）级人民政府交通主管部门或者其设置的公路管理机构办理；

（三）属于乡道的，由县级人民政府交通主管部门或者其设置的公路管理机构办理。

路政管理许可事项涉及有关部门职责的，应当经交通主管部门或者其设置的公路管理机构批准或者同意后，依照有关法律、法规的规定，办理相关手续。其中，本规定第十一条规定的事项，由省级人民政府交通主管部门会同省级水行政主管部门办理。

第十九条 交通主管部门或者其设置的公路管理机构自接到申请书之日起15日内应当作出决定。作出批准或者同意的决定的，应当签发相应的许可证；作出不批准或者不同意的决定的，应当书面告知，并说明理由。

第三章 路政案件管辖

第二十条 路政案件由案件发生地的县级人民政府交通主管部门或者其设置的公路管理机构管辖。

第二十一条 对管辖发生争议的，报请共同的上一级人民政府交通主管部门或者其设置的公路管理机构指定管辖。

下级人民政府交通主管部门或者其设置的公路管理机构对属于其管辖的案件，认为需要由上级人民政府交通主管部门或者其设置的公路管理机构处理的，可以报请上一级人民政府交通主管部门或者其设置的公路管理机构决定。

上一级人民政府交通主管部门或者其设置的公路管理机构认为必要的，可以直接处理属于下级人民政府交通主管部门或者其设置的公路管理机构管辖的案件。

第二十二条 报请上级人民政府交通主管部门或者其设置的公路管理机构处理的案件，以及上级人民政府交通主管部门或者其设置的公路管理机构决定直接处理的案件，案件发生地的县级人民政府交通主管部门或者其设置的公路管理机构应当首先制止违法行为，并做好保护现场等工作，上级人民政府交通主管部门或者其设置的公路管理机构应当及时确定管辖权。

第四章 行政处罚

第二十三条 有下列违法行为之一的，依照《公路法》第七十六条的规定，责令停止违法行为，可处三万元以下的罚款：

（一）违反《公路法》第四十四条第一款规定，擅自占用、挖掘公路的；

（二）违反《公路法》第四十五条规定，未经同意或者未按照公路工程技术标准的要求修建跨越、穿越公路的桥梁、渡槽或者架设、埋设管线、电缆等设施的；

（三）违反《公路法》第四十七条规定，未经批准从事危及公路安全作业的；

（四）违反《公路法》第四十八条规定，铁轮车、履带车和其他可能损害路面的机具擅自在公路上超限行驶的；

（五）违反《公路法》第五十条规定，车辆超限使用汽车渡船或者在公路上擅自超限行驶的；

（六）违反《公路法》第五十二条、第五十六规定，损坏、移动、涂改公路附属设施或者损坏、挪动建筑控制区的标桩、界桩，可能危及公路安全的。

第二十四条　有下列违法行为之一的，依照《公路法》第七十七条的规定，责令停止违法行为，可处五千元以下罚款：

（一）违反《公路法》第四十六条规定，造成公路路面损坏、污染或者影响公路畅通的；

（二）违反《公路法》第五十一条规定，将公路作为检验机动车辆制动性能的试车场地的。

第二十五条　违反《公路法》第五十三条规定，造成公路损坏，未报告的，依照《公路法》第七十八条的规定，处以一千元以下罚款。

第二十六条　违反《公路法》第五十四条规定，在公路用地范围内设置公路标志以外的其他标志的，依照《公路法》第七十九条的规定，责令限期拆除，可处二万元以下罚款。

第二十七条　违反《公路法》第五十五条规定，未经批准在公路上设置平面交叉道口的，依照《公路法》第八十条的规定，责令恢复原状，处五万元以下罚款。

第二十八条　违反《公路法》第五十六条规定，在公路建筑控制区内修建建筑物、地面构筑物或者擅自埋设管线、电缆等设施的，依照《公路法》第八十一条的规定，责令限期拆除，并可处五万元以下罚款。

第二十九条　《公路法》第八章及本规定规定的行政处罚，由县级以上地方人民政府交通主管部门或者其设置的公路管理机构依照《公路法》有关规定实施。

第三十条　实施路政处罚的程序，按照《交通行政处罚程序规定》办理。

第五章　公路赔偿和补偿

第三十一条　公民、法人或者其他组织造成路产损坏的，应向公路管理机构缴纳路产损坏赔（补）偿费。

第三十二条　根据《公路法》第四十四条第二款，经批准占用、利用、挖掘公路或者使公路改线的，建设单位应当按照不低于该段公路原有技术标准予以修复、改建或者给予相应的补偿。

第三十三条　路产损坏事实清楚，证据确凿充分，赔偿数额较小，且当事人无争议的，可以当场处理。

当场处理公路赔（补）偿案件，应当制作、送达《公路赔（补）偿通知书》收取公路赔（补）偿费，出具收费凭证。

第三十四条　除本规定第三十三条规定可以当场处理的公路赔（补）偿案件外，处理公路赔（补）偿案件应当按照下列程序进行：

（一）立案；

（二）调查取证；

（三）听取当事人陈述和申辩或听证；

（四）制作并送达《公路赔（补）偿通知书》；

（五）收取公路赔（补）偿费；

（六）出具收费凭证；

（七）结案。

调查取证应当询问当事人及证人,制作调查笔录;需要进行现场勘验或者鉴定的,还应当制作现场勘验报告或者鉴定报告。

第三十五条 本规定对公路赔(补)偿案件处理程序的具体事项未作规定的,参照《交通行政处罚程序规定》办理。

办理公路赔(补)偿案件涉及路政处罚的,可以一并进行调查取证,分别进行处理。

第三十六条 当事人对《公路赔(补)偿通知书》认定的事实和赔(补)偿费数额有异议的,可以向公路管理机构申请复核。

公路管理机构应当自收到公路赔(补)偿复核申请之日起15日内完成复核,并将复核结果书面通知当事人。

本条规定不影响当事人依法向人民法院提起民事诉讼的法定权利。

第三十七条 公路赔(补)偿费应当用于受损公路的修复,不得挪作他用。

第六章 行政强制措施

第三十八条 对公路造成较大损害、当场不能处理完毕的车辆,公路管理机构应当依据《公路法》第八十五条第二款的规定,签发《责令车辆停驶通知书》,责令该车辆停驶并停放于指定场所。调查、处理完毕后,应当立即放行车辆,有关费用由车辆所有人或者使用人承担。

第三十九条 违反《公路法》第五十四条规定,在公路用地范围内设置公路标志以外的其他标志,依法责令限期拆除,而设置者逾期不拆除的,依照《公路法》第七十九条的规定强行拆除。

第四十条 违反《公路法》第五十六条规定,在公路建筑控制区内修建建筑物、地面构筑物或者擅自埋设管(杆)线、电缆等设施,依法责令限期拆除,而建筑者、构筑者逾期不拆除的,依照《公路法》第八十一条的规定强行拆除。

第四十一条 依法实施强行拆除所发生的有关费用,由设置者、建筑者、构筑者负担。

第四十二条 依法实施路政强行措施,应当遵守下列程序:

(一)制作并送达路政强制措施告诫书,告知当事人作出拆除非法标志或者设施决定的事实、理由及依据,拆除非法标志或者设施的期限,不拆除非法标志或者设施的法律后果,并告知当事人依法享有的权利;

(二)听取当事人陈述和申辩;

(三)复核当事人提出的事实、理由和依据;

(四)经督促告诫,当事人逾期不拆除非法标志或者设施的,制作并送达路政强制措施决定书;

(五)实施路政强制措施;

(六)制作路政强制措施笔录。

实施强行拆除涉及路政处罚的,可以一并进行调查取证,分别进行处理。

第四十三条 有下列情形之一的,可依法申请人民法院强制执行:

(一)当事人拒不履行公路行政处罚决定;

(二)依法强行拆除受到阻挠。

第四十四条 《公路法》第八章及本规定规定的行政强制措施,由县级以上地方人民政府交通主管部门或者其设置的公路管理机构依照《公路法》有关规定实施。

第七章　监督检查

第四十五条　交通主管部门、公路管理机构应当依法对有关公路管理的法律、法规、规章执行情况进行监督检查。

第四十六条　交通主管部门、公路管理机构应当加强路政巡查，认真查处各种侵占、损坏路产及其他违反公路管理法律、法规和本规定的行为。

第四十七条　路政管理人员依法在公路、建筑控制区、车辆停放场所、车辆所属单位等进行监督检查时，任何单位和个人不得阻挠。

第四十八条　公路养护人员发现破坏、损坏或者非法占用路产和影响公路安全的行为应当予以制止，并及时向公路管理机构报告，协助路政管理人员实施日常路政管理。

第四十九条　公路经营者、使用者和其他有关单位、个人，应当接受路政管理人员依法实施的监督检查，并为其提供方便。

第五十条　对公路造成较大损害的车辆，必须立即停车，保护现场，并向公路管理机构报告。

第五十一条　交通主管部门、公路管理机构应当对路政管理人员的执法行为加强监督检查，对其违法行为应当及时纠正，依法处理。

第八章　人员与装备

第五十二条　公路管理机构应当配备相应的专职路政管理人员，具体负责路政管理工作。

第五十三条　路政管理人员的配备标准由省级人民政府交通主管部门会同有关部门按照“精干高效”的原则，根据本辖区公路的行政等级、技术等级和当地经济发展水平等实际情况综合确定。

第五十四条　路政管理人员录用应具备以下条件：

（一）年龄在20周岁以上，但一线路政执法人员的年龄不得超过45岁；

（二）身体健康；

（三）大专毕业以上文化程度；

（四）持有符合交通部规定的岗位培训考试合格证书。

第五十五条　路政管理人员实行公开录用、竞争上岗，由市（设区的市）级公路管理机构组织实施，省级公路管理机构批准。

第五十六条　路政管理人员执行公务时，必须按规定统一着装，佩戴标志，持证上岗。

第五十七条　路政管理人员必须爱岗敬业，恪尽职守，熟悉业务，清正廉洁，文明服务、秉公执法。

第五十八条　交通主管部门、公路管理机构应当加强路政管理队伍建设，提高路政管理执法水平。

第五十九条　路政管理人员玩忽职守、徇私舞弊、滥用职权，依法给予行政处分；构成犯罪的，依法追究刑事责任。

第六十条　公路管理机构应当配备专门用于路政管理的交通、通信及其他必要的装备。

用于路政管理的交通、通信及其他装备不得用于非路政管理活动。

第六十一条 用于路政管理的专用车辆，应当按照《公路法》第七十三条和交通部制定的《公路监督检查专用车辆管理办法》的规定，设置统一的标志和示警灯。

第九章 内务管理

第六十二条 公路管理机构应当建立健全路政内务管理制度，加强各项内务管理工作。

第六十三条 路政内务管理制度如下：

（一）路政管理人员岗位职责；

（二）路政管理人员行为规范；

（三）路政管理人员执法考核、评议制度；

（四）路政执法与办案程序；

（五）路政巡查制度；

（六）路政管理统计制度；

（七）路政档案管理制度；

（八）其他路政内务管理制度。

第六十四条 公路管理机构应当公开办事制度，自觉接受社会监督。

第十章 附 则

第六十五条 公路赔（补）偿费标准，由省、自治区、直辖市人民政府交通主管部门会同同级财政、价格主管部门制定。

第六十六条 路政管理文书的格式，由交通部统一制定。

第六十七条 本规定由交通部负责解释。

第六十八条 本规定自2003年4月1日起施行。1990年9月24日交通部发布的《公路路政管理规定（试行）》同时废止。

收费公路权益转让办法

《收费公路权益转让办法》已于2007年6月15日经第7次部务会议通过,现予以公布,自2008年10月1日起施行。

第一章　总　　则

第一条　为了规范收费公路权益转让行为,维护转让方、受让方以及使用者的合法权益,促进公路事业发展,根据《中华人民共和国公路法》(以下简称《公路法》)、《收费公路管理条例》(以下简称《收费条例》)制定本办法。

第二条　在中华人民共和国境内转让收费公路权益,应当遵守本办法。

第三条　本办法下列用语的含义是:

(一)收费公路,是指按照《公路法》和《收费条例》规定,经批准依法收取车辆通行费的公路(含桥梁和隧道)。收费公路包括政府还贷公路和经营性公路。

政府还贷公路,是指县级以上地方人民政府交通运输主管部门利用贷款或者向企业、个人有偿集资建成的收费公路。

经营性公路,是指国内外经济组织依法投资建设或者依法受让政府还贷公路收费权的收费公路。

(二)收费公路权益,是指收费公路的收费权、广告经营权、服务设施经营权。

(三)收费公路权益转让,是指收费公路建成通车后,转让方将其合法取得的收费公路权益有偿转让给受让方的交易活动。

转让方,是指将合法取得的收费公路权益依法有偿转让给受让方的国内外经济组织,包括不以营利为目的的专门建设和管理政府还贷公路的法人组织和投资建设经营经营性公路的国内外经济组织。

受让方,是指依法从转让方有偿取得收费公路权益的国内外经济组织。

第四条　国家允许依法转让收费公路权益,同时对收费公路权益的转让进行严格控制。国家在综合考虑转让必要性、合理性、社会承受力等因素的基础上,严格限制政府还贷公路转让为经营性公路。

收费公路权益转让活动,应当遵守相关法律、法规、规章的规定,应当遵循公开、公平、公正和诚实信用的原则。

第五条　国务院交通运输主管部门主管全国收费公路权益的转让工作。国务院发展改革部门和财政主管部门依据各自职责,负责收费公路权益转让的相关管理工作。

第二章　收费公路权益转让条件

第六条　转让收费权的公路,应当符合《收费条例》第十八条规定的技术等级和规模。

第七条　有下列情形之一的,收费公路权益中的收费权不得转让:

（一）长度小于1000米的二车道独立桥梁和隧道；

（二）二级公路；

（三）收费时间已超过批准收费期限2/3。

第八条 同一个收费公路项目的收费权、广告经营权、服务设施经营权，可以合并转让，也可以单独转让。

第九条 转让收费公路权益，不得有下列行为：

（一）将一个依法批准的收费公路项目分成若干段转让收费权；

（二）将收费公路权益项目与非收费公路权益项目捆绑转让；

（三）受让方没有全部承继转让方原对政府和社会公众承担的责任、义务；

（四）将政府还贷公路权益无偿划转给企业法人。

第十条 转让尚未偿清国际金融组织或者外国政府贷款的收费公路权益的，应当按照国家相关规定在申请转让审批前经原利用国外贷款审批部门同意。

收费公路权益转让的受让方应当按照国家有关投资管理的相关规定，在申请转让审批前将投资项目申请报告报有相应管理权限的投资主管部门核准。申请核准时应当同时提交收费公路权益转让合同。

第十一条 转让公路收费权，应当征得下列利害关系人同意：

（一）该公路的债权人；

（二）该公路收费权的质权人；

（三）该公路的所有投资人；

（四）公路的投资建设合同和转让公路收费权合同中约定转让及再转让时要征得其同意的人。

第十二条 公路收费权的受让方应当具备下列条件：

（一）财务状况良好，企业所有者权益不低于受让项目实际造价的35%；

（二）商业信誉良好，在经济活动中无重大违法违规行为；

（三）法律、法规规定的其他条件。

单独转让公路广告经营权、服务设施经营权时，其受让方应当具备的条件，按照地方性法规和省级人民政府规章执行。

第十三条 转让政府还贷公路收费权，可以向省级人民政府申请延长收费期限，但延长的期限不得超过5年，且累计收费期限的总和最长不得超过20年。国家确定的中西部省、自治区、直辖市政府还贷公路累计收费期限的总和，最长不得超过25年。

转让经营性公路收费权，不得延长收费期限，且累计收费期限的总和最长不得超过25年。国家确定的中西部省、自治区、直辖市经营性公路累计收费期限的总和，最长不得超过30年。

不得以转让公路收费权为由提高车辆通行费标准。

第三章 收费公路权益转让程序

第十四条 转让公路收费权，在办理转让审批前，转让方可以先向审批机关提出转让立项申请。

提出转让立项申请的，需要提交以下材料：

(一)转让收费权的公路概况,包括公路建设年限、技术等级和规模、投资来源和投资额、通车收费时间、近三年该收费公路的收支情况等;

(二)转让的原因和目的;

(三)转让政府还贷公路所得收入的投向;

(四)本办法第十一条规定的利害关系人同意转让的书面意见;

(五)转让尚未偿清国际金融组织或者外国政府贷款的收费公路权益的,出具原利用国外贷款审批部门的书面同意意见;

(六)省级人民政府批准收取车辆通行费的文件;

(七)经审计机关或者有资格的会计师事务所审计的上一年度会计报告;

(八)首次转让公路收费权的,提供该收费公路竣工财务决算和竣工审计报告;

(九)转让经营性公路收费权的,提供公司章程;

(十)再次转让公路收费权的,提供原转让协议;

(十一)审批机关认为需要提供的其他文件。

第十五条 审批机关收到转让立项申请后,应当对申请转让的收费权是否符合转让条件进行初步审查,并出具转让立项审查意见。

转让立项审查意见,可以作为转让方在作转让前期准备工作时证明拟转让的公路收费权符合转让条件的依据。

转让立项审查意见,自出具之日起一年内有效。

第十六条 转让下列收费公路的收费权,转让方应当委托符合条件的资产评估机构,对收费权价值进行评估:

(一)政府还贷公路;

(二)有财政性资金投入的经营性公路;

(三)使用国有资本金投资的公路。

资产评估机构出具的评估报告,是确定前款规定收费公路的收费权转让最低成交价的依据。

转让方对资产评估机构出具的资产评估报告,应当按照国家有关资产评估的规定,报有关部门核准或者备案。

第十七条 转让方按照第十六条规定进行收费权价值评估的,应当委托符合下列条件的资产评估机构:

(一)具有法律、行政法规规定的资产评估资质;

(二)评估机构的人员具备与公路收费权价值评估相适应的专业知识和经验;

(三)评估机构和人员近三年未发生违规行为,没有违规不良记录。

第十八条 转让收费公路权益进行收费权价值评估,评估方法应当采用收益现值法,所涉及的收益期限由转让方与资产评估机构在批准的收费期限内约定。

第十九条 转让政府还贷公路收费权益和有财政性资金投入的经营性公路收费权益,应当采用公开招标的方式,公平、公正、公开选择受让方。

第二十条 收费公路权益转让的招标投标活动,应当严格执行《中华人民共和国招标投标法》等有关规定。

省级人民政府交通运输主管部门，负责对收费公路权益转让招标投标全过程的监督管理。省级人民政府发展改革部门、财政主管部门依据各自职责，负责招标投标活动的监督。

第二十一条 进行收费公路权益转让招标的，转让方应当通过国家指定的报刊、信息网络或者其他媒介，发布招标公告。公告期不得少于20日。

第二十二条 转让政府还贷公路权益和有财政性资金投入以及使用国有资本金投资的经营性公路权益进行招标的，应当实行有底价招标。其中转让收费权的招标底价，不得低于有关部门核准或者确认的收费权价值评估价。

第二十三条 转让方应当依法编制招标文件。招标文件应当包括下列内容：

（一）招标项目的基本情况，包括项目建设年限、通车时间、技术等级和规模、投资来源和投资额、近年收支情况等。

（二）受让方应当具备的条件及有关资格和资信要求。转让政府还贷公路权益和有财政性资金投入的经营性公路权益的，应当要求受让方承诺所成立的公路经营企业不对外提供担保，包括为受让方债务提供任何形式的担保，不承担受让方的债务。

（三）受让方的权利和义务。

（四）转让金的支付形式、期限（最长不超过合同生效后6个月）及担保要求。

（五）经营期间公路养护、绿化及水土保持要求。

（六）经营终结后解散和清算的程序，公路权益移交时公路及公路附属设施、服务设施的标准。

（七）受让方或其设立的公路经营企业破产，终止、解除转让协议的条件。

（八）政府终止收费公路权益转让协议的条件。

（九）投标文件的编制要求及其送达方式、地点和截止时间。

（十）开标地点及开标和评标的时间安排。

（十一）评标标准、评标办法、评标程序、确定废标的因素。

（十二）签订的转让合同的主要条款。

（十三）职工安置方案。

（十四）债权债务处理方案。

（十五）其他需要说明的问题。

第二十四条 受让方确定后，转让方和受让方应当依法订立收费公路权益转让合同。

转让合同应当包括下列条款：

（一）转让方与受让方的名称与住所；

（二）项目名称和经营内容；

（三）经营范围和转让期限；

（四）转让价格及支付价款的时间（最长不超过合同生效后6个月）和方式；

（五）有关资产交割事项；

（六）转让方涉及的职工安置方案；

（七）转让方的权利和义务；

（八）受让方的权利和义务；

（九）公路养护和服务质量保障措施（包括建立养护维修保证金等）；

（十）经营风险的承担责任；

（十一）公路养护责任；

（十二）公路移交的方式和时间；

（十三）争议的解决方式；

（十四）各方的违约责任；

（十五）合同变更和解除的条件；

（十六）转让合同期满后公路收费权的归属和移交事项；

（十七）转让和受让双方认为必要的其他条款。

第二十五条　公路收费权益转让合同自公路收费权转让批准之日起生效。

第二十六条　转让国道（包括国道主干线和国家高速公路网项目，下同）收费权，应当经国务院交通运输主管部门批准。转让国道以外的其他公路收费权，应当经省级交通运输主管部门审核同意，报省级人民政府批准。

将公路广告经营权、服务设施经营权与公路收费权合并转让的，由具有审批公路收费权权限的审批机关批准。

单独转让公路广告经营权、服务设施经营权的审批，按照地方性法规和省级人民政府规章执行。

第二十七条　申请转让公路收费权的，转让方应当向审批机关提交申请文件，内容应当包括：

（一）提出过立项申请的，需提交转让立项审查意见；未提出过立项申请的，需提交第十四条规定的相关材料。

（二）转让前期按照规定进行收费权价值评估的有关材料和资产评估报告的核准或者备案文件等。

（三）转让前期招标投标情况和受让方的确定情况。

（四）审计部门或者会计师事务所出具的受让方上年度会计报告和受让方的法人营业执照副本。

（五）按照第十条规定办理的相关手续和书面同意意见。

（六）转让收入的具体投向。

（七）公路收费权益管理情况。

（八）转让方、受让方签订的公路收费权益转让合同。

（九）审批机关认为需要提供的其他文件。

第二十八条　审批机关应当按照《行政许可法》和相关规定的要求，办理公路收费权转让审批。

审批机关在审查收费公路权益转让申请时，应当综合考虑维护国家利益、社会公共利益的因素。

同意转让公路收费权的，审批机关应当出具公路收费权转让批准文件。

第二十九条　由省级人民政府批准转让公路收费权的，转让方自批准之日起30日内，应当将省级交通运输主管部门审核意见、省级人民政府批准文件和转让合同报国务院交通运输主管部门备案。

第三十条　国务院交通运输主管部门应当自批准公路收费权转让之日起30日内，将批准文件抄送国务院发展改革主管部门和财政主管部门。

第三十一条　转让方应当对所提交申请材料的真实性、合法性负责。

第四章　转让收入使用管理

第三十二条　转让政府还贷公路权益的收入，除用于偿还公路建设贷款和有偿集资款外，应当全部用于公路建设。任何单位不得将转让政府还贷公路权益的收入用于公路建设以外的其他项目。

转让有财政性资金投入的经营性公路权益取得的收入中与财政性资金投入份额相应的收入部分，除用于偿还公路建设贷款外，主要用于公路建设。

第三十三条　转让全部由社会资金投入的经营性公路权益取得的收入，由投资者自行决定转让收入使用方向。

国家有关部门应当鼓励投资者将这部分收入继续投入公路建设项目。

第三十四条　转让政府还贷公路权益和转让有财政性资金投入的经营性公路权益取得的收入中与财政性资金投入份额相应的收入部分，纳入预算管理。转让方应当在取得上述转让收入的3个工作日内，按照规定的预算级次上缴财政。实行非税收入收缴管理制度改革的，按照改革的相关规定执行。财政主管部门应当将转让收入纳入当年财政收支预算，资金拨付按照财政国库管理制度有关规定执行。

第五章　收费公路权益转让后续管理及收回

第三十五条　受让方依法拥有转让期限内的公路收费权益，转让收费公路权益的公路、公路附属设施的所有权仍归国家所有。

第三十六条　收费公路权益转让合同约定的转让期限届满，转让收费公路权益的公路、公路附属设施以及服务设施应当处于良好的技术状态，由国家无偿收回，由交通运输主管部门管理。

收费公路权益转让期限未满，因社会公共利益需要等原因国家提前收回转让的收费公路权益的，接收收费公路权益的交通运输主管部门依法给予受让方补偿。最高补偿额按照原转让价格和提前收回的期限占原批准转让期限的比例计算确定。

第三十七条　收费公路权益转让后，该公路路政管理的职责仍然由县级以上地方人民政府交通运输主管部门或者公路管理机构的派出机构、人员行使。

第三十八条　受让方在依法取得收费公路权益后，依法成立的公路经营企业应当按照国家规定的标准和规范要求，做好公路养护管理、绿化以及公路用地范围内的水土保持工作。并对收费公路及沿线设施进行日常检查、检测、维护，保证收费公路处于良好的技术状态。

公路经营企业应当根据交通运输主管部门要求，定期提供公路技术状况检测报告。

第三十九条　公路经营企业应当接受国务院交通运输主管部门和省、自治区、直辖市人民政府交通运输主管部门的行业管理，按要求实行联网收费，并遵守路网的其他统一要求，及时提供统计资料和有关经营情况。

第四十条　收费公路权益转让后，省、自治区、直辖市交通运输主管部门应当对该收费公路的收费管理和养护情况实施监督检查。

收费公路权益转让合同约定的转让期限届满前6个月，省、自治区、直辖市人民政府交通运输主管部门应当对转让权益的收费公路进行鉴定和验收。经鉴定和验收，公路符合收费公路权益转让时核定的技术等级和标准的，公路经营企业方可按照国家有关规定，在转让期限届满时向交通运输主管部门办理公路移交手续；不符合转让收费公路权益时核定的技术等级和标准的，公路经营企业应当在交通运输主管部门确定的期限内进行养护，达到要求后，方可按照规定办理公路移交手续。转让期限届满仍未达到要求的，交通运输主管部门应当收回公路收费权，办理公路移交手续，指定其他单位进行养护，养护费用由原公路经营企业承担。

第六章　法律责任

第四十一条　违反本办法的规定，擅自批准收费公路权益转让的，按《收费条例》第四十七条的规定查处。

第四十二条　违反本办法第九条的规定，由国务院交通运输主管部门或者省级交通运输主管部门依据职权，责令改正；对负有责任的主管人员和其他直接责任人员依法给予行政处分；构成犯罪的，依法追究刑事责任。

第四十三条　违反本办法的规定，转让方应当通过招标选择受让方而未进行招标，或者招标的程序、内容不符合本办法的规定，按照《中华人民共和国招标投标法》的有关规定查处。

第四十四条　违反本办法的规定，社会中介机构在对收费公路权益转让项目进行审计或者评估时弄虚作假，或者出具的会计报告和评估报告严重失实的，根据其情节轻重，由有关机构按照国家有关法律、法规的规定处罚。

第四十五条　违反本办法的规定，有下列行为之一的，按照《收费条例》第五十二条的规定查处：

(一)转让方未将转让政府还贷公路权益的收入和转让有财政性资金投入的经营性公路权益取得的收入中，与财政性资金投入份额相应的收入部分全额缴入国库的；

(二)交通运输主管部门、财政主管部门将转让政府还贷公路权益的收入和转让有财政性资金投入的经营性公路权益取得的收入中，与财政性资金投入份额相应的收入部分，未用于偿还贷款或者偿还有偿集资款及未用于公路建设，将转让收入挪作他用的。

第四十六条　违反本办法的规定，受让方未履行公路养护、绿化和公路用地范围内的水土保持义务，按照《收费条例》第五十四条和第五十五条的规定查处。

第四十七条　违反本办法的规定，审批机关及其工作人员有下列情形之一的，按照《中华人民共和国行政许可法》第七十二条和第七十四条的规定查处：

(一)不在本办法规定的期限内出具审批意见的；

(二)对不符合法定条件和程序的收费公路权益转让申请予以批准，或者超越法定职权予以审批的；

(三)在受理、审查过程中，未向转让方一次告知必须补正的全部内容的。

第四十八条　审批机关工作人员在办理收费公路权益转让审批过程中，索取或者收受他人财物或者谋取其他利益，按照《中华人民共和国行政许可法》第七十三条的规定查处。

第七章　附　　则

第四十九条　本办法规定的时限以工作日计算，不含法定节假日。

第五十条　本办法自 2008 年 10 月 1 日起施行。交通运输部于 1996 年 10 月 9 日以交通部第 9 号令发布的《公路经营权有偿转让管理办法》同时废止。

广东省公路收费站管理办法(广东省人民政府34号令)

《广东省公路收费站管理办法》已经1997年12月15日广东省人民政府第八届130次常务会议通过,现予发布,自1998年2月1日起施行。

第一条 为规范收费公路车辆通行费收费站的管理,确保"贷款修路、收费还贷"政策的贯彻执行,根据《中华人民共和国公路法》和国家有关规定,结合我省实际,制定本办法。

第二条 本办法适用于我省行政区域内收费公路设置的车辆通行费收费站(以下简称收费站)。

第三条 设置收费站必须报经省人民政府批准,未经省人民政府批准,任何单位和个人不得在公路上设置站(卡)。

第四条 收费站按收费项目、经营期限和偿还投资者利益,分为经营性项目收费站和非经营性项目收费站。

经营性项目是指有经营期限,以偿还投资者利益而收取车辆通行费的项目;非经营性项目是指没有经营期限,以还清贷款(含有偿集资)本息为目的而收取车辆通行费的项目。

第五条 省交通行政主管部门负责全省收费站的行业管理,其主要职责是:

(一)收费站和布局、定点、撤并、迁移;

(二)收费票据的管理;

(三)会同省物价行政主管部门审查批准收费标准,收费标准由省物价行政主管部门公布;

(四)收费站站牌、标牌、指挥信号的制发;

(五)收费站人员的培训及服装的制发;

(六)与收费站行业管理有关的其他事项。

省物价行政主管部门负责制发收费站的《收费许可证》。

省财政部门负责非经营性项目收费站的收费票据和所有收费站罚款票据的监制。

省地税部门负责经营性项目收费站的收费票据的监制。

省审计部门负责依法对收费站财务收支进行审计和监督。

第六条 凡按基建程序报经省人民政府及有关部门批准后,利用贷款(包括需偿还集资和实行股份制经营)建成的公路、桥梁、隧道,符合下列条件之一者,可设置收费站:

(一)高速公路;

(二)连续里程,平原微丘区超过40公里和山岭重丘区超过20公里的一、二级公路;

(三)长度超过300米的公路桥梁(改渡为桥的桥长超过200米);

(四)长度超过500米的公路隧道。

第七条 收费站的设置应统一布局、合理定点,为车辆创造良好的运行条件。

(一)高速公路,除两端出入口和匝道外,禁止在主线上设置收费站。

(二)实行收费的公路,在同一条公路主线上,相邻收费站的间距,按国家有关规定执行。

(三)在已设收费站的同一条公路上延伸改(扩)建,而距离又不符合设站要求的项目,按基建程序上报,经省有关部门批准后,可纳入已设的收费站收费。不得将辖区内未经省人民政府批准,无关联的其他公路纳入收益好的收费站进行“综合收费”、“统筹还贷”。

(四)禁止设立旨在内部票据监督的停车验票站及在路面设置强制性减速障碍。

第八条 凡经省人民政府批准的收费站,其站址由建设单位在工程完工前3个月内向县以上交通行政主管部门申报,经交通行政主管部门逐级上报省交通行政主管部门批准。

收费站站址的变更,应由县以上交通行政主管部门逐级上报省交通行政主管部门审批。

第九条 收费站单向收费改为双向收费的,由省交通行政主管部门会同省物价行政主管部门审核后报省人民政府批准。

第十条 已批准设置的收费站,其收费标准在工程完工前(含收费标准的调整)3个月内由公路收费单位提出方案,经县以上交通行政主管部门会同同级物价行政主管部门审核后,逐级报省交通行政主管部门会同省物价行政主管部门批准。高速公路的收费标准(含收费标准的调整),由省交通行政主管部门会同省物价主管部门联合审核后报省人民政府审批。

第十一条 车辆通行费的收费标准,应根据公路工程建设项目的规模、还贷基数、还贷期限、车流量、经营期限、地区差别及车主承受能力等基本因素确定。收费标准的具体审批和公布办法,由省交通行政主管部门会同省物价行政主管部门制定。

第十二条 收费站应按省交通厅《公路收费站及其广场设计标准》(粤交基函[1994]516号文)进行建设。收费站站房、职工宿舍及其他附属建筑物的建设,应符合国家有关路政管理的规定,并按基建程序办理。职工宿舍不准出售,离开岗位的职工要搬出。禁止边建边收费的行为。

第十三条 收费站开始收费前,应领取并悬挂省交通行政主管部门统一制作的收费站站牌、标牌(公开审批机关、主管部门、收费标准、收费单位、监督电话)和省物价行政主管部门统一制发的《收费许可证》。收费员上岗时必须统一着装、持证上岗。经省交通行政主管部门对上述规定检查合格后方可收费。

第十四条 收费站必须建立健全财务、审计、统计、票据管理制度和报表制度。

非经营性项目收费站使用省财政部门监制的收费票据;经营性项目收费站使用省地税部门监制的收费票据。

第十五条 收费站应实行电脑收费和不停车收费。不停车收费系统的规划审批和管理,由省交通行政主管部门统一负责。

第十六条 非经营性项目收费站收取的通行费,应按行政事业性收费管理规定,纳入财政专户管理,扣除管理费外,全部用于偿还贷款和有偿集资,不准用于其他固定资产投资或挪作他用。

第十七条 非经营性项目收费站的管理费主要用于:收费人员工资、劳保福利、收费站设备和设施的维修更新、水电、车辆使用、通信、办公、票据印刷、服装的制作、职工教育、劳动保险和符合国家财务制度规定应在管理费中列支的其他费用。

非经营性项目收费站年管理费的列支控制比例分为六档,各档按比例提取累加数即为该站的年管理费,如下表:

档　次	年收费总额(万元)	各档提取比例(%)
1	400 以下(含 400)	25
2	400~1000(含 1000)	16
3	1000~2000(含 2000)	7
4	2000~4000(含 4000)	5
5	4000~6000(含 6000)	3
6	6000 以上	2

非经营性项目收费站提取的管理费不得超过列支控制比例,具体提取比例由收费站主管部门自定后报省交通、财政、物价、审计部门备案。

第十八条 经营性项目收费站的管理费参照本办法前条规定,具体由股份公司或董事会自定,报省交通、物价、审计部门备案。

第十九条 收费站每年由交通、物价、审计、财政部门联合进行综合年审。

第二十条 非经营性公路项目转为经营性公路项目以及转让公路收费站,须按程序报经原审批机关会同有关部门批准。

第二十一条 经营性的公路项目经营期满,应立即停止收费,撤销收费站。非经营性公路项目还清投资本息后,原则上也应停止收费,撤销收费站。个别特殊情况,经省人民政府批准后,可适当延长收费期,收费上缴省财政,由省交通行政主管部门负责收缴。

非经营性公路项目的还贷总额,以省有关部门批准的工程施工决算为准。

第二十二条 禁止将收费站发包给任何单位或个人承包收费。

第二十三条 除正在执行公务并设有固定装置的消防车、医院救护车、殡葬车、公安部门警车、悬挂车用车牌和省人民政府规定免交通行费的车辆外,其他机动车辆,无论驾驶员和乘车人员持有何种证件,均必须按规定缴纳车辆通行费。

第二十四条 对强行通过收费站的车辆,造成收费设施损坏的,按法律、法规有关路政管理的规定处理;对违反治安管理处罚条例者,应交由公安机关处理。

第二十五条 违反本办法有关规定的,按下列规定处理:

(一)违反第十二条、第十三条的,由省交通行政主管部门责令限期改正,已收取的车辆通行费,上缴国库;

(二)违反第十四条第二款的,由省财政、地税部门按有关规定处理;

(三)违反第十六条、第十七条的,由省审计、财政、交通、物价部门按有关规定处理;

(四)违反第二十条、第二十一条的,由省交通行政主管部门报省人民政府批准撤销收费站,已收取的车辆通行费,上缴国库,并对收费站主管部门责任人员给予行政处分。

第二十六条 收费站工作人员有违法乱纪、营私舞弊行为的,应予以除名。构成犯罪的,依法追究刑事责任。

第二十七条 本办法自 1998 年 2 月 1 日起施行。过去省有关收取公路车辆通行费的规定与本办法不一致的,以本办法为准。

广东省公路条例

2003 年 1 月 11 日广东省第九届人民代表大会常务委员会第三十九次会议通过，2008 年 7 月 31 日广东省第十一届人民代表大会常务委员会第四次会议修订。

第一章　总　　则

第一条　为加强公路的建设、养护和管理，促进公路事业发展，根据《中华人民共和国公路法》（以下简称公路法）及有关法律法规，结合本省实际，制定本条例。

第二条　制定本省行政区域内公路（包括公路桥梁、公路隧道和公路渡口）的规划、建设、养护、经营、使用和管理，适用本条例。

第三条　省人民政府交通主管部门主管全省公路工作，负责本条例的组织实施；市、县（区）人民政府交通主管部门主管本行政区域内的公路工作。

省公路管理机构按照省人民政府的规定，对国道、省道行使公路行政管理职责。

市、县公路管理机构依照法律法规的规定，对所管辖的公路行使公路行政管理职责。

乡、民族乡、镇人民政府，负责本行政区域内乡道、村道的建设和养护工作。

第四条　各级人民政府规划、建设、国土、工商、公安、水利、环保等部门，应当在各自职责范围内协助交通主管部门、公路管理机构做好公路的建设和管理工作。

第二章　公 路 规 划

第五条　公路规划的编制和审批，按照公路法执行。

公路穿越城镇规划区的，其穿越路段的选线定位等应当与当地城镇规划相协调，并征求当地人民政府规划主管部门意见。

第六条　规划和新建村镇、开发区、厂矿、学校、集市贸易场所等建筑群，应当与公路用地边界外缘保持以下间距：高速公路、国道、省道不少于二百米，县道不少于一百米，乡道不少于五十米；并避免在公路两侧对应进行。

第七条　规划建设铁路、管线等各类设施涉及跨越、穿越或者与规划公路并行的，应当征得地级以上市人民政府交通主管部门同意。涉及的规划公路属国道、省道、高速公路的，应当征得省人民政府交通主管部门同意。

第三章　建设与养护

第八条　公路建设应当执行国家有关环境保护和水土保持的法律、法规，按照国家规定的基本建设程序和省的有关规定进行。公路建设项目应当按照国家有关规定实行法人负责制度、招标投标制度、工程监理制度、合同管理制度、市场准入管理制度和工程质量、工程造价监督管理制度。

第九条　公路建设使用土地应当按照有关法律、行政法规的规定办理。

公路建设用地的土地补偿费、安置补助费、地上附着物和青苗的补偿费等费用标准，按照省人民政府的有关规定执行,具体实施由工程项目所在地人民政府负责。各级人民政府应当按照有关规定按时足额发放各项补偿费用,不得截留或者挪作他用,并向被征用单位或者村民委员会张榜公布各项补偿费标准、总额等事项。

不收费公路建设需要使用国有土地的,由县级以上人民政府依法予以划拨。

第十条 具备施工条件的公路建设项目,由公路建设项目法人按照国家和省的有关规定向有管辖权的交通主管部门提出施工申请,经批准后方可施工。

第十一条 公路的安全设施、标志、标线和绿化工程,养护配套设施及其用地,按照国家公路工程技术标准实施,并与公路工程同期建设。超出技术标准或者要求增加项目的,由提出单位提供土地和建设、养护资金。

第十二条 收费公路交通标志、标线的设置、维护,由收费公路经营管理者负责。不收费公路交通标志、标线的设置,由建设单位负责;其维护和更新由该公路的养护单位负责。

公路标志、标线必须清晰、准确、易于识别。通行信息应当提前提示,重要的通行信息应当重复提示。

第十三条 公路建设项目验收,分为交工验收和竣工验收两个阶段。

公路建设项目完工后,项目法人应当按照国家和省有关规定组织交工验收;交工验收合格的,报省人民政府交通主管部门或者其授权的交通主管部门备案,交通主管部门在十五天内未提出异议的,项目法人可以试运营,试运营期不得超过三年;试运营期计入收费期限。

试运营期满前,项目法人应当按照规定办理竣工决算申报审批工作。政府审计、环保等部门,应当及时组织审计和环保等单项验收。单项验收合格后,项目法人应当按照管理权限及有关规定申请竣工验收,竣工验收合格的,方可正式运营。

公路建设项目竣(交)工验收,必须符合国家规定的公路工程竣(交)工验收标准。

第十四条 各级人民政府交通主管部门和有关监督管理部门应当加强公路建设的监督管理,维护公路建设市场秩序,依法查处公路建设中的违法、违规行为。

任何单位和个人对公路建设中违反法律、法规的行为以及工程质量问题,有权向有关部门投诉、检举、控告。

第十五条 公路养护应当执行国家和省人民政府交通主管部门规定的技术规范和操作规程,保持公路良好的技术状态。公路养护应当积极推向市场,实行管理和养护相分离。

公路路面养护及有关交通设施维修时,需要封闭半幅路面的,公路养护单位或者经营管理者应当按照有关规定报公路管理机构批准后实施,公路管理机构和公安部门应当共同做好施工现场的车辆疏导工作;需要全封闭路面的,由公路管理机构和公安部门共同发布通告后实施。

第四章 路政管理

第十六条 各级人民政府交通主管部门、公路管理机构应当认真履行职责,依法管理和保护公路,保障公路的完好、安全和畅通。

第十七条 各级人民政府交通主管部门、公路管理机构有权检查、制止侵占或者损坏公路、公路用地和公路附属设施(以下统称路产)等违反公路法和本条例的行为。

公路监督检查人员依法在公路、建筑控制区、车辆停放场所、车辆所属单位等进行监督检查时，被检查的单位和个人应当配合检查，并为其提供方便。任何单位和个人不得阻挠。

公路监督检查人员执行公务，应当出示有效的行政执法证件，佩戴统一标志。

公路监督检查的执法专用车辆，应当设置统一的标志和示警灯。

第十八条　在公路及公路用地范围内禁止下列行为：

（一）非法设置路障，摆摊设点，设点修车、洗车，堆放物品，打谷晒粮，积肥制坯及其他影响公路畅通的行为；

（二）倾倒垃圾淤泥，向公路或者利用公路排水设施排污，车辆装载泥砂石、杂物散落路面及其他污染公路的行为；

（三）擅自设置广告、标牌，毁坏、擅自移动或者涂改公路附属设施；

（四）堵塞公路排水系统，擅自利用桥梁、涵洞或者公路排水设施设闸、筑坝蓄水；

（五）利用公路桥梁、隧道铺设输送易燃、易爆、有毒的气体或者液体的管道；

（六）其他侵占、破坏、损坏公路路产，危及公路安全的行为。

第十九条　超过公路、公路桥梁、公路隧道或者汽车渡船的限载、限高、限宽、限长标准的车辆，不得在有限定标准的公路、公路桥梁和公路隧道行驶，不得使用汽车渡船。

超过公路或者公路桥梁限载标准确需行驶的，应当经公路管理机构按照有关规定批准，并按要求采取有效的防护措施。运载不可解体的超限物品的，应当按照指定的时间、路线、时速行驶，并悬挂明显标志。

申请超限运输，在县内行驶的，由县公路管理机构批准；跨县行驶的，由地级以上市公路管理机构批准；跨地级以上市行驶的，由省公路管理机构批准。

第二十条　公路监督检查人员，应当依法对在公路上行驶的车辆进行超限检测。对未经批准的超限车辆，可以指定其在县级以上人民政府交通主管部门或者公路管理机构确定的地点停放，卸载至符合轴载质量及其他限值，按照有关规定补交已行驶里程的补偿费。

公路监督检查人员进行超限运输检查时，应当确保公路安全和畅通。被检查人员应当配合，接受检查，不得强行通过。

第二十一条　利用、占用公路和公路用地的下列行为，应当经公路管理机构批准：

（一）公路接线设置道口；

（二）拆除分隔带；

（三）埋设管线、设置电杆、变压器和类似设施；

（四）修建跨（穿）越公路的各种桥梁、牌楼、涵洞、渡槽、隧道、管线等设施；

（五）履带车、铁轮车及其他有损公路路面的车辆上路行驶；

（六）其他利用、占用公路和公路用地的行为。

从事前款第（三）项、第（四）项行为，影响交通安全的，还须征得有关公安机关的同意。

第二十二条　在国道、省道上增设的平面交叉道口与公路搭接的路段，应当铺设长度不少于五十米的次高级以上路面。

第二十三条　损坏路产、污染公路，应当依法承担赔偿责任；占用、利用公路路产或者超限运输的，应当承担经济补偿责任。赔偿、补偿费标准，由省人民政府交通主管部门会同省财政、价格部门制定。

交通事故造成损坏路产或者污染公路的，公安部门应当及时通知公路管理机构处理。

第二十四条　公路建筑控制区的范围，指从公路两侧边沟（截水沟或者坡脚护坡道；无边沟的，防撞栏或者防撞墙外侧五米，下同）外缘起算的以下间距：高速公路不少于三十米；国道不少于二十米，省道不少于十五米，县道不少于十米，乡道不少于五米。

建筑控制区的具体范围经县级以上人民政府确定并予公告后，由公路管理机构设置标桩、界桩。禁止在公路建筑控制区内修建建筑物和地面构筑物，但公路防护、养护需要的除外。

第二十五条　自公路两侧边沟外缘起算，高速公路八十米、国道五十米、省道三十米范围内广告标牌设施的位置，应当由省人民政府交通主管部门统一规划，并按照有关规定批准。

县道二十米、乡道十米范围内广告标牌设施的位置，应当由地级以上市人民政府交通主管部门统一规划，并按照有关规定批准。

第二十六条　新建、改建公路线路确定后，县级以上人民政府交通主管部门应当知会当地人民政府规划、建设、国土等有关部门，在建筑控制区内不再审批建筑物、构筑物的建设。

对已经立项即将开工或者正在建设的公路，公路管理机构应当予以公告并依法实施路政管理。任何单位和个人自公告之日起不得在公路建设用地范围内抢建、抢种。

第二十七条　根据城市规划或者其他建设工程需要，国道、省道和收费公路需改线的，报省人民政府交通主管部门批准；不收费县道需改线的，报市人民政府交通主管部门批准；影响交通安全的，还须征得有关公安机关的同意。当地人民政府或者建设单位，应当按照不低于该段公路原等级标准负责改线工程的投资。改线工程竣工验收后一年内，办理新旧路产移交手续。

穿城（镇）公路需转为城市道路的，应当按照公路管理权限审批并办理有关手续。

第二十八条　公路竣工验收前，建设单位或者项目法人应当办理公路和公路用地土地使用权的登记，并按照规定取得土地使用权证。

第二十九条　公路改建及渡口改桥后处于建筑控制区内的原路产，继续作为公路规划建设用地管理；在建筑控制区外的原路产，可依法换取新建路桥需用的土地；改变用途和报废的，依法办理变更或者报废手续，手续办妥前，任何单位和个人不得占用。

第三十条　公路改建、扩建和养护大修、中修，施工单位应当按照公路施工、养护规范堆放材料，施工人员应当佩戴统一安全标志，作业车辆、机械必须设置明显作业标志，并在施工路段按照规定设置施工标志、安全标志或者绕道行驶标志，采取措施疏导交通。完工后应当及时清理施工现场，保证车辆和行人的安全通行。

因恶劣天气、自然灾害、工程施工等原因需关闭公路的，公路管理机构和公安部门应当提前发布通告，并采取措施疏导交通。

第三十一条　公路管理机构应当按照路产管理权限加强对公路标志、标线的监督管理，发现设置错误、不完善或者损坏的，应当责令公路经营者、管理者限期改正、修复或者更换。

第三十二条　公路绿化工作，由公路管理机构按照公路工程技术标准组织实施。公路用地上的树木不得任意砍伐；确需更新砍伐的，必须经公路管理机构同意，按照《中华人民共和国森林法》的规定办理审批手续，并完成更新补种任务。

第五章　收费公路

第三十三条　收费公路，是指符合公路法和《收费公路管理条例》规定，经批准依法收取车辆通行费的公路（含桥梁、隧道和渡口）。

收费公路，包括政府还贷公路和经营性公路。

第三十四条 省人民政府交通主管部门对本行政区域内的政府还贷公路，可以实行统一管理、统一贷款、统一还款。

经省人民政府批准，可在一定区域内实行车辆通行费年票制。

第三十五条 收费公路的设立应当符合国家和省的有关规定，由省人民政府交通主管部门会同省有关部门审核后，报省人民政府审批。省人民政府应当对收费公路的数量进行控制。

设立经营性收费公路，应当依法采用招标投标的方式选定投资者。

转让收费公路收费权，属国道的，应当报国务院交通主管部门批准；属国道以外其他公路的，应当报省人民政府批准，并报国务院交通主管部门备案。

第三十六条 收费公路收费站的设置，由省人民政府按照《收费公路管理条例》的有关规定审查批准。

收费站站址的变更，由县级以上人民政府交通主管部门审核逐级报省人民政府交通主管部门批准；站名变更的，还需到价格部门换领收费许可证。

收费公路单向收费改为双向收费的，由省人民政府交通主管部门会同省人民政府价格主管部门审核后报省人民政府批准。

第三十七条 收费公路交工验收合格方可收费；收费公路终止收费后，收费公路经营管理者应当自终止收费之日起十五日内拆除收费设施。

第三十八条 车辆通行费的收费标准，按照《收费公路管理条例》的有关规定审查批准。

车辆通行费的收费标准，应当根据公路的技术等级、投资总额、当地物价指数、偿还贷款或者有偿集资款的期限和收回投资的期限以及交通量等因素计算确定。

公路建设项目试运营申请核定收费标准的，其建设项目投资总额按照省人民政府交通主管部门审批的设计概算计算；收费公路建设项目竣工验收后申请核定收费标准，其建设项目的投资总额按照省人民政府交通主管部门审批的竣工决算计算。涉及财政性资金的投资项目的投资总额按照财政部门审批的竣工决算计算。

修建与收费公路经营管理无关的设施、超标准修建的公路经营管理设施和服务设施的费用，在核定收费标准时，应当从投资总额中扣除。

第三十九条 收费公路的收费期限，由省人民政府按照《收费公路管理条例》的有关规定审查批准。收费期限届满，必须终止收费。

政府还贷公路在批准的收费期限届满前已经还清贷款、还清有偿集资款的，必须终止收费。

依照本条前两款的规定，收费公路终止收费的，省人民政府应当向社会公告，接受社会监督。

第四十条 省人民政府交通主管部门，负责对全省公路联网收费的规划、设计、建设和运营实施管理。

第四十一条 收费站必须悬挂省人民政府交通主管部门统一监制的收费站站牌、标牌和省人民政府价格主管部门统一制发的收费许可证；并公布审批机关、收费单位、收费标准、收费起止年限、监督电话等内容。

第四十二条 收费公路经营管理者，应当加强对收费站工作人员的业务培训和职业道德教育。收费人员应当做到文明礼貌，规范服务。

第四十三条 收费公路经营管理者，应当建立健全财务、审计、统计、票据管理制度和报表制度。省人民政府财政、交通、税务、审计、价格、监察主管部门，应当加强监督检查。

第四十四条 收费公路路政管理职责由公路管理机构行使，具体管理办法由省人民政府交通主管部门制定，报省人民政府批准。收费公路的养护、绿化由该公路的经营者负责，公路管理机构应当加强监督、检查。

交通、公安机关根据执法需要，可以查阅公路收费监控系统信息。

第四十五条 政府还贷公路收费站的管理费提取办法，由省人民政府交通主管部门会同省人民政府财政、价格部门提出意见后报省人民政府批准。

不得将政府还贷公路收费站发包给任何单位或者个人承包收费。

第四十六条 经营性收费公路经营期间，等级公路技术状况指数（MQI）应当保持七十以上、高速公路技术状况指数（MQI）应当保持八十以上。

第四十七条 收费公路有下列情形之一的，由省人民政府交通主管部门责令经营管理者限期改正；逾期不改的，报省人民政府批准停止其收费：

（一）收费公路路面严重残损，连续三个月达不到规定的等级公路或者高速公路技术状况指数（MQI）的；

（二）不按照规定上报财务报表达六个月，或者瞒报、虚报财务收支情况的；

（三）试运营期满仍未申请竣工验收或者验收不合格的；

（四）经营和管理违反相关法律法规，造成严重社会影响的。

收费公路经整改后符合收费要求，申请恢复收费的，应当经省人民政府批准。

第四十八条 收费公路经营管理者应当加强对收费站的管理，按照规定合理设置收费通道，具备条件的应当设置复式收费。

公路收费站应当根据车流量及时开足通道，保障收费通道的畅通；因未开足通道而造成在用通道平均五台以上车辆堵塞的，应当免费放行并开足通道。

第四十九条 省人民政府交通主管部门，应当在公路收费站公布投诉电话。

公路收费站违反第四十八条第二款规定的，群众有权进行投诉、举报，县级以上人民政府交通主管部门应当认真调查，并按照第五十八条的规定追究有关人员的法律责任，并把处理结果告知投诉举报人。

第六章 法律责任

第五十条 违反本条例第十八条规定的，由县级以上人民政府交通主管部门责令其停止违法行为，限期采取补救措施，并可以按照下列规定处罚：

（一）违反第（一）项、第（二）项规定，尚未造成路产损坏的，处以五百元以下罚款；造成路产损坏的，处以五百元以上五千元以下罚款。

（二）违反第（三）项规定的，处以五千元以下罚款；危及行车或者公路安全，情节严重的，处以五千元以上三万元以下罚款。

（三）违反第（四）项、第（五）项规定的，责令限期拆除，处以一万元以上三万元以下罚款；

逾期不拆除的，由县级以上人民政府交通主管部门拆除，费用由构筑者承担。

第五十一条　违反本条例第十九条规定，车辆在公路上擅自超限行驶的，由县级以上人民政府交通主管部门责令停止违法行为，可以处一千元以下罚款；情节严重的，强制卸载，可以处一千元以上三万元以下罚款。

第五十二条　违反本条例第二十一条第一款第（一）项规定，擅自与公路接线设置道口的，由县级以上人民政府交通主管部门责令停止违法行为，恢复原状，并处以五万元以下罚款。

违反本条例第二十一条第一款第（二）项、第（三）项、第（四）项、第（五）项规定的，由县级以上人民政府交通主管部门责令停止违法行为，可以处五千元以下罚款；造成公路损坏的，责令恢复原状，可以处五千元以上三万元以下罚款，并应当依法承担赔偿责任。

第五十三条　违反本条例第二十四条第二款规定，在公路建筑控制区内修建建筑物或者地面构筑物的，由县级以上人民政府交通主管部门责令限期拆除，并可以处五万元以下罚款；逾期不拆除的，由县级以上人民政府交通主管部门拆除，有关费用由建筑者、构筑者承担。

第五十四条　违反本条例第二十五条规定未经批准设置广告标牌设施的，由县级以上人民政府交通主管部门责令停止违法行为，限期拆除，可以处一千元以上五千元以下罚款；情节严重的，可以处五千元以上二万元以下罚款；逾期不拆除的，由县级以上人民政府交通主管部门拆除，有关费用由设置者承担。

第五十五条　违反本条例第三十条第一款规定的，由县级以上人民政府交通主管部门责令停止违法行为，影响公路畅通或者危及行车安全的，可以处五千元以下罚款；造成损失的，由施工单位承担民事责任。

第五十六条　违反本条例第三十二条第二款规定，擅自砍伐公路树木的，由县级以上人民政府交通主管部门责令赔偿损失。

第五十七条　有下列情形之一的，由省人民政府交通主管部门责令其限期改正，没收已收取的车辆通行费，上缴国库，用于公路建设：

（一）违反本条例第三十五条第三款规定，未经批准擅自转让收费公路收费权的；

（二）违反本条例第三十七条规定，未经交工验收合格开始收费的；

（三）违反本条例第四十五条第二款规定，将政府还贷公路收费站发包给单位或者个人承包收费的。

第五十八条　违反本条例第四十八条第二款规定，因未开足通道造成车辆堵塞的，由县级以上人民政府交通主管部门对收费公路经营管理者处以五千元以上一万元以下罚款；负有责任的主管人员和其他直接责任人员属于国家工作人员的，依法给予处分。

第五十九条　违反本条例规定，擅自在公路上设卡、收费或者应当终止收费而不终止的，由省人民政府交通主管部门责令停止违法行为，没收违法所得，并处以违法所得三倍以下的罚款；没有违法所得的，处以二万元以下罚款；负有责任的主管人员和其他直接责任人员属于国家工作人员的，依法给予处分。

第六十条　交通主管部门、公路管理机构的工作人员玩忽职守、徇私舞弊、滥用职权的，依法给予处分；构成犯罪的，依法追究刑事责任。

第七章　附　　则

第六十一条　国家采用依法征税筹集公路养护资金的具体办法实施前，实行现行的公路养路费征收办法。公路养路费，专项用于公路的养护和改建。

第六十二条　本条例规定的公路养护和收费公路等事项，需要制定具体办法的，由省人民政府另行制定。

第六十三条　本条例自2009年1月1日起施行。

附录二 各类表格

附表1 内部文件呈批表

内部文件呈批表

编号： 日期：

标题				
主要内容				
主办部门意见	经办人：	日期：	部门经理：	日期：
相关部门意见	经办人：	日期：	部门经理：	日期：
相关部门意见	经办人：	日期：	部门经理：	日期：
相关部门意见	经办人：	日期：	部门经理：	日期：
公司分管领导批示：				
公司主要领导批示：				
备注				

附表 2　发文稿

发　文　稿

<table>
<tr><td colspan="3">审核和会签：</td><td colspan="4">领导签发：</td></tr>
<tr><td>主办部门</td><td></td><td>拟稿人</td><td colspan="2"></td><td>密级</td><td></td></tr>
<tr><td>文件编号</td><td colspan="2"></td><td>缓急</td><td></td><td>印数</td><td>份</td></tr>
<tr><td>校对人</td><td colspan="2"></td><td colspan="2">付印</td><td colspan="2"></td></tr>
<tr><td>文件标题</td><td colspan="6"></td></tr>
<tr><td colspan="7"></td></tr>
</table>

附表 3　印章使用登记表

印章使用登记表

日期	部门	文件名称	盖章事由	份数	经手人

附表4　基建材料归档范围及保管期限表

基建材料归档范围及保管期限表

范　　围		保管期限
建设项目的前期阶段	项目建议书（工程预可行性研究）、工程可行性研究文件及批复，环境影响报告、抗震安全评估、文物保护报告，航道、岸线使用等专项报告、审批资料及有关文件	永久
	征地补偿协议、征地红线图、拆迁公告、拆迁许可证、建筑物拆迁补偿协议、管线迁移补偿协议、建设项目用地预审资料、国有土地使用证及相关文件	永久
	规划设计条件、规划方案审查意见、建设项目选址意见书、建设用地规划许可证、建设工程规划许可证	永久
建设项目的设计阶段	水文资料、勘察报告	永久
	方案设计、初步设计、施工图设计、设计咨询、设计审查及审批文件	永久
	工程概（预）算	永久
	变更设计文件及图纸	永久
招投标阶段	招投标的前期准备资料、招投标评标资料、中标通知书、承包合同、协议	长期
建设项目的施工阶段	项目开工需申领的各种证件、需办理的手续及委托，包括：固定资产投资许可证，建设工程施工许可证（开工报告），夜间施工许可证，水上水下施工作业许可证，航道通告，质监、安监委托等相关资料	永久
	业主单位及施工单位的请示与批复，来文及复文	短期
	工程技术要求、技术交底、图纸会审纪要、施工单位开工报告、工程变更、其他与工程相关的纪要、纪录	短期
	监理单位材料：监理大纲、监理规划、监理实施；细则、监理月报、开（复）工令、会议纪要、抽验文件	短期
	计量与支付	短期
建设项目的交（竣）工阶段	工程交（竣）工申请报告	短期
	工程交（竣）工验收报告或鉴定书	永久
	工程总结（建设、设计、施工、监理等）	短期
	竣工决算、竣工图、竣工资料	永久
建设工程养护阶段	工程养护期相关资料	永久

附表 5　文书材料归档范围及保管期限表

文书材料归档范围及保管期限表

<table>
<tr><th colspan="3">范　围</th><th>保管期限</th></tr>
<tr><td rowspan="6">收文材料</td><td rowspan="3">省、市上级部门颁发的文件材料</td><td>省级以上机关颁发的针对本公司主营业务的重要文件材料</td><td>永久</td></tr>
<tr><td>市级机关颁发的针对本公司主营业务的重要文件材料</td><td>长期</td></tr>
<tr><td>其他需要执行的文件材料</td><td>短期</td></tr>
<tr><td colspan="2">上级机关发办的人大议案及答复</td><td>短期</td></tr>
<tr><td colspan="2">上级机关或本公司领导的重要批示及处理结果</td><td>永久</td></tr>
<tr><td colspan="2">有关公司的重要文件</td><td>长期</td></tr>
<tr><td rowspan="11">发文材料</td><td colspan="2">本公司董事会议、经理办公会议的记录、纪要、决议、讨论通过的文件</td><td>长期</td></tr>
<tr><td rowspan="2">本公司召开会议的文件材料</td><td>本公司召开的工作会议纪要和重要的专题会议文件材料</td><td>永久</td></tr>
<tr><td>一般专题会议纪要、报告、会议材料</td><td>短期</td></tr>
<tr><td rowspan="4">本公司制发的文件材料</td><td>公司颁发的制度、重要业务问题的文件</td><td>永久</td></tr>
<tr><td>非工程类的合同</td><td>长期</td></tr>
<tr><td>一般业务问题</td><td>短期</td></tr>
<tr><td>事务性有参考价值的文件</td><td>短期</td></tr>
<tr><td colspan="2">本公司向上级机关的请示，本公司对控股、参股公司请示、报告的批复、意见</td><td>永久</td></tr>
<tr><td colspan="2">本公司的年度总结、计划、报告</td><td>长期</td></tr>
<tr><td colspan="2">本公司的机构设置、撤并、名称更改、启用印鉴文件</td><td>永久</td></tr>
<tr><td colspan="2">本公司处理人民来信、来访的文件材料</td><td>长期</td></tr>
</table>

附表 6　会计和声像材料归档范围及保管期限表

会计和声像材料归档范围及保管期限表

范　围			保管期限
声像材料与电子公文	本公司历史沿革、面貌的声像材料		永久
	本公司历任领导、先进人物的声像材料		永久
	本公司举办的各项重要会议、重要庆典活动、表彰会、新闻发布会等录音、声像带、照片		永久
	本公司组织外出参观、考察、交流活动及各种体育、文娱活动的照片、录音、录像		长期
	本公司荣获各种荣誉称号、奖状、奖旗、牌匾、证书等实物拍摄而成的声像材料		永久
	其他有重要纪念意义的声像材料		永久
	建设工程开工前原貌及完工后整体工程的照片		永久
	有关实施建设工程的效果图		永久
	电子公文参照国家制定纸质文件的归档范围进行归档及划定保管期限		
会计材料	会计凭证类	原始凭证	15 年
		记账凭证	15 年
		汇总凭证	15 年
	会计账簿类	总账	15 年
		明细账	15 年
		现金及银行存款日记账	25 年
		辅助账簿	15 年
	财务报类	月、季财务报告	3 年
		年度财务报告(决算)	永久
	其他类	会计移交清册	15 年
		会计档案保管清册	永久
		会计档案销毁清册	永久
		银行余额调节表	5 年
		银行对账单	5 年
		本公司制定的财务制度及相关的文书资料	15 年

附表7 低值易耗资产拆除、报废申请表

低值易耗资产拆除、报废申请表

申请部门：　　　　　　　　　　年　　月　　日　　　　　　　　　第　　号

<table>
<tr><td>资产名称</td><td></td><td>资产编号</td><td></td><td>卡片号</td><td></td><td>交付使用日期</td><td></td></tr>
<tr><td>型号规格</td><td></td><td>计量单位</td><td></td><td>数量</td><td></td><td>建造单位及建造年月</td><td></td></tr>
<tr><td>原预计使用年限</td><td></td><td>实际使用年限</td><td></td><td>购入价格</td><td></td><td>清理时所在地点</td><td></td></tr>
<tr><td colspan="8">备注：</td></tr>
<tr><td colspan="8">技术状态及拆除、报废理由：</td></tr>
<tr><td rowspan="4">附属设备及附件</td><td colspan="2">名称</td><td colspan="2">规格</td><td colspan="2">数量</td><td>备注</td></tr>
<tr><td colspan="2"></td><td colspan="2"></td><td colspan="2"></td><td></td></tr>
<tr><td colspan="2"></td><td colspan="2"></td><td colspan="2"></td><td></td></tr>
<tr><td colspan="2"></td><td colspan="2"></td><td colspan="2"></td><td></td></tr>
<tr><td colspan="8">参加鉴定人员（签名）：</td></tr>
<tr><td>公司领导审批意见</td><td colspan="7"></td></tr>
</table>

行政人事部经理：　　　　　　　　部门经理：　　　　　　　　填表人：
（签章）　　　　　　　　　　　　（签章）　　　　　　　　　（签章）

附表 8 资产添置、维修及更新申请表

资产添置、维修及更新申请单

申请部门： 年 月 日 第 号

<table>
<tr><td>添置、维修及更新资产名称</td><td></td><td>是否公司原有资产及其编号</td><td></td><td>原资产卡编号</td><td></td><td>原有资产添置或维修、更新日期</td><td></td><td rowspan="3">备注：</td></tr>
<tr><td>型号规格</td><td></td><td>计量单位</td><td></td><td>数量</td><td></td><td>原资产价值</td><td></td></tr>
<tr><td>原资产预计使用年限</td><td></td><td>实际已使用年限</td><td></td><td></td><td></td><td>资产所在地点</td><td></td></tr>
<tr><td colspan="9">该资产技术状态及添置、维修及更新理由：</td></tr>
</table>

<table>
<tr><td rowspan="4">附属设备及附件</td><td>名称</td><td>规格</td><td>数量</td><td>备注</td></tr>
<tr><td></td><td></td><td></td><td></td></tr>
<tr><td></td><td></td><td></td><td></td></tr>
<tr><td></td><td></td><td></td><td></td></tr>
</table>

<table>
<tr><td>拟负责建造或维修、更新的部门名称</td><td></td><td>拟添置、维修及更新资产的费用金额</td><td></td><td>是否包括在本年度预算内：是/否</td></tr>
<tr><td colspan="5"></td></tr>
<tr><td colspan="5">参加鉴定人员（签名）：</td></tr>
<tr><td>公司领导审批意见</td><td colspan="4"></td></tr>
</table>

（设备）所在部门经理： 行政人事部经理： 财务管理部经理：

（签章） （签章） （签章）

附表 9　人员招聘申请表

人员招聘申请表

<table>
<tr><td>申请招聘部门</td><td colspan="3"></td></tr>
<tr><td>申请招聘职位</td><td></td><td>申请招聘人数</td><td></td></tr>
<tr><td>申请招聘原因</td><td colspan="3"></td></tr>
<tr><td>预定聘用日期</td><td colspan="3"></td></tr>
<tr><td>职位要求备注</td><td colspan="3"></td></tr>
<tr><td>用人部门负责人签字</td><td></td><td colspan="2">日期：</td></tr>
<tr><td>行政人事部意见</td><td colspan="3"></td></tr>
<tr><td>正副总经理意见</td><td colspan="3"></td></tr>
</table>

附表 10　个人入职申请表

个人入职申请表

姓名		曾用名/英文名		性别		年龄		贴相片处
学历		电脑水平		婚姻状况		身高	cm	
政治面貌		职 称		民族		体重	kg	
掌握语言		语言程度		准驾车型		交通工具		
籍贯		户口所在地		健康状况		家庭状况		
毕业院校				专业				
身份证号码				现住地址				
联系方式	宅电			待遇要求	工资			
	手机				食宿			
	紧急联系人				其他			
	紧急联系电话							
业余爱好及特长								
受教育及培训情况								
工作经验								
自我评价								
应聘职位			是否服从安排					
其他								

填表人签名：

填表时间：　　年　　月　　日

附表 11　面试评估表

面试评估表

编号	面试人员姓名	受教育情况	沟通及语言表达能力	电脑水平	应聘动机	优势及不足	个性气质类型	可到岗时间	备注事项	综合评价（分数）	面试排名

面试人签字及日期：____________

附表 12　邀请参加岗位技能培训人员申请表

邀请参加岗位技能培训人员申请表

拟招聘部门、职位			拟招聘人数		
拟邀请人员姓名	教育程度	语言水平	电脑水平	特长	备注
面试评审人签字			日期：		
培训起止日期					
行政人事部意见					
正副总经理意见					

附表13 入职健康申报表

入职健康申报表

填表时间： 年 月 日

<table>
<tr><td>姓名</td><td></td><td>性别</td><td></td><td>年龄</td><td></td><td rowspan="4">贴相片处</td></tr>
<tr><td>身份证号码</td><td></td><td>视力</td><td colspan="3"></td></tr>
<tr><td>身高</td><td></td><td>体重</td><td colspan="3"></td></tr>
<tr><td>听觉</td><td></td><td>嗅觉</td><td colspan="3"></td></tr>
<tr><td>五官状况是否正常</td><td colspan="2">是□ 否□</td><td colspan="4">备注：</td></tr>
<tr><td>肝功能状况
（有否各种肝炎）</td><td colspan="2">是□ 否□</td><td colspan="4">备注：</td></tr>
<tr><td>有否器质性
慢性心脏血管病</td><td colspan="2">是□ 否□</td><td colspan="4">备注：</td></tr>
<tr><td>有否各种
急慢性传染病患者</td><td colspan="2">是□ 否□</td><td colspan="4">备注：</td></tr>
<tr><td>有否癫痫病史、
精神病史</td><td colspan="2">是□ 否□</td><td colspan="4">备注：</td></tr>
<tr><td>有否各种恶性肿瘤；
血液病</td><td colspan="2">是□ 否□</td><td colspan="4">备注：</td></tr>
<tr><td>有否支气管哮喘、
支气管扩张；
慢性阻塞性肺气肿</td><td colspan="2">是□ 否□</td><td colspan="4">备注：</td></tr>
<tr><td>是否有其他严重病症</td><td colspan="2">是□ 否□</td><td colspan="4">备注：</td></tr>
<tr><td>自我身体状况总评</td><td colspan="2">优□ 良□ 好□ 中□ 差□</td><td colspan="4">备注：</td></tr>
</table>

备注：本人谨申明以上提交的资料情况属实，是本人所知的事实及事实的全部。如有不实，愿意承担相关事项的责任，特此申明。

填表人签名：____________

附表 14　离职人员审批表

离职人员审批表

编号：　　　　　　　　　　　　　　　　　　　　　填表时间：　　年　　月　　日

<table>
<tr><td>姓名</td><td colspan="2"></td><td>工号</td><td></td><td>现任职务</td><td></td></tr>
<tr><td>入职时间</td><td colspan="2"></td><td>离职时间</td><td></td><td>合同到期日</td><td></td></tr>
<tr><td>离职原因</td><td colspan="6"></td></tr>
<tr><td rowspan="4">行政人事部</td><td rowspan="3">个人
情况</td><td>假期</td><td colspan="4"></td></tr>
<tr><td>工资</td><td colspan="4"></td></tr>
<tr><td>奖金</td><td colspan="4"></td></tr>
<tr><td colspan="2">行政人事部意见</td><td colspan="4"></td></tr>
<tr><td>部门经理意见</td><td colspan="6"></td></tr>
<tr><td>财务管理部意见</td><td colspan="6"></td></tr>
<tr><td>副总经理意见</td><td colspan="6"></td></tr>
<tr><td>总经理意见</td><td colspan="6"></td></tr>
<tr><td>离职人员确认</td><td colspan="6"></td></tr>
<tr><td>备注</td><td colspan="6"></td></tr>
</table>

附表15　离职（辞退）人员物品交收表

离退（辞退）人员物品交收表

编号：　　　　　　　　　　　　　　　　　　　　填表日期：　　年　　月　　日

姓名		现任职务		离职日期	
需交回物品	数量	移交部门	签收	日期	备注
行政人事部终审意见					

注：离职人员必须在离职后的三个工作日内把以上物品交回相关部门，之后把该表交回行政人事部，否则将不能办理工资结算手续。

附表 16　员工绩效考评表

员工绩效考评表

部门:________________　姓名:________________　考评期间:

序号	项目	分值	评 分 要 求	自我评分	审核评分	备注
1	岗位职责完成情况	50 分	主要考核员工按岗位责任制的工作职责完成的情况。良好及以上的给予满分,一般的酌情减 2～5 分,较差的扣 10～20 分			
2	综合指标完成情况	20 分	主要考核员工在计生、综治、安全生产三项指标的完成情况。实行一票否决,其中一项不达标,即全年考核不合格。若其中一项虽达标,但存在不同程度的问题,酌情扣 2～5 分			
3	出勤及劳动纪律情况	15 分	主要考核员工的出勤率和劳动纪律(包括执行公司管理制度)的情况。 ①出勤率在 95% 及以上不扣分;低于 95%,每下降 3 个百分点(包括不足部分)扣 1 分,累加扣分 10 分为限。 ②劳动纪律(包括执行管理制度)考核:迟到早退除按管理制度给予处分外,每发生一次扣 1 分,累加扣分 10 分为限			
4	培训情况	5 分	主要考核员工参加公司组织的各类岗位培训和专业技术职务再教育的情况。依时参加考试(核)合格给予满分,否则给予酌情扣分			
5	内务考核	10 分	主要考核员工以下三方面:办公环境是否整齐、清洁;宿舍卫生是否符合管理要求;公共秩序(参加会议、维护就餐秩序、参加文体活动、维护公共场所卫生)是否良好执行。 以上每项完成情况的好坏,可酌情扣 1～3 分			

评审人签名:________________　行政人事部复核:________________

附表 17　员工奖惩建议(通知)单

员工奖惩建议(通知)单

申请日期：

<table>
<tr><td rowspan="4">建议类别</td><td rowspan="2">奖励</td><td>一等功</td><td>二等功</td><td>三等功</td><td>嘉奖或表扬</td><td>其他</td></tr>
<tr><td></td><td></td><td></td><td></td><td></td></tr>
<tr><td rowspan="2">惩罚</td><td>辞退或开除</td><td>记大过</td><td>记小过</td><td>警告</td><td>备案或其他</td></tr>
<tr><td></td><td></td><td></td><td></td><td></td></tr>
<tr><td>被建议人</td><td colspan="6">部门：　　　　职位：　　　　姓名：</td></tr>
<tr><td>事实说明</td><td colspan="6"></td></tr>
<tr><td>行政部意见</td><td colspan="6"></td></tr>
<tr><td>所在部门意见</td><td colspan="6"></td></tr>
<tr><td>正副总经理意见</td><td colspan="6"></td></tr>
<tr><td>备注</td><td colspan="6">当事人签收：</td></tr>
</table>

附表 18　奖惩登记表

奖 惩 登 记 表

工号	姓名	奖惩事项及文号	统　计										
			惩罚						奖励				
			备案	警告	记小过	记大过	辞退或开除	其他	嘉奖或表扬	三等功	二等功	一等功	其他

年度　　　　　　　　　　　　　　　　　　　　　　　　页次：

附表 19　年度培训计划表

＿＿＿＿＿年度培训计划表

编号：

序号	培 训 项 目	培训费用预算	培训对象及人数	预定培训时间
合计				

编制：　　行政人事部审核：　　副总经理审批：　　总经理审批：

附表 20　外派、外聘培训项目申请表

外派、外聘培训项目申请表

编号：　　　　　　　　　　　　　　　　　　　　　　　　年　　月　　日

申请的具体事项	具 体 内 容
培训项目	
培训对象和人数	
培训理由	
培训时间	
培训地点	
培训性质	
培训讲师	
培训组织者	
培训费用及其说明	
所在部门经理意见	
行政人事部审核意见	
正、副总经理审核意见	

附表 21　新员工培训计划表

新员工培训计划表

编号　　　　　　　　　　　　　　　　　　　　计划培训日期：　　月　　日至　　月　　日止

<table>
<tr><td rowspan="4">受训人员</td><td>序号</td><td>姓 名</td><td>性别</td><td>序号</td><td>姓 名</td><td>性别</td><td>序号</td><td>姓 名</td><td>性别</td><td>序号</td><td>姓 名</td><td>性别</td><td>备注</td></tr>
<tr><td>1</td><td></td><td></td><td>4</td><td></td><td></td><td>7</td><td></td><td></td><td>10</td><td></td><td></td><td></td></tr>
<tr><td>2</td><td></td><td></td><td>5</td><td></td><td></td><td>8</td><td></td><td></td><td>11</td><td></td><td></td><td></td></tr>
<tr><td>3</td><td></td><td></td><td>6</td><td></td><td></td><td>9</td><td></td><td></td><td>12</td><td></td><td></td><td></td></tr>
<tr><td>序号</td><td colspan="2">培训期间</td><td>培训天数</td><td colspan="2">培训项目</td><td colspan="2">培训部门</td><td colspan="2">指导员</td><td colspan="4">培训日程及内容</td></tr>
<tr><td>1</td><td colspan="2">月　日至
月　日止</td><td>天</td><td colspan="2"></td><td colspan="2"></td><td colspan="2"></td><td colspan="4"></td></tr>
<tr><td>2</td><td colspan="2">月　日至
月　日止</td><td>天</td><td colspan="2"></td><td colspan="2"></td><td colspan="2"></td><td colspan="4"></td></tr>
<tr><td>3</td><td colspan="2">月　日至
月　日止</td><td>天</td><td colspan="2"></td><td colspan="2"></td><td colspan="2"></td><td colspan="4"></td></tr>
<tr><td>4</td><td colspan="2">月　日至
月　日止</td><td>天</td><td colspan="2"></td><td colspan="2"></td><td colspan="2"></td><td colspan="4"></td></tr>
<tr><td>5</td><td colspan="2">月　日至
月　日止</td><td>天</td><td colspan="2"></td><td colspan="2"></td><td colspan="2"></td><td colspan="4"></td></tr>
</table>

制订：　　　　　　行政人事部审核：　　　　　　副总经理审核：　　　　　　总经理审核：

附表 22　员工年度培训项目备案表

员工年度培训项目备案表

编号：　　　　　　　　　　　　　　　　　　　　　　年　　月　　日

姓名		工号	
所在部门		职务	
备案培训学历		资格认证培训课程	
备案培训专业		资格认证培训等级	
就读学校		培训学校	
学历培训时间		培训时间	
预期毕业时间		预期取得证书时间	
学历培训性质		资格认证性质	
培训费用说明		培训费用说明	
相关证明文件			
行政人事部审核意见			
正、副总经理审核意见			

附表 23　重要事项报告名单

重要事项报告名单

序号	工作人员 事件	总经理、副总经理	站长	班长	票务	监控班长	行政人事部	财务管理部	路产管理部	营运管理部
1	政府紧急通知	√	√	√	√	√	√	√	√	√
2	火警　公司财产	√	√			√	√	√	√	√
	火警　顾客财产		√	√		√				√
3	收费系统故障		√	√	√	√				√
4	电力系统故障		√	√	√	√			√	
5	通信设备故障		√	√	√	√			√	√
6	监控设备故障		√	√	√	√			√	√
7	失窃或遭劫	√	√		√	√	√	√		√
8	意外事故，收费站财物轻微受损		√			√		√	√	
9	意外事故，收费站财物严重受损		√			√	√	√	√	
10	意外事故，有驾乘人员伤亡		√			√	√			
11	收费站工作人员伤亡	√	√	√		√	√			√
12	车辆、船舶碰撞公司桥梁	√	√	√		√	√		√	√

附表 24　收费站班务工作日志——情况记录表

收费站班务工作日志——情况记录表

当班日期：　　年　　月　　日　　　　　　　　　　　　　　　　　班表-1

当值班次		值班班长(副班长)签名：			
上班人数		迟到早退情况	□有　□无	军警车道人员表现	□优　□良　□中　□差
接班情况		仪表着装	□整齐　□一般	收费员表现	□优　□良　□中　□差
票据使用情况					
电脑设备运行情况					
司乘人员投诉情况					
军警/月卡车道管理情况					
交通设施损坏及赔偿情况					
违章车辆处理情况					
其他情况					

附表 25　收费站班务工作日志——收费班电脑发票发放记录表

收费站班务工作日志——收费班电脑发票发放记录表

班表-2

日期	时间	领用票据起止号码	班别	班长签名	发放至收费员名称	车道

票务员核对签名：　　　　　　　　　　　　　　　　　　核对日期：　　年　　月　　日

附表 26　监控日志——事件记录表

监控日志——事件记录表

监表-1

事件记录	日期	时间	收费员	班长	事件内容	处理方式及结果	录像文件保存(路径)	值班监控员
监控班长核对签名:								

附表 27　监控日志——收费班录像审查记录表

监控日志——收费班录像审查记录表

监表-2

日期	审查时段	工号	姓名	违规情况记录	录像文件保存(路径)	值班监控员

监控班长核对签名：

附表 28 收费站监控日志——注销票记录表

收费站监控日志——注销票记录表

监表-3

日期	时间	车道	工号	班次	票额	注 销 原 因	录像复核	值班监控员
						□卡票 □无色 □打错票	□有 □无	
						□卡票 □无色 □打错票	□有 □无	
						□卡票 □无色 □打错票	□有 □无	
						□卡票 □无色 □打错票	□有 □无	
						□卡票 □无色 □打错票	□有 □无	
						□卡票 □无色 □打错票	□有 □无	
						□卡票 □无色 □打错票	□有 □无	
						□卡票 □无色 □打错票	□有 □无	
						□卡票 □无色 □打错票	□有 □无	
						□卡票 □无色 □打错票	□有 □无	
						□卡票 □无色 □打错票	□有 □无	
						□卡票 □无色 □打错票	□有 □无	
						□卡票 □无色 □打错票	□有 □无	
						□卡票 □无色 □打错票	□有 □无	
						□卡票 □无色 □打错票	□有 □无	
						□卡票 □无色 □打错票	□有 □无	
						□卡票 □无色 □打错票	□有 □无	
						□卡票 □无色 □打错票	□有 □无	
						□卡票 □无色 □打错票	□有 □无	
						□卡票 □无色 □打错票	□有 □无	
						□卡票 □无色 □打错票	□有 □无	
						□卡票 □无色 □打错票	□有 □无	
						□卡票 □无色 □打错票	□有 □无	
						□卡票 □无色 □打错票	□有 □无	
						□卡票 □无色 □打错票	□有 □无	
						□卡票 □无色 □打错票	□有 □无	
						□卡票 □无色 □打错票	□有 □无	
						□卡票 □无色 □打错票	□有 □无	

监控班长核对签名： 核对日期： 年 月 日

附表 29 收费站监控日志——系统维护记录表

收费站监控日志——系统维护记录表

监表-4

检查员				主管核对签名									日期			年		月	日
收费系统	收费电脑及设备（车道和亭内摄像枪、打印机、读卡器、对讲机、拾音头显示器、键盘等）																		
	工作情况	1	2	3	4	5	6	7	8	9	10	11	12	13	14	15	16	17	18
	保洁情况																		
	其他收费设备（电动栏杆、车道红绿灯、天棚红绿灯、语音报价系统、金额显示板等）																		
	工作情况	1	2	3	4	5	6	7	8	9	10	11	12	13	14	15	16	17	18
监控系统及其他设备	服务器		监控管理机			票务管理机			音响		配电箱		后备电源		光端机		交换机		
	硬盘录像系统运作情况																智能快球、云台枪		
	A1	A2	A3	A4	A5	A6	A7	A8	A9	A10	A11	A12	A13	A14	A15	A16	K1	K2	K3
	B1	B2	B3	B4	B5	B6	B7	B8	B9	B10	B11	B12	B13	B14	B15	B16	K4	K5	K6
	C1	C2	C3	C4	C5	C6	C7	C8	C9	C10	C11	C12	C13	C14	C15	C16	K7	K8	K9
	D1	D2	D3	D4	D5	D6	D7	D8	D9	D10	D11	D12	D13	D14	D15	D16	K10	K11	K12
	监视器、放大器、四分割器																背投电视		
	S1	S2	S3	S4	S5	S6	S7	S8	S9	S10	S11	S12	S13	S14	S15	S16			
故障排除记录																			

注：设备正常的在空格内打“√”；有故障的打“△”，有故障的必须填写故障排除记录。

附表30　收费站监控日志——免费车辆放行记录表

收费站监控日志——免费车辆放行记录表

监表-5

日期	时间	车道	班次	班长	车牌号码	录像复核	值班监控员
						□有　□无	
						□有　□无	
						□有　□无	
						□有　□无	
						□有　□无	
						□有　□无	
						□有　□无	
						□有　□无	
						□有　□无	
						□有　□无	
						□有　□无	
						□有　□无	
						□有　□无	
						□有　□无	
						□有　□无	
						□有　□无	
						□有　□无	
						□有　□无	
						□有　□无	
						□有　□无	
						□有　□无	
						□有　□无	
						□有　□无	
						□有　□无	
						□有　□无	
						□有　□无	
						□有　□无	
						□有　□无	

监控班长核对签名：　　　　　　　　　　核对日期：　　年　　月　　日

附表31 收费站监控日志——无钱交纳费用车辆免费放行记录表

收费站监控日志——无钱交纳费用车辆免费放行记录表

监表-6

日期	时间	车道	班次	班长	车牌号码	录像复核	值班监控员
						□有 □无	
						□有 □无	
						□有 □无	
						□有 □无	
						□有 □无	
						□有 □无	
						□有 □无	
						□有 □无	
						□有 □无	
						□有 □无	
						□有 □无	
						□有 □无	
						□有 □无	
						□有 □无	
						□有 □无	
						□有 □无	
						□有 □无	
						□有 □无	
						□有 □无	
						□有 □无	
						□有 □无	
						□有 □无	
						□有 □无	
						□有 □无	
						□有 □无	
						□有 □无	
						□有 □无	
						□有 □无	

监控班长核对签名： 核对日期： 年 月 日

附表 32　监控日志——“黑名单”车辆记录表

监控日志——“黑名单”车辆记录表　　监表-7

记录日期	车牌号码	记入“黑名单”原因	录像复核	值班监控员
			□有　□无	
			□有　□无	
			□有　□无	
			□有　□无	
			□有　□无	
			□有　□无	
			□有　□无	
			□有　□无	
			□有　□无	
			□有　□无	
			□有　□无	
			□有　□无	
			□有　□无	
			□有　□无	
			□有　□无	
			□有　□无	
			□有　□无	
			□有　□无	
			□有　□无	
			□有　□无	
			□有　□无	
			□有　□无	

监控班长核对签名：　　　　核对日期：　　年　　月　　日

附表 33　监控日志——车辆遗留废弃物品情况记录表

监控日志——车辆遗留废弃物品情况记录表

监表-8

日期	时间	班次	班长	车牌号码	遗留废弃物种类及位置	处理情况	录像复核	值班监控员
							□有　□无	
							□有　□无	
							□有　□无	
							□有　□无	
							□有　□无	
							□有　□无	
							□有　□无	
							□有　□无	
							□有　□无	
							□有　□无	
							□有　□无	

监控班长核对签名：　　　　核对日期：　　年　　月　　日

附表 34　收费站捡拾财物记录表

收费站捡拾财物记录表

编号	日期	时间	捡拾财物地点	捡拾财物清单	捡拾人签名	班长签名	收费站负责人签名	认领情况
								□已认领 □没认领 □送公安机关
								□已认领 □没认领 □送公安机关
								□已认领 □没认领 □送公安机关
								□已认领 □没认领 □送公安机关
								□已认领 □没认领 □送公安机关
								□已认领 □没认领 □送公安机关
								□已认领 □没认领 □送公安机关
								□已认领 □没认领 □送公安机关
								□已认领 □没认领 □送公安机关
								□已认领 □没认领 □送公安机关

附表35　收费站票务日志——收费班电脑发票领用记录表

收费站票务日志——收费班电脑发票领用记录表

票务表-1

日期	时间	领用票据起止号码	班别	班长签名	值班票务员签名	备注

票务员核对签名：　　　　　　　　　　　　　　核对日期：　　年　　月　　日

附表 36　收费站票务日志——定额发票领用记录表

收费站票务日志——定额发票领用记录表

票务表-2

日期	时间	领用票据起止号码	张数	班别	领用人签名	发放票据票务员签名

票务员核对签名：　　　　　　　　　　核对日期：　　年　　月　　日

附表 37　收费站票务日志——电脑发票使用核对记录表

收费站票务日志——电脑发票使用核对记录表

______车道　　　　　　　　　　　　　　　　　　　　　　　　票务表-3

日期	姓名	班别	班次	使用电脑票据起止号码	张数	票务人员核对情况				
						电脑报表显示使用电脑票据张数	注销票张数	合计	核对结果	核对票务员签名

票务员核对签名：　　　　　　　　　　　　　　　　　　日期：　　年　　月　　日

附表38　收费站票务日志——驾驶员多给款及废票回收记录表

收费站票务日志——驾驶员多给款及废票回收记录表

票务表-4

日期	时间	回收驾驶员多给款人员签名	清点驾驶员多给款票务人员签名	金额	废票张数	票务员签名确认

附表 39　收费站稽查票款记录表

收费站稽查票款记录表

票务表-5

<table>
<tr><td>稽查对象</td><td></td><td>车道</td><td></td><td>班别</td><td></td><td>班次</td><td></td></tr>
<tr><td>稽查时间</td><td colspan="7">年　月　日　时　分</td></tr>
<tr><td>稽查人员签名</td><td colspan="7"></td></tr>
<tr><td>点查金额总数</td><td>元</td><td colspan="6">（其中：电脑票金额：____元；手工票金额：____元）</td></tr>
<tr><td>监控报表金额</td><td>元</td><td colspan="6">稽查结果：□正确　□长款　□短款；____元</td></tr>
<tr><td>备注说明</td><td colspan="7"></td></tr>
<tr><td colspan="8">票务员确认签名：____________；监控人员确认签名：____________；</td></tr>
<tr><td colspan="8">被稽查收费人员签名：____________；当值班长确认签名：____________。</td></tr>
<tr><td colspan="8">录像记录的目录路径（由监控员填写）：____________________________________。
是否需要光盘保存：□是　□否</td></tr>
</table>

附表 40　顾客投诉处理登记表

顾客投诉处理登记表

表格编号：____　　　　填表日期：　年　月　日

<table>
<tr><td colspan="8">投诉人资料</td></tr>
<tr><td>姓名</td><td></td><td>年龄</td><td></td><td>性别</td><td></td><td>联系电话</td><td></td></tr>
<tr><td>联系地址</td><td colspan="7"></td></tr>
<tr><td colspan="8">投诉事件记录</td></tr>
<tr><td colspan="2">投诉事件的日期与时间</td><td colspan="6"></td></tr>
<tr><td colspan="2">投诉事件发生的地点</td><td colspan="6"></td></tr>
<tr><td colspan="2">被投诉人（工号）</td><td colspan="6"></td></tr>
<tr><td>投诉内容</td><td colspan="7"></td></tr>
<tr><td>备注</td><td></td><td>记录人</td><td></td><td>投诉人签名</td><td colspan="3"></td></tr>
</table>

注：①“表格编号”由本公司填写；

②顾客当面投诉，或是事后填表投诉，请务必在“投诉人签名”栏中签名。

附表 41 机电系统、设备维修处理单

机电系统、设备维修处理单

编号： 年 月 日

报修班组		报修时间		报修人	
故障位置		派工时间		维修人	
动工时间		完工时间		验收人	
故障现象：					
故障原因：					
处理结果：					
备注：					
消耗材料名称	数 量	编 号	消耗材料名称	数 量	编 号

注：①验收人必须核对本单所填内容的真实性，以方便管理；

②对于不能及时或无法处理情况及需承包商处理的要在备注栏详细说明，并记录报修时间、承包商处理时间、处理结果等；

③维修所消耗材料及原损坏材料需在备件记录表详细记录；

④本单每月统计一次汇入维修档案。

附表 42　机电设备基本情况记录表

机电设备基本情况记录表

所属系统：

<table>
<tr><td colspan="2">设备名称</td><td></td><td colspan="2">设备型号</td><td></td><td>设备编号</td><td></td></tr>
<tr><td colspan="2">安装位置</td><td></td><td colspan="2">产　　地</td><td></td><td>出厂日期</td><td></td></tr>
<tr><td colspan="2">使用时间</td><td></td><td colspan="2">设备价格</td><td></td><td>出厂序号</td><td></td></tr>
<tr><td colspan="2">设备使用寿命</td><td></td><td colspan="2">设备折旧率</td><td></td><td>折旧年限</td><td></td></tr>
<tr><td rowspan="8">设备本体主要参数</td><td rowspan="8"></td><td rowspan="8">附属设备、主要零部件及其参数</td><td rowspan="4">电机</td><td>额定电压</td><td></td><td>转　　速</td><td></td></tr>
<tr><td>额定电流</td><td></td><td>产　　地</td><td></td></tr>
<tr><td>频　　率</td><td></td><td>出厂序号</td><td></td></tr>
<tr><td>功　　率</td><td></td><td>出厂日期</td><td></td></tr>
<tr><td rowspan="4">控制柜</td><td></td><td></td><td></td><td></td></tr>
<tr><td></td><td></td><td></td><td></td></tr>
<tr><td></td><td></td><td></td><td></td></tr>
<tr><td></td><td></td><td></td><td></td></tr>
<tr><td>备　注</td><td colspan="7"></td></tr>
</table>

附表 43　机电系统定检保养记录表

机电系统定检保养记录表

日期：

<table>
<tr><td colspan="3">系统安装地点</td><td colspan="4"></td><td colspan="2">设备编号</td><td colspan="6"></td><td colspan="2">记录人</td><td colspan="3"></td></tr>
<tr><td rowspan="2">收费
系统</td><td colspan="4">工控机</td><td colspan="4">车牌识别</td><td colspan="6">栏杆控制</td><td colspan="5">亭内摄像枪</td></tr>
<tr><td></td><td></td><td></td><td></td><td></td><td></td><td></td><td></td><td></td><td></td><td></td><td></td><td></td><td></td><td></td><td></td><td></td><td></td><td></td></tr>
<tr><td>1 号</td><td></td><td></td><td></td><td></td><td></td><td></td><td></td><td></td><td></td><td></td><td></td><td></td><td></td><td></td><td></td><td></td><td></td><td></td><td></td></tr>
<tr><td>2 号</td><td></td><td></td><td></td><td></td><td></td><td></td><td></td><td></td><td></td><td></td><td></td><td></td><td></td><td></td><td></td><td></td><td></td><td></td><td></td></tr>
<tr><td>3 号</td><td></td><td></td><td></td><td></td><td></td><td></td><td></td><td></td><td></td><td></td><td></td><td></td><td></td><td></td><td></td><td></td><td></td><td></td><td></td></tr>
<tr><td>4 号</td><td></td><td></td><td></td><td></td><td></td><td></td><td></td><td></td><td></td><td></td><td></td><td></td><td></td><td></td><td></td><td></td><td></td><td></td><td></td></tr>
<tr><td>5 号</td><td></td><td></td><td></td><td></td><td></td><td></td><td></td><td></td><td></td><td></td><td></td><td></td><td></td><td></td><td></td><td></td><td></td><td></td><td></td></tr>
<tr><td>6 号</td><td></td><td></td><td></td><td></td><td></td><td></td><td></td><td></td><td></td><td></td><td></td><td></td><td></td><td></td><td></td><td></td><td></td><td></td><td></td></tr>
<tr><td colspan="2">情况说明</td><td colspan="18"></td></tr>
</table>

附表 44　设备验收单

设 备 验 收 单

编号：

<table>
<tr><td>设备名称</td><td></td><td>出厂编号</td><td></td></tr>
<tr><td>型号(规格)</td><td></td><td>价　　格</td><td></td></tr>
<tr><td>生产厂家</td><td></td><td>送货日期</td><td></td></tr>
<tr><td colspan="4">主要技术参数：</td></tr>
<tr><td colspan="4">随机附件及数量：</td></tr>
<tr><td colspan="4">随机资料：</td></tr>
<tr><td colspan="4">设备安装调试情况：</td></tr>
<tr><td colspan="4">设备验收结论：</td></tr>
<tr><td colspan="4">参加验收人员</td></tr>
<tr><td colspan="4">备注：</td></tr>
<tr><td colspan="2">使用部门签名：</td><td colspan="2">日期：</td></tr>
</table>

附表 45　设备保养记录

设 备 保 养 记 录

设备名称：　　　　　　　　　　型号：　　　　　　　　　　设备编号：

年/月/日	保养项目	保养内容 （保养周期、使用材料等）	保养单位 （人）	确　认	审　核

附表 46 设备报废申请表

设备报废申请表

<table>
<tr><td>申请部门</td><td></td><td>申请人</td><td></td></tr>
<tr><td>申请日期</td><td></td><td>设备名称</td><td></td></tr>
<tr><td>编　　号</td><td></td><td>设备购入时间</td><td></td></tr>
<tr><td>价　　格</td><td colspan="3"></td></tr>
<tr><td>设备报废理由</td><td colspan="3"></td></tr>
<tr><td>部门鉴定意见</td><td colspan="3"></td></tr>
<tr><td>主管领导意见</td><td colspan="3"></td></tr>
</table>

附表 47　设备标识卡

设 备 标 识 卡

部门名称：　　　　　　　　　　　　　　　　　　　　年　　月　　日

<table>
<tr><td>设备名称</td><td></td><td>设备编号</td><td></td></tr>
<tr><td>型号规格</td><td></td><td>安装位置</td><td></td></tr>
<tr><td colspan="2">设备参数</td><td colspan="2">附件</td></tr>
<tr><td colspan="2"></td><td colspan="2"></td></tr>
<tr><td colspan="2"></td><td colspan="2"></td></tr>
<tr><td colspan="2"></td><td colspan="2"></td></tr>
<tr><td colspan="2"></td><td colspan="2"></td></tr>
<tr><td colspan="2">操作方法及注意事项：</td><td colspan="2">维修保养要求：</td></tr>
<tr><td colspan="4">备注：</td></tr>
</table>

附表 48　设备故障（事故）报告单

设备故障（事故）报告单

报告部门：　　　　　　　　　　　　　　　　　　年　　月　　日

<table>
<tr><td>设备编号</td><td>设备名称</td><td>型号规格</td><td>所属部门</td></tr>
<tr><td></td><td></td><td></td><td></td></tr>
<tr><td>事故类别</td><td>当事人</td><td>设备责任人</td><td>发生事故时间</td></tr>
<tr><td></td><td></td><td></td><td></td></tr>
<tr><td>事故经过情况</td><td colspan="3"></td></tr>
<tr><td>设备损坏情况</td><td colspan="3"></td></tr>
<tr><td>原因分析</td><td colspan="3"></td></tr>
<tr><td rowspan="2">事故损失</td><td>停工时间</td><td>修理费</td><td>减产损失</td></tr>
<tr><td></td><td></td><td></td></tr>
<tr><td>维修处理意见</td><td colspan="3"></td></tr>
<tr><td>主管部门处理意见</td><td colspan="3"></td></tr>
<tr><td>总经理批示</td><td colspan="3"></td></tr>
</table>

附表49　营运管理分项考核评分表

营运管理分项考核评分表

考核组成员：

考 核 时 间：　　　　　　　　　　　　　　　　　　　　　　　　　　　　得分：

序号	评分标准	规定分数	评分方法	评分	备注
1	严格执行国家和省、市有关路桥收费的政策、法规，按省级人民政府规定的收费办法和收费标准收取通行费，坚决做到“应征不漏、应免不征”；无乱收费、乱罚款、乱设站卡问题	10	本条中违反有关收费政策或发生严重“三乱”问题的，本项不得分		最高扣分值为每条对应规定分数(下同)
2	按法规要求在收费站广场内设置向社会公开批准收费机关、审批文号、主管部门、收费性质、收费单位、收费标准、收费期限、监督电话等内容的公示标牌	5	本条内容中，每缺(错)一项扣1分		
3	收费站安全管理工作落实，有健全的安全管理制度。收费站场内秩序井然，无闲杂人员逗留，及时消除治安隐患。防火、防盗、防破坏、防事故措施到位，有突发事件的预案并组织学习和按计划进行演练	10	本条中每一项发生问题扣1分；发生较轻责任问题扣2分；发生严重责任问题，该项不得分		
4	收费站区环境整洁；收费人员遵章守纪，按规定统一着装，仪表端庄；杜绝服务忌语，坚持微笑服务、文明用语；对司乘人员礼貌、热情，耐心细致解答问题	10	本条中每一项不符合要求扣1分；属于收费员主要责任的社会投诉每一宗扣2分		
5	判别车型准确，收费(发卡)迅速、准确，无因未开足通道而造成其他通道平均五台车辆以上堵塞现象	10	本条中每一项不符合要求扣1分；属于收费员主要责任的社会投诉每一宗扣2分		
6	收费管理工作年度有计划，半年有工作总结及车流量、营运收入分析报告，月有统计，日有报表；数据准确，报送及时；原始记录填写准确规范，各种资料归档管理。控股单位来文或通知要求上报营运资料数据在规定期限内上报	5	各项每缺(错)一项扣1分		
7	具备完善的收费营运管理系列制度，并严格执行。实行有效的监控措施和稽查手段，杜绝各种违纪、作弊现象。每月对所有收费系列员工的稽查覆盖率达100%	5	查看每月有关资料记录和现场运作；监控无措施、稽查无手段无记录的扣1分；稽查覆盖率达不到100%的每低一个百分点扣1分		
8	注重提高收费系列人员素质，定期组织业务技能培训，开展各种形式的知识竞赛和劳动竞赛，不断创新管理手段	5	收费员要持有省物价部门发放的收费员上岗证，无上岗证者每发现一人扣1分		

续上表

序号	评分标准	规定分数	评分方法	评分	备注
9	设备维修和保养制度完善，定岗、定期对收费、监控、通信、供（配）电系统、UPS、发电机组进行保养，系统无重大运行事故，各样设备运行正常、平稳，设备摆放整齐、整洁	5	无保养制度或记录的，扣5分。发生一次重大系统运行事故的扣2分，打印机、显示器、摄像机积尘和锈蚀严重的扣2分		
10	闭路电视监控系统：图像清晰无明显干扰，广场摄像枪转动、调焦、切换、录像正常，设备定期保洁	5	每一项不符合要求的，扣1分		
11	监控中心设备：电视墙及控制台布线及接插件排列整洁清楚，接地符合要求，图像回放清晰，设备定期清洁，消防设施齐全	5	每一项不符合要求的，扣1分		
12	车道收费设备：收费电脑、栏杆、显示板、打印机等车道设备运行正常，接地电阻符合要求，车道收费软件、硬件运行正常，设备定期清洁	5	每一项不符合要求的，扣1分		
13	收费数据中心设备及软件：与区域中心（联网收费）或监控中心、收费车道数据传输准确，车道收费监控图像监控、图像稽查、参数下发、报表统计、IC卡管理、字符叠加等功能运行正常，设备定期清洁	5	每一项不符合要求的，扣1分		
14	收费亭报警系统及内部对讲系统：内部对讲系统呼叫（单向、广播）正常、监听正常、语音清晰、传输线路畅通，亭内报警器驱动报警及时	5	每一项不符合要求的，扣1分		
15	监视图像定期备份、防火墙杀毒软件定期维护。对特殊事件在管理计算机硬件内分类存储，定期更新病毒库，并保持收费专网与其他办公网络物理上的隔离	5	每一项不符合要求的，扣1分		
16	按规定完整填写收费、稽查、监控等日常日志；关键设备技术文档资料齐备，并分类整理归档，日常保养维修记录准确，抽检评定资料齐全	5	每一项不符合要求的，扣1分		

附表 50 行政人事管理分项考核评分表

行政人事管理分项考核评分表

考核组成员：

考核时间： 得分：

项目	规定分数	评分标准	评分	备注
日常行政管理	25 分	制度执行严格，管理规范化。文件与信息传递及时，无信息传递错误。注重公司形象宣传，对好人好事，公司重大活动作宣传。及时完成领导交办事项，及时催办、承办。办公室环境洁静，办公用品摆放整齐。办公设备维护良好，及时组织维修保养。员工按计划组织培训。计划生育工作无出现违规事件		最高扣分值为各项目对应规定分数(下司)
文书管理	15 分	发文登记手续完备，发文有签发；收文有处理意见和处理结果。公司印章管理制度完善，用印有记录。文书档案按规定立卷分类，档案保存和管理规范		
后勤管理	15 分	办公用品、专用设备、低值易耗品、固定资产管理申购手续完备，各类登记健全，库存管理规范。车辆管理制度完备。员工宿舍内务管理规范，环境卫生整洁，摆放整齐。离职人员工作证件及时收回		
人事管理	30 分	每月有完整的出勤记录。每年对员工进行考核评价。人事档案管理规范，奖惩记录完备，人事报表健全。及时为员工签订劳动合同、办理社会保险。员工离职交接手续完备，记录规范		
安全生产	15 分	安全管理制度健全，安全责任落实。消防设施正常运转，消防器材不失效。安全标志不缺损。员工安全教育记录完备，防盗报警系统运作正常。安全用电，无用电安全事故		

附表51 财务管理分项考核评分表

财务管理分项考核评分表

考核组成员：

考 核 时 间：　　　　得分：

序号	评分标准	规定分数	评分方法	评分	备注
1	报表及时性和完整性：报表签章齐全、装订完好、报表主表、附表、补充表完整，上报手续齐全，并按相关规定时间报送	10	每个错、漏项扣1分，比规定时间每晚1个工作日报送扣1分		最高扣分值为各项目对应规定分数（下同）
2	报表准确性。要求报表数据准确、完整，报表封面填列正确，严格按相关规定进行编制，做到应填不漏，数据审核无误	15	每个错项、漏项扣1分		
3	报表说明及分析质量。按要求编写有关报表说明及附注，并按规定进行分析	15	按企业经济分析、月报编制说明、一级年报附注及财务情况说明等的编写及分析质量进行评分		
4	内部控制制度健全并得到有效贯彻执行，会计基础工作规范	10	根据内部控制制度建立与执行情况，以及会计基础工作规范化情况评分		
5	全面预算管理。营业成本、管理费用以及利润总额年度预算是否准确，季度执行分析是否准确，对与预算目标、上年数差异较大的项目进行分析并提出相应对策	10	根据年度预算准确性进行评分。季度执行分析根据分析质量进行评分		
6	节约经营成本有新举措，并且显著提高公司经济效益	10	根据公司节约经营成本所采取的措施以及实际效果等情况评分		
7	按规定及时、准确报送财务资料。往来款项及时进行核对和清理	10	比规定时间每晚1个工作日扣1分，每个错项、漏项扣1分。往来款项核对和清理不及时每笔扣1分		
8	财务工作总结及时、有针对性，季度汇报工作准备充分，汇报准确及时	5	不符合要求每次扣1分		
9	税收筹划，公司税收工作符合规定，有效控制税务风险，合法规避效果显著	5	其中一项达不到要求时，每一项扣1分		
10	票证管理完善，库存合理，按时核销。内部稽查记录完整	5	检查库存情况和订单，按实际情况评分。收费稽查记录不完整，扣5分		
11	收费报表详细、准确，汇总及时	5	检查记录，根据实际情况评分		

附表 52 路产管理分项考核评分表

路产管理分项考核评分表

考核组成员：

考 核 时 间： 得分：

<table>
<tr><th>项目</th><th>分项</th><th>评 分 标 准</th><th>规定分数</th><th>评 分 方 法</th><th>评分</th><th>备注</th></tr>
<tr><td rowspan="5">工作程序管理（25 分）</td><td>法规执行</td><td>认真贯彻行业政策，严格执行经董事会批准的各项工程维修、养护管理计划，按要求参加各次会议或培训，按要求上报各种文档资料</td><td>5</td><td>未执行有关规定的每次扣 1 分</td><td></td><td rowspan="3">最高扣分值为各项目对应规定分数（下同）</td></tr>
<tr><td>审批手续</td><td>按规定要求履行各项审批手续</td><td>5</td><td>未执行有关规定的每次扣 2 分</td><td></td></tr>
<tr><td>招标管理</td><td>各项工程按年度计划的要求和经批准的方案进行招标，规则清晰、程序完备</td><td>5</td><td>未执行有关规定的每次扣 5 分</td><td></td></tr>
<tr><td>变更管理</td><td>按照公司规定须上报审批的大中修、专项工程，造价控制在董事会审批预算额度以内</td><td>5</td><td>单项工程造价超预算 5% 以内，不扣分；超预算 5% ~ 10%，该项目扣 1 分；超预算 10% 以上，每 1%，该项目扣 2 分。董事会批准调价除外</td><td></td><td>跨年度工程延至下一年度考核</td></tr>
<tr><td>资料报表</td><td>图纸、文件、报表、养护记录等资料清晰完整，符合档案管理要求</td><td>5</td><td>不满足要求每项扣 1 分</td><td></td><td></td></tr>
<tr><td>工作计划管理（10 分）</td><td>计划的编制及执行</td><td>按时完成维修、养护计划的编制并按要求上报。包括：年度预算计划，专项工程招标计划，上半年、全年计划执行情况报告。计划要切合实际、合理可行，突出重点和预防性养护，技术依据充分，准确度较高</td><td>10</td><td>没有按要求完成和上报每次扣 2 分；计划制定不切合实际每项扣 1 分</td><td></td><td></td></tr>
<tr><td rowspan="4">施工管理（20 分）</td><td>安全管理</td><td>维修、养护施工作业必须严格遵守有关安全规定。施工方案应包括同时确保维持通车和施工作业的安全措施，施工现场应按规定标准设立提示标志、警告标志和其他必要的防护设施</td><td>5</td><td>施工现场未按规定标准设立标志或防护设施，或设置不规范的每处扣 2 分；施工人员违反安全操作规程作业的，每人次扣 1 分；发生交通事故的扣 5 分</td><td></td><td rowspan="4"></td></tr>
<tr><td>质量管理</td><td>承包单位的施工机具、原材料和操作工艺必须达到规范要求，完工质量合格率 100%、优良率不小于 90%</td><td>5</td><td>不满足要求的每项扣 1 分</td><td></td></tr>
<tr><td>进度管理</td><td>各单项工程应按实施计划如期完成</td><td>5</td><td>未按时完成的每项扣 0.5 分</td><td></td></tr>
<tr><td>信息和档案管理</td><td>施工资料齐全、数据准确</td><td>5</td><td>数据没按要求定期采集和更新每次扣 2 分；资料不齐全每项扣 1 分；数据不准确每项扣 1 分</td><td></td></tr>
</table>

续上表

项目	分项	评比标准	规定分数	评分方法	评分	备注
路况效果（20分）	日常保洁	按规定频率定期对辖下路桥所属区域进行清扫、清洗或清理。路面清洁，污染、积水和交通事故现场遗留物及时清理，没有杂物、杂草；边坡整洁，排水系统通畅；桥涵孔内、支座、伸缩缝的异物及时清理；护栏、标志清洁醒目；树木花草清净自然	10			
	维修保养	对各种轻微病害及时发现并处理（维修、抑制、保养）。对各种损害或缺失及时发现并进行维修、更换或补充，恢复原有使用功能。路面平整、裂缝和小坑槽及时封补；缘石、盖板、道钉、护栏、轮廓标、隔离栅等顺直整齐；标志牌完整端正；边坡稳定完好；桥梁、隧道、涵洞、排水系统、房屋设施及其他构造物功能完好；伸缩缝完好、缝内无垃圾；消防设施完整无缺、正常待命；绿化长势良好、修剪得当	10			
路产管理（25分）		不发生因维修养护管理不力造成第三方财物损失和人身伤亡的事故；不发生中断交通的道路结构性损坏事故（不可抗力因素除外）	5	发生一次，每次扣1分，重大事故每次扣2分；道路损坏中断交通，一次扣4分		
		建立完整准确的路产档案，内容填写准确明了；路产损失索赔款、公路占道费、补偿费按规定的标准收缴，并及时上交	5	款项账目不清的扣2分；不按规定标准收取费用的扣2分，不及时上缴赔偿款的扣1分		
		建立、健全路产管理、巡视制度，值班车辆、人员时间落实、不脱岗	4	未建立巡查制度的扣1分；巡查达不到要求的，每少1次扣1分；巡查记录不全的扣1分		
		维护辖区公路、桥梁的通行安全，确保行车安全畅通。加强对特殊路段、特殊天气下路桥交通的管理和控制，确保道路的安全、畅通	4	因公路桥梁设施缺损，未能及时采取应急措施疏导交通，造成不良影响或被投诉的每次扣2分。发生一次公路、桥梁全线路灯连续两夜无法正常照明的，扣2分		
		规范、合理设计交通标牌、标线、警示牌，并密切注意其状况，使其保持完好、清晰、无缺；对特殊路段、事故多发地段，须及时设置交通警示标牌。道路设施整齐、无人为损坏，发现有损坏的及时通知维护单位修复	3	辖下公路桥梁内失窃（损坏）标牌未发现或未及时通知修复的每一块扣1分；在同一地点同一原因一年内发生三次以上交通事故的特殊路段未设置示警标牌的扣1分		
		依法履行路产、路权的保护，制止侵害、侵占路产、路权的行为	3	发现违法开设路口、违法占道的行为，本项不得分		

附表 53　收费公路公司年度绩效考核评分表

收费公路公司年度绩效考核评分表

考核项目	分值（分）	细项指标	细项分值（分）	评议标准	考核小组评分	备注
营业收入	28	营业收入任务完成率	28	营业收入任务完成率 $=\frac{\text{全年实际营业收入}}{\text{全年营业收入任务}}\times 100\%$		营业收入任务完成率≥100%，得分为 28 分；90%≤营业收入任务完成率<100%，得分为 25 分；营业收入任务完成率<90%，得分为 20 分
营运管理	18	年度营运管理分项评分	18	得分＝（营运管理分项考核年度平均分÷100）×18		
行政管理	18	年度行政管理分项评分	18	得分＝（行政管理分项考核年度平均分÷100）×18		
财务管理	18	①成本费用控制率（95%）； ②税前利润预算完成率（100%）	10	本项得分＝各分项指标考核得分总和 ①成本费用控制率（6 分）：指标完成率≤95%，得分为 6 分；95%<指标完成率≤110%，得分为 6－（指标完成率－95%）×20；指标完成率>110%，得分 0 分。 ②税前利润预算完成率（4 分）： 盈利企业本指标评分：指标完成率≥10%，得分为 4 分；－10%≤指标完成率<10%，得分为（90%＋指标完成率）×4 分；指标完成率<－10%，得分为 0 分。 亏损企业本指标评分：指标完成率≤－10%，得分为 4 分；－10%<指标完成率≤10%，得分为（90%－指标完成率）×4 分；指标完成率>10%，得分为 0 分		①成本费用控制率 $=\frac{\text{成本费用实际数}}{\text{成本费用预算数}}\times 100\%$； ②税前利润预算完成率＝（实际完成利润总额－利润总额预算金额）÷利润总额预算金额×100%
		年度财务管理分项评分	8	得分＝（财务管理分项考核年度平均分÷100）×8		
路产管理	18	年度路产管理分项评分	18	得分＝（路产管理分项考核年度平均分÷100）×18		

附录三　国家高速公路网布局方案

一、首都放射线

北京—哈尔滨(G1,京哈高速):北京—唐山—秦皇岛—锦州—沈阳—四平—长春—哈尔滨。1240 公里。

北京—上海(G2,京沪高速):北京—天津—沧州—德州—济南—泰安—临沂—淮安—江都—江阴—无锡—苏州—上海。1245 公里。

北京—台北(G3,京台高速):北京—天津—沧州—德州—济南—泰安—曲阜—徐州—蚌埠—合肥—铜陵—黄山—衢州—南平—福州—台北。2030 公里〈未达到台北〉。

北京—港澳(G4,京港澳高速):北京—保定—石家庄—邯郸—新乡—郑州—漯河—信阳—武汉—咸宁—岳阳—长沙—株洲—衡阳—郴州—韶关—广州—深圳—香港(口岸)。2285 公里。

并行线,广州—澳门(G4W,广澳高速):广州—中山—珠海—澳门(口岸)。

北京—昆明(G5,京昆高速):北京—保定—石家庄—太原—临汾—西安—汉中—广元—绵阳—成都—雅安—西昌—攀枝花—昆明。2865 公里。

北京—拉萨(G6,京藏高速):北京—张家口—集宁—呼和浩特—包头—临河—乌海—银川—中宁—白银—兰州—西宁—格尔木—拉萨。3710 公里。

北京—乌鲁木齐(G7,京新高速):北京—张家口—集宁—呼和浩特—包头—临河—额济纳旗—哈密—吐鲁番—乌鲁木齐。2540 公里。

二、南北纵线

鹤岗—大连(G11,鹤大高速):鹤岗—佳木斯—鸡西—牡丹江—敦化—通化—丹东—大连。1390 公里。

联络线一,鹤岗—哈尔滨(G1111,鹤哈高速):鹤岗—伊春—绥化—哈尔滨。

联络线二,集安—双辽(G1112,集双高速):集安(口岸)—通化—梅河口—辽源—四平—双辽。

联络线三，丹东—阜新（G1113，丹阜高速）：丹东（口岸）—本溪—沈阳—新民—阜新。

沈阳—海口（G15，沈海高速）：沈阳—辽阳—鞍山—海城—大连—烟台—青岛—日照—连云港—盐城—南通—常熟—太仓—上海—宁波—台州—温州—宁德—福州—泉州—厦门—汕头—汕尾—深圳—广州—佛山—开平—阳江—茂名—湛江—海口。3710 公里。

并行线，常熟—台州（G15W，常台高速）：常熟—苏州—嘉兴—绍兴—台州。

联络线一，日照—兰考（G1511，日兰高速）：日照—曲阜—济宁—菏泽—兰考。

联络线二，宁波—金华（G1512，甬金高速）：宁波—嵊州—金华。

联络线三，温州—丽水（G1513，温丽高速）：温州—丽水。

联络线四，宁德—上饶（G1514，宁上高速）：宁德—上饶。

长春—深圳（G25，长深高速）：长春—双辽—阜新—朝阳—承德—唐山—天津—黄骅—滨州—青州—临沂—连云港—淮安—南京—溧阳—宜兴—湖州—杭州—金华—丽水—南平—三明—龙岩—梅州—河源—惠州—深圳。3580 公里。

联络线一，新民—鲁北（G2511，新鲁高速）：新民—彰武—通辽—鲁北。

联络线二，阜新—锦州（G2512，阜锦高速）：阜新—锦州。

联络线三，淮安—徐州（G2513，淮徐高速）：淮安—宿迁—徐州。

济南—广州（G35，济广高速）：济南—菏泽—商丘—阜阳—六安—安庆—景德镇—鹰潭—南城—瑞金—河源—广州。2110 公里。

大庆—广州（G45，大广高速）：大庆—松原—双辽—通辽—赤峰—承德—北京—霸州—衡水—濮阳—开封—周口—麻城—黄石—吉安—赣州—龙南—连平—广州。3550 公里。

联络线一，龙南—河源（G4511，龙河高速）：龙南—河源。

二连浩特—广州（G55，二广高速）：二连浩特—集宁—大同—太原—长治—晋城—洛阳—平顶山—南阳—襄樊—荆州—常德—娄底—邵阳—永州—连州—广州。2685 公里。

联络线一，集宁—阿荣旗（G5511，集阿高速）：集宁—鲁北—乌兰浩特—阿荣旗。

联络线二，晋城—新乡（G5512，晋新高速）：晋城—焦作—新乡。

联络线三，长沙—张家界（G5513，长张高速）：长沙—常德—张家界。

包头—茂名（G65，包茂高速）：包头—鄂尔多斯—榆林—延安—铜川—西安—安康—达州—重庆—黔江—吉首—怀化—桂林—梧州—茂名。3130 公里。

兰州—海口（G75，兰海高速）：兰州—广元—南充—重庆—遵义—贵阳—麻江—都匀—河池—南宁—钦州—北海—湛江—海口。2570 公里。

联络线一，钦州—东兴（G7511，钦东高速）：钦州—防城—东兴（口岸）。

重庆—昆明（G85，渝昆高速）：重庆—内江—宜宾—昭通—昆明。838 公里。

联络线一，昆明—磨憨（G8511，昆磨高速）：昆明—元江—思茅—磨憨（口岸）。

三、东西横线

绥芬河—满洲里（G10，绥满高速）：绥芬河（口岸）—牡丹江—哈尔滨—大庆—齐齐哈尔—阿荣旗—满洲里（口岸）。1520 公里。

联络线一，哈尔滨—同江（G1011，哈同高速）：哈尔滨—佳木斯—双鸭山—同江。

珲春—乌兰浩特（G12，珲乌高速）：珲春（口岸）—敦化—吉林—长春—松原—白城—乌兰浩特。885 公里。

联络线一，吉林—黑河（G1211，吉黑高速）：吉林—舒兰—五常—哈尔滨—明水—黑河（口岸）。

联络线二，沈阳—吉林（G1212，沈吉高速）：沈阳—吉林。

丹东—锡林浩特（G16，丹锡高速）：丹东—海城—盘锦—锦州—朝阳—赤峰—锡林浩特。960 公里。

荣成—乌海（G18，荣乌高速）：荣成—文登—威海—烟台—东营—黄骅—天津—霸州—涞源—朔州—鄂尔多斯—乌海。1820 公里。

联络线一，黄骅—石家庄（G1811，黄石高速）：黄骅—沧州—石家庄。

青岛—银川（G20，青银高速）：青岛—潍坊—淄博—济南—石家庄—太原—离石—靖边—定边—银川。1600 公里。

联络线一，青岛—新河（G2011，青新高速）：青岛—新河。

联络线二，定边—武威（G2012，定武高速）：定边—中宁—武威。

青岛—兰州（G22，青兰高速）：青岛—莱芜—泰安—聊城—邯郸—长治—临汾—富县—庆阳—平凉—定西—兰州。1795 公里。

连云港—霍尔果斯（G30，连霍高速）：连云港—徐州—商丘—开封—郑州—洛阳—西安—宝鸡—天水—兰州—武威—嘉峪关—哈密—吐鲁番—乌鲁木齐—奎屯—霍尔果斯（口岸）。4280 公里。

联络线一，柳园—格尔木（G3011，柳格高速）：柳园—敦煌—格尔木。

联络线二，吐鲁番—和田/伊尔克什坦（G3012/G3013，吐和高速）：吐鲁番—库尔勒—库车—阿克苏—喀什—和田/伊尔克什坦。

联络线三，奎屯—阿勒泰（G3014，奎阿高速）：奎屯—克拉玛依—阿勒泰。

联络线四，奎屯—塔城（G3015，奎塔高速）：奎屯—克拉玛依—塔城—巴克图（口岸）。

联络线五，清水河—伊宁（G3016，清伊高速）：清水河—伊宁。

南京—洛阳（G36，宁洛高速）：南京—蚌埠—阜阳—周口—漯河—平顶山—洛阳。712 公里。

上海—西安（G40，沪陕高速）：上海—崇明—南通—扬州—南京—合肥—六安—信阳—南阳—商州—西安。1490 公里。

联络线一，扬州—溧阳（G4011，扬溧高速）：扬州—镇江—溧阳。

上海—成都（G42，沪蓉高速）：上海—苏州—无锡—常州—南京—合肥—六安—麻城—武汉—孝感—荆门—宜昌—万州—垫江—南充—遂宁—成都。1960 公里。

联络线一，南京—芜湖（G4211，宁芜高速）：南京—马鞍山—芜湖。

联络线二，合肥—安庆（G4212，合安高速）：合肥—安庆。

上海—重庆（G50，沪渝高速）：上海—湖州—宣城—芜湖—铜陵—安庆—黄梅—黄石—武汉—荆州—宜昌—恩施—忠县—垫江—重庆。1900 公里。

联络线一，芜湖—合肥（G5011，芜合高速）：芜湖—巢湖—合肥。

杭州—瑞丽（G56，杭瑞高速）：杭州—黄山—景德镇—九江—咸宁—岳阳—常德—吉首—遵义—毕节—六盘水—曲靖—昆明—楚雄—大理—保山—瑞丽（口岸）。3405 公里。

联络线一，大理—丽江（G5611，大丽高速）：大理—丽江。

上海—昆明（G60，沪昆高速）：上海—杭州—金华—衢州—上饶—鹰潭—南昌—宜春—株洲—湘潭—邵阳—怀化—麻江—贵阳—安顺—曲靖—昆明。2370 公里。

福州—银川（G70，福银高速）：福州—南平—南城—南昌—九江—黄梅—黄石—武汉—孝感—襄樊—十堰—商州—西安—平凉—中宁—银川。2485 公里。

联络线一，十堰—天水（G7011，十天高速）：十堰—天水。

泉州—南宁（G72，泉南高速）：泉州—永安—吉安—衡阳—永州—桂林—柳州—南宁。1635 公里。

联络线一，南宁—友谊关（G7211，南友高速）：南宁—友谊关（口岸）。

厦门—成都（G76，厦蓉高速）：厦门—漳州—龙岩—瑞金—赣州—郴州—桂林—麻江—贵阳—毕节—泸州—隆昌—内江—成都。2295 公里。

汕头—昆明（G78，汕昆高速）：汕头—梅州—韶关—贺州—柳州—河池—兴义—石林—昆明。1710 公里。

广州—昆明（G80，广昆高速）：广州—肇庆—梧州—玉林—南宁—百色—富宁—开远—石林—昆明。1610 公里。

联络线一，开远—河口（G8011，开河高速）：开远—河口（口岸）。

四、地区环线

辽中环线（G91）：铁岭—抚顺—本溪—辽阳—辽中—新民—铁岭。

杭州湾环线（G92）：上海—杭州—宁波。

联络线，宁波—舟山（G9211）：宁波—舟山。

成渝环线（G93）：成都—绵阳—遂宁—重庆—合江—泸州—宜宾—乐山—雅安—成都。

珠三角环线（G94）：深圳—香港（口岸）—澳门（口岸）—珠海—中山—江门—佛山—花都—增城—东莞—深圳。

联络线，东莞—佛山（G9411，莞佛高速）：东莞—虎门—佛山。

海南环线（G98）：海口—琼海—三亚—东方—海口。

台湾环线（G99）：台北—台中—高雄—台东—花莲—台北。

国家高速公路网布局方案详见封三所示。

参考文献

[1] 中华人民共和国交通运输部.收费公路权益转让办法.北京:人民交通出版社,2008.

[2] 全国人大常委会办公厅.中华人民共和国公路法.北京:中国民主法制出版社,2004.

[3] 曾世红.收费公路管理条例释义.北京:中国法制出版社,2004.

[4] 国务院法制办公室.收费公路管理条例.北京:人民交通出版社,2005.